누가 주식시장을 죽이는가?

누가
주식시장을
죽이는가?

• 유일한 지음 •

지식프레임

주식시장, 왜 이러는 걸까요?

남산주성 김태석(가치투자연구소 대표)

자본시장의 꽃이라는 증권시장에 항상 봄바람만 부는 건 아니다. 주식시장은 투자자에게 자신의 부를 증대시키는 좋은 기회의 장이기도 하지만 반대로 피땀 흘려 번 소중한 자산을 탕진하게 만드는 커다란 도박판이기도 하다. 매년 반복되는 투기적 테마주, 작전주, 그리고 2012년 한 해를 뜨겁게 달구었던 정치, 대선 관련주들을 보면 딱히 도박판이라는 말밖에 떠오르는 단어가 없다.

주식시장은 때로 대주주의 상속 수단으로도 이용된다. 그리고 많은 기업들이 이익을 쌓는 데 급급하여 소액주주들에게 쥐꼬리 배당을 한다. 일부 기업들의 주주총회에는 주주보다 많은 직원들이 자리를 채우고 있고, 시장에는 여전히 한탕주의가 판을 친다. 대한민국 주식시장 대표선수인 연기금과 주요 자산운용사들조차 자금 운용에서 가끔은 어이없는 행태를 보이기도 한다.

전업투자자인 나는 투자한 상장사들의 주주총회에 가급적 빠짐없이 참석한다. 주총 일정이 겹치는 때도 있어 100% 참석은 불가능하지만 대리 투표라도 동원해 최대한 나의 의사를 상장사의 대주주와 경영진에 전달하고 있다. 상장사에 투자한 피 같은 내 돈의 소중함을 알기 때문이다.

그런데 기관투자가가 중견기업이나 중소기업의 주총에 가서 적극적으로, 소신 있게 의안에 대해 견해를 밝히고 의결권을 행사하는 것을 별로 본 적이 없다. 자본시장의 핵심 주체가 바로 기관투자가일 텐데, 가장 기본적인 의결권 행사조차 제대로 이뤄지지 않는 게 우리 주식시장의 현실이다(해도 해도 너무하다는 생각이 들어 펀드에 투자하는 사람들을 볼 때마다 뜯어 말리게 된다).

현장을 다니다 보면 궤도를 한참 이탈한 기관투자가가 제자리를 찾기 위해 보완해야 할 제도적, 정책적인 문제점들이 눈에 많이 띤다. 오죽하면 요즘 한창 인기를 탄 "이거 왜 이러는 걸까요?"라는 유행어가 생각날까.

이 책에서 저자는 기자와 방송인으로서의 경험, 더불어 현장에서 보고 듣고 오랫동안 생각해온 많은 부분을 세심하게 다루었다. 특히 대한민국의 주식시장을 죽이는 불편한 진실들을 거침없이 이야기한다. 투기주, 테마주들의 사례로 살펴보는 주식시장의 현주소, 연기금의 독립과 자산운용사의 제자리 찾기, 일부 상장기업들의 부도덕한 행위들을 꼬집는다. 또한 대한민국 주식시장을 살리기 위해 꼭 수혈해야 할 코넥스시장, 파생상품, 전자투표 정착 등에 대해서도 이야기한다.

물론 책의 내용 중에는 나와 의견이 다른 부분도 있다. 예를 들어 저자는 자사주가 많은 삼성이 무상증자를 하는 것이 누이 좋고 매부 좋은 일이라고 주장하고 있다. 그런데 대주주의 지분율이 증가한다고 해서 소액주주에게도 자산 증식의 기회가 찾아올 것이라는 그의 통찰에는 쉽게 동의하기 힘든 면이 있다. 소액주주가 지닌 지분의 가치가 무상증자로 증가할지는 모르겠으나 이런 식이라면 상장사가 지닌 돈을 앞세워 대주주들이 자신들의 영향력을 극대화할 수 있기 때문이다.

어쩌면 내가 아는 '유일한'이란 사람은 애초에 그런 걱정 따위는 하지 않았을 것이다. 그건 엄밀히 말해 삼성전자의 이건희 일가가 고민해야 할 사안이기 때문이다. 그가 진정으로 걱정하고 있는 것은 개미투자자들이다. 그리고 그는 한국의 자본시장이 바로 서서 개미투자자들이 노후 걱정 없이 살기를 바라는 몇 안 되는 경제전문기자이자 방송인이다.

단적으로, 그는 너무 과격하다는 주변의 눈치를 뿌리치고 맨 먼저 주식시장을 후퇴시키는 주범으로 가격제한폭 폐지를 꼽았다. 제대로 된 자본주의를 정착시키기 위해서는 건전한 주식시장이 뒷받침되어야 하고, 이를 위한 선결 조건이 바로 '가격제한폭 폐지'라는 것이다.

나 역시 주식시장이 정상화되기 위해서는 가격제한폭 폐지가 선행되어야 한다고 본다. 그러나 성급한 폐지는 일부 투자자들을 불안하게 할 수 있으므로 예상되는 후유증을 미리 통제하는 치밀하고 전략적인 접근이 필요하다는 생각이다.

저자의 진정성은 이미 대한민국 주요 경제 방송인 머니투데이방송(MTN)의 대표 프로그램인 〈기고만장 기자실〉을 오랫동안 진행하면서 보여주었다. 그러한 노력은 몇 줄의 글로 대신하기 어려울 정도로 훌륭하고 값진 것들이었다.

이 책은 "주식시장, 이거 왜 이러는 걸까요?"라는 물음에 대한 해답과 더불어 대한민국 자본시장에 참여하는 투자자, 그중에서도 주식시장을 제대로 이해하고 올바른 투자 방법을 배우려고 하는 투자자들에게 상당한 도움이 될 것이라고 믿는다.

시장을 '잘' 알아야 시장에서 이길 수 있다. 부디 '유일한' 이란 사람의 마음이 주식시장에서 우뚝 서고 싶은 이 땅의 개미투자자들에게 잘 전달되기를 바란다.

개미투자자는
왜 주식시장에서 실패하는가?

전업투자자 정경근(前 삼일회계법인 회계사)

주변에서 주식에 투자했다가 손해를 봤다는 소리는 들어봤어도 이익을 남겨 부자가 되었다는 소리는 거의 듣지 못했다. 그래서 주식 투자를 하기 위해 나선 사람들은 거의 예외 없이 깡통으로 전 재산을 날릴까봐 걱정을 한다. 남편의 주식 투자를 아내가 뜯어 말리고, 아내의 주식 투자를 남편이 화내며 나무라는 장면은 더 이상 새삼스러운 일도 아니다.

이렇게 보면 주식 투자는 시작 단계부터 가정불화의 원흉인 셈이다. 그래서인지 마치 무슨 죄를 짓는 것처럼 비밀리에 주식 투자를 하는 남편과 아내, 가족들을 여럿 보았다. 나 역시 마찬가지였다. 시골에 계신 어머니께서 아들이 주식 투자를 한다는 소식을 어디서 들었는지 부랴부랴 전화를 걸어오셨다. 수화기를 통해 전해지는 어머니의 목소리는 참으로

애절했다. 몇 번이고 그만둘 것을 당부하는 그 심정, 어쩌면 우리들 어머니 모두의 마음이 아닐까 싶다.

그렇다면 왜 주변 사람들은 주식 투자를 하지 말라고 그렇게 만류할까?

먼저, 주변의 개미투자자가 주식에 투자해서 실패한 사례를 너무 많이 보았기 때문이다. 그러다보니 주식에 투자를 하는 것이 재산 탕진, 가정 파탄의 원흉이라는 인식이 지배적이다. 이것은 90% 이상 맞다. 절대로 과장된 말이 아니다.

그런데 우리나라와는 달리 외국에서는 주식 투자가 일반화되어 있다. 미국에서는 은퇴에 대비하여 우량주식을 전체 재산에서 일정 비율 이상으로 보유한다고 한다. 오히려 한 가장(家長)의 계좌에 우량한 주식 자산이 없을 경우 즉시 무능하다는 취급과 함께 경제 개념이 희박하다는 꼬리표까지 따라붙는다.

그렇다면 한국에서 주식 투자는 왜 패가망신의 지름길일까? 같은 맥락으로 투자의 세계에서 누군가 패가망신한다면 당연히 이득을 보는 사람이 있어야 할 텐데, 그들은 누구일까?

한국의 기업들은 외환위기 이후 사상 최고의 이익을 올리며 전 세계에서 가장 잘나가고 있다. 분명히 기업들은 엄청난 경영 성과를 달성했다. 그리고 이 성과에 대한 혜택이 주주에게 골고루 돌아갔다면 주주들은 많은 수익을 올렸을 것이다. 그런데 왜 하나같이 쪽박을 차고 있을까?

구조적으로 개미투자자들은 주식시장에서 불공정한 게임을 하고 있다. 사람들의 돈을 맡아 대신 주식에 투자하고 관리하는 일을 전문으로 하는 기관투자가들 역시 이러한 환경에서 별다른 힘을 발휘하지 못하는 상황이다. 아니, 불리한 환경을 극복할 노력도 하지 못한 채 그냥 순응하고 있다고 보면 된다. 결과적으로 소액주주의 돈이 대주주나 세력들에게 갈취당하고 있는 게 우리의 현실이다.

먼저, 부도덕한 대주주의 문제를 짚어보도록 하자(모든 상장사가 다 이렇다는 말은 아니다).

삼성전자 같은 우량기업에 장기적으로 투자를 해온 주주들은 외환위기 이후 삼성전자가 세계적인 기업으로 도약하면서 이룬 성과를 주주들에게 골고루 나누어 주었다고 생각한다. 실제로 별별 희로애락의 사연은 있겠지만 삼성전자의 주주 중에서 쪽박을 찬 사람들은 거의 없다.

글로벌화 된 대기업은 대주주의 지분율이 그리 높지 않다. 외국인이나 기관투자자의 지분율이 높은 데다 시장이나 정치권에서 많은 관심을 갖기 때문에 중소기업에 비해 투명 경영을 하고, 그에 따른 성과를 소액주주를 비롯한 모든 주주에게 공평하게 분배한다.

반면, 경영이 투명하지 않는 중견기업이나 중소기업 투자자들은 막대한 손실을 입고 극도의 절망에 빠진 경험을 예외 없이 했을 것이다. 이들 기업이 감시와 견제에서 자유롭다보니 중견기업들의 대주주는 자기들 마음대로 경영 성과를 주무르고 있다. 너무 감정적으로 대응하는 것 아니냐고 생각할 수도 있겠지만, 인정할 수밖에 없게 만드는 것이 대한민국 주식시장의 '불편한 진실'이다.

그렇다면 중견기업이나 코스닥시장에 투자했다가 실패한 소액주주의 손실금은 누가 가져갔을까? 아마도 작전 세력, 슈퍼개미, 대주주, 기관 투자자, 외국인 투자자일 것이다. 정확한 답을 찾기는 어렵지만, 분명 누군가는 소액 투자자의 손실금에 그 해당 회사의 경영 성과까지 함께 챙겨갔을 것이다.

그런데 여기서 한 가지 질문을 던져보자. 개미투자자들의 수익률이 유독 형편없는 것을 두고 부도덕한 대주주만 탓할 수 있을까?

저자는 이 책에서 주식시장을 얕보고 덤비는 개미투자자의 안일한 태도에도 문제가 있음을 꼬집는다. 낙후된 투자 문화도 한몫 거들고 있다고 말한다. 한국의 냄비문화 근성은 인정하기 싫지만, 상당히 진실에 다가선 말이다. 투자자들이 성급함 때문에 장기 투자를 하지 못하고 '단타'에만 치중하다보니 작전 세력들의 먹이가 되는 먹이사슬의 고리가 분명히 존재한다.

그렇다면 주식시장이 운영되는 원리를 제공하는 법과 제도는 어떨까. 소액 투자자들이 중견기업과 중소기업을 믿고 장기 투자를 할 수 있도록 정비되어 있을까?

장기 투자를 하려면 기업의 성과가 제도적으로 공유되어야만 한다. 만약 경영 성과에 대한 보상이 공정하게 분배된다는 확신만 있다면 소액 투자자들의 장기 투자는 얼마든지 가능하고, 장기 투자가 성행하면 다른 소액주주나 상장사 그리고 상장사의 대주주에게도 크게 도움이 될 것이다. 한마디로 모두가 윈-윈 하는 것이다.

증권사의 애널리스트나 연구기관의 전문가들에게 '한국의 주식시장에서 주가는 어떻게 결정됩니까?'라고 물으면 '수요와 공급에 의해 결정됩니다'라고 대답한다. 이는 경제학 교과서에 나오는 말이다.

그렇다면 한발 더 나아가 '수요와 공급은 어떻게 결정됩니까?'라고 물어보자. '해당 기업의 본질 가치, 시중의 자금 사정, 투기 세력이나 장기 투자자, 테마, 여기에 해외 시장의 변수 등 여러 사항들이 종합적으로 반영되어 수요와 공급이 결정됩니다'라고 할 것이다. 다 맞는 말이다. 그런데 해당 기업의 주주 구성만 뜯어봐도 수요와 공급(수급)에 영향을 미치는 힘의 관계를 파악할 수 있다. 이 말이 선뜻 이해가 되지 않을 수도 있으니 쉽게 풀어보도록 하자.

대주주의 지분율이 낮고 외국인과 기관투자자의 비중이 높을 경우, 해당 기업의 본질 가치와 시중의 자금 사정 등이 중요한 수급 변수가 될 것이다. 왜냐하면 외국인이나 기관은 기업의 펀더멘털을 중요시하는 성향이 강하기 때문이다. 그러나 대주주의 지분율이 낮고 소액주주의 비중이 높다면? 개인들이 좋아하는 '큰손'과 같은 세력이나 테마가 중요한 요소가 될 것이다.

만일 누군가 '한국 주식시장에서 주가는 어떻게 결정됩니까'라고 문의하면 나는 '경영자인 대주주의 의중에 따라 결정됩니다'라고 대답한다. 위에서 설명한 여러 요소들이 전체적으로 영향을 미치겠지만, 결국 주가를 결정짓는 최후의 한방은 바로 오너의 의중에서 나오기 때문이다.

예를 들어, 성장성은 높지만 실패할 위험도 더불어 큰 회사가 있다고 하자. 이 회사의 오너는 필연적으로 주가를 올리려고 한다. 증자를 통해 자금을 조달할 때 발생가액을 높이기 위해서이다. 또 실패할 가능성이 높기 때문에 주식을 팔려고 하는 오너 본능이 꿈틀거리는 측면도 있다. 이왕이면 다홍치마라고, 비싸게 파는 것이 좋기 때문이다.

하지만 사업이 안정적이고 산업의 위험성이 낮아 부도 위험이 적은 회사라면 어떨까. 이 회사의 오너는 정반대로 행동할 것이다. 그는 자신의 지분을 팔기보다 당연히 자신의 2세나 3세에게 상속시키려 할 것이다.

경영 성과의 이득을 회사에 최대한 저장(유보)하려 할 것이다. 그러니 주가가 오르는 것을 당연히 좋아하지 않는다. 상속의 부담만 커지는 것을 반가워할 이유가 없는 것이다. 제3자 배정 방식으로 유상증자를 하거나 다른 계열사를 합병하려는 상장사가 있다면 오너의 경제 본능은 더욱 강하게 작용하기 마련이다. 그러다보니 주가가 대주주에게 절대적으로 유리하게 형성될 수밖에 없다.

일반적으로 돈에 대한 욕심이 많은 사람이 사업을 하게 된다. 사업을 하는 사람, 즉 최고경영자는 기본적으로 돈에 대한 욕심이 많은 사람이라고 보면 된다. 이것 때문에 사업을 하는 것이다. 직원들에게 스톡옵션을 주는 것도 돈에 대한 욕심이 생겨 사업을 더욱 열심히 하게 하기 위함일 것이다. 정당한 절차를 밟아 돈에 대한 욕망을 성취하는 것이 자본주의 아니겠는가.

지분율이 높은 중견기업의 대주주가 주가를 낮게 관리하는 일은 특별한 경우가 아니고는 어렵지 않다. 우리나라의 세금과 주식시장의 관련 법 체계가 이를 방조하는 실정이기 때문이다. 지배주주는 지분을 가장 많이 가지고 있고, 자사주 매입, 배당이나 결산 정책 등에 개입해 이익의 일부까지도 조정이 가능하다. 강력한 경쟁자인 2대 주주가 없는 경우, 그 영향력은 실로 절대적이다.

대주주의 불공정한 행위의 예는 자신의 특수관계인과 불공정한 거래를 하여 이익을 빼돌리는 것, 주가를 낮게 관리한 상태에서 제3자 배정 방식의 유상증자로 소액주주의 지분가치를 대주주에게 이전하는 것, 그리고 관계 회사를 동원하여 저가로 주식을 매입한 후 대주주의 자녀 등에게 매각하는 것 등 열거할 수 없을 정도로 많다.

　현재 지주회사로 전환했거나 전환 중인 회사의 대부분은 대주주에게 유리하도록 주가가 관리되고 있다. 그 결과 소액주주는 지분가치의 대부분을 대주주에게 편취당하고 있다. 이에 대해 대주주 측은 시장 가치(市價)대로 주식을 사거나 팔았기 때문에 공정한 거래였다고 맞서는 것을 흔히 볼 수 있다. 유상증자나 합병 등을 규정하는 법에서도 시장가격이 제일 공정하다고 인정한다.

　그러나 시장가격 자체를 대주주가 쉽게 관리할 수 있다면? 그 안에서 일어나는 모든 거래의 정당성을 의심해야 하는 ‘재앙(Chaos, 카오스)’이 불가피하다. 부도덕한 대주주는 얼마든지 시장가격을 자신의 이해관계에 맞게 조정할 수 있다.

　상속도 마찬가지다. 상속과 증여가 발생했을 때 과표 기준은 바로 시가이다. 인위적인 시세 조정을 통해 굳이 주가를 떨어뜨리지 않더라도, 배당을 억제하고 이익금을 회사의 금고에만 쌓아둔 채 주가 관리를 전혀 하지 않는다면 주가는 오르기 힘들다. 우량한 자산 가치를 지닌 기업들의 주가가 수년째 하락하는 현상을 일컫는 ‘가치주의 함정’이라는 말도 대부분 여기에 해당한다.

　주가가 하락하면 상속세는 그만큼 줄어든다. 이를 막기 위해 미국, 일본 등에서는 ‘적정유보초과세’에 대한 세금을 부과하고 있으나 한국은 이에 대한 검토조차 실시하지 않고 있다. 지금 우리나라의 세법으로는 부도덕한 대주주가 편법적으로 상속하는 것을 막지 못한다. 설마 우리나라의 대주주가 미국, 일본의 대주주보다 착하다고 생각하는가? 절대 그렇지 않다.

이렇듯 현재의 제도 아래에서는 경영 성과가 소액주주에게 정상적으로 분배된다고 생각할 수 없다. 그런 점에서 수많은 소액 투자자들이 도박과도 같은 단기 투자에 매달릴 수밖에 없는 심정도 어느 정도는 이해가 된다. 하지만 절대적인 영향력을 지닌 대주주는 이런 투기꾼들이 쉽게 돈을 벌 수 있도록 기회를 주지 않는다. 그러다보니 개미투자자들이 큰 손해를 보고 어쩔 수 없이 주식시장을 떠나는 것이다. 이런 환경에서 대한민국 자본시장의 발전은 요원하기만 하다.

그래서 나에게 '주식 투자를 어떻게 해야 돈을 벌 수 있느냐'고 묻는다면 정말 안타까운 마음을 담아 이렇게 답할 수밖에 없다. '개미투자자 여러분, 지금의 제도 아래에서는 가능한 주식 투자를 하지 마십시오'라고.

이러한 시장 구조 속에서도 희망을 얻고 싶은 개미투자자들이 있다면, 가능한 작금의 현실을 직시하라고 말하고 싶다. 지피지기면 백전백승이라는 말이 있지 않은가. 우리가 이러한 시점에 이 책을 읽어야 하는 이유도 그 때문이다.

이 책에는 우리나라 주식시장을 둘러싼 법과 제도의 미비함, 후진적인 투자 문화의 실상이 적나라하게 담겨 있다. 가격제한폭 폐지에서부터 국민연금과 운용 산업의 개혁 그리고 상장사의 무상증자와 액면분할의 촉구, 정부의 세법 개선 등을 총망라하고 있다.

부디 저자의 바람처럼 주식시장의 개선이 새 정부 5년 임기 안에 되도록 많이 현실화되기를 바란다. 이는 내 개인의 행복을 위해서가 아니다. 고령 사회를 향해 초고속으로 직행하고 있는 대한민국의 밝은 미래를 위해, 우리 모두의 행복한 미래를 위해서이다.

변화 없이는 투자의 미래도 없다

'투자(投資)'라는 말을 한자 그대로 풀이하면 이익을 얻기 위해 어떤 일이나 사업에 돈을 던진다는 의미다. 돈을 던진다는 행위에서 중요한 것은 무엇일까? 바로 목적과 대상이다. 돈을 가진 사람(투자자)은 일정한 목표를 달성하기 위해 그 목표를 이루기에 가장 적합한 대상(투자처)을 찾아 돈을 던지게 마련이기 때문이다.

목적의식 없이 혹은 대상을 가리지 않고 돈을 던지는 행위를 하는 사람의 이야기는 해외토픽에 오르는 기삿거리는 될 수 있을지언정 하루하루 먹고사는 일이 중요한 사람들에겐 그저 먼 나라의 이야기일 뿐이다. 가진 돈이 너무 많아서 주체할 수 없는 사람이 아니라면 아무리 갑부라고 해도 그런 무모한 투자는 절대 하지 않을 것이다.

그렇다면 우리가 사는 자본주의 세상에서 돈을 던지는 가장 큰 이유는 무엇일까? 당연한 소리겠지만 돈을 불리기 위해서다. 물론 돈을 불리지 않고 현상 유지에 만족하는 사람도 있다. 그러나 가지고 있는 돈은 그대로인데 먹고사는 데 들어가는 물건의 가격이 오르면 어떻게 될까? 상대적으로 돈의 가치는 하락하게 된다. 이것이 돈을 불려야 하는 이유다.

유구한 자본주의 역사와 함께 인플레이션(inflation, 물건 가격의 상승)이 진행된 것을 고려해보면 결국 돈이라는 것이 적어도 물가가 오른 만큼은 불어나야 그 실질적인 가치 하락을 막을 수 있다는 사실을 알게 된다. 그래서 투자자들은 돈을 던진다.

'주식 투자'란 돈을 던지는 대상이 곧 주식이라는 의미다. 쉽게 말해, 투자자들이 주식에 돈을 던지고 자신의 돈이 들어간 주식의 가격이 올라 최종적으로 돈의 가치를 불려서 이득을 취하는 일련의 과정이 주식 투자라고 보면 된다.

돈을 대하는 사람들의 목적은 대동소이하다. 대부분의 주식 투자자들 역시 자신이 투자한 돈이 더 많이 불어나기를 바란다. 천 원을 만 원으로 불리기보다 십만 원, 백만 원으로 불리기를 바란다. 투자자들에겐 시간도 중요한 변수가 된다. 일 년보다는 한 달, 한 달보다는 일주일, 일주일보다는 하루, 다시 말해 단기간에 더 많은 돈의 불림(증식)을 원하는 것이다.

투자자들은 이런 욕망을 충족시키기 위해서 많이 올라갈 가능성이 있는 주식을 올라가기 직전에 저렴하게 구입해서 최대한 비싼 가격에 팔고자 한다. 또한 이와 같은 일련의 과정이 쉽다고 생각하는 경향이 있다. 많이 올라갈 것 같은 주식을 골라, 적절한 시기를 잡아 투자하고, 적절한 시기에 팔아서 현금으로 바꾸는 일이 그리 어렵지 않다고 생각하는 것이다.

하지만 실제로 이런 주식을 고르는 일은 쉽지 않다. 사는 시기를 잡는 것도 어렵지만, 파는 시기를 결정하는 것은 더욱 어렵다. 투자를 해보면 금세 알게 된다. 자신과 같은 수백만 명의 투자자가 예외 없이 단기간에 고수익을 내려고 경쟁하고 있으니, 결코 생각처럼 쉬운 일이 아니다.

주식시장에 참여하는 열이면 열 모두 투자하는 방법이 다르다. 때문에 자신과 투자법이 정확하게 일치하는 투자자를 찾기란 '서울에서 김 서방 찾기'에 가깝다. 좋게 말하면 주식 투자자들의 개성이 각기 다르기 때문이고, 나쁘게 말하면 저마다 나름의 고집이 있기 때문이다.

사실 투자법에 정답이 있다고는 필자 역시 확실하게 장담하기 어렵다. 그러나 우리나라의 개인투자자들이 좋은 주식과 나쁜 주식을 고르는 기준은 잘못되어도 한참 잘못되었다는 사실만은 자신 있게 말할 수 있다. 잘못된 투자 관행 때문에 좋은 주식이 아니라 나쁜 주식을 사는 개인 투자자들이 많아지게 되고, 그러다보니 원하는 수익을 내는 투자자는 결국 극소수가 될 수밖에 없다.

투자자들이 돈을 던지는 시기를 구분하는 방법도, 주식을 팔아 돈으로 환원하는 방법에도 큰 문제가 있다. 이러한 총체적인 문제가 표면적으로 드러난 것이 바로 2012년을 강타한 '정치테마주', '대선테마주'이다. 필자는 이를 '대선투기주'라고 부를 것이다. '테마주'라고 하면 뭔가 좋은 게 있어 보이기 때문이다.

이 같은 이유로 이 책은 대선투기주에 물들 수밖에 없는 우리나라 주식시장과 자본시장의 현실을 적나라하게 들여다보는 데 많은 지면을 할애했다.

그렇다면 더 빨리, 더 많은 돈을 벌기 위한 욕망이 가득한 투자자들은 왜 그 많은 주식들 중 유독 부실한 대선투기주에 빠져드는 것일까? 거기에는 그만한 이유가 있다.

필자는 먼저 투자자 보호라는 명분 아래 우리나라 자본시장의 제도와 시스템을 80년대로 후퇴시킨 정부(금융 당국)와 시장 관리 기관에 먼저 그 책임을 돌리고 싶다. 여전히 정부는 투자자 보호에 만전을 기하고 있고 이게 최선의 목표라고 자신 있게 밝히고 있지만 정작 투자자를 보호하는 방법은 전혀 모르는 것 같아 안타깝기 그지없다.

초고속 인터넷을 이동통신 단말기를 통해 실시간 이용할 수 있는 꿈의 통신 서비스가 현실이 된 지금, 자본시장을 운영하는 인적·물적 인프라는 과거에 머물러 있다. 이러한 불균형 속에서 금융회사와 금융회사 종사자들은 구태에 머물며 자기 자신과 회사의 이익만 좇을 뿐, 고객과 투자자의 이익은 뒷전이다. 지금 이대로라면 미래에도 변화를 기대하기 어렵다고 단언한다.

더더욱 걱정되는 것은 운용산업이다. 2008년 글로벌 금융위기 이후 가장 많이 듣고 있는 '진리' 중 하나가 바로 "우리는 지금 한 치 앞을 내다볼 수 없는 불확실성의 시대에 살고 있다"는 것이다.

금융 당국 수장들은 하루가 멀다 하고 위기를 경고한다. 가계 부채가 많다며, 해외 주요국들의 경기가 불안하다며 우리 스스로 먹고살 체력을 키워야 한다고 한목소리다. 때론 일부러 위기를 부추기는 것 같다는 의심도 들지만 주변의 상황이 외환위기와 맞먹을 정도로 흉흉하다보니 그네들의 경고가 타당하다고 인정할 수밖에 없다.

그런데 정말 기가 막히는 것은 구체적인 정책이 이런 시대 인식과 큰 거리를 두고 있다는 점이다. 우리나라 경제의 앞날이 불확실한데 운용

산업의 종사자들은 '롱온리'의 틀조차 벗지 못하고 있다. 한심한 작태가 아닐 수 없다. 언제 어떤 이유로 자본시장이 흔들리고 충격을 받게 될 것이라고 스스로 분석하고 이를 자랑 삼아 이야기하면서도 펀드 가입자에겐 예나 지금이나 주식만 사라고 강요하는 상황이다. 그 정도가 지나치다. 그러면서도 선량한 대리자로서 운용사들은 돈을 맡긴 고객의 이익을 극대화하기 위한 기본적인 의결권 행사조차 엄두를 못 내고 있다. 모럴 헤저드의 전형이다.

이런 토대 위에 하루하루 운용 기금이 천문학적으로 불어나고 있는 국민연금이 국민들의 든든한 안식처로 자리잡을 수 있을까? 국민들의 미래를 생각하노라면 아찔하다. 당장 국민적인 공감대와 합의 속에 국민연금에 대한 대대적인 수술이 필요한 것이다.

상장사는 어떠한가. 견제받지 않는 권력으로 오랜 세월 군림해온 재벌들은 '경제 민주화'라는 시대적인 폭풍을 피할 수 없을 것이다. 주주와 협력사, 직원들과의 관계를 미리미리 잘 챙긴 재벌이라면 긴장하지 않아도 되겠지만 그렇지 않은 재벌들은 만만치 않은 역풍에 시달릴 것이다. 보다 심각한 집단은 중견기업군이다. 50년 안팎의 역사를 지나오면서 대기업과 중소기업의 틈새시장에서 막대한 부를 쌓아온 중견기업들은 예나 지금이나 견제받지 않는 권력을 행사하고 있다. 세제 개편을 통해 대대적인 개혁이 필요한 대상이라고 본다.

마지막으로 가장 큰 문제는 투자자 자신이다. 자본시장의 후퇴를 가져온 일차적인 책임은 투자자 자신에게 있다. 상장사의 주주로서, 운용사의 고객으로서, 투자자들이 권한과 책임을 다하지 않았기 때문에 지금의 불합리와 부도덕을 낳고 말았다. 사람들은 진실을 얘기하면 불편해

하는 경향이 있다. 하지만 구구절절한 이 불편한 진실들을 본문에서 확인하기 바란다.

이왕이면 이 책이 투자법의 보다 나은 기준을 제시해 좋은 주식을 골라 적절한 때에 투자를 하여 원하는 만큼 돈의 증식을 바라는 투자자들에게 조금이라도 도움이 되었으면 하는 바람이다. 이를 설명하는 데 있어 표현 방식이 다소 거칠더라도 이해해주길 바란다. 우리나라 주식시장, 그 시장에서 먹고사는 사람들에게 쌓인 분노가 이 책을 쓰게 만들었기 때문이다.

이 책은 한편으로 2011년에 출간한 《지금 당장 중소형주에 투자하라》의 후속편에 해당하기도 한다. 그리고 머니투데이방송(MTN)의 최장수 프로그램인 〈기고만장 기자실〉을 800회 넘게 진행하면서 몸속에 각인시킨 경험의 소산물이기도 하다.

3년 넘게 이어진 방송에서 필자는 저평가된 중소형주에 가치투자를 해야 한다고 일관되게 주장해왔다. 지금 당장은 거래가 안 될 정도로 인기가 없고, 주가 역시 너무 싸지만 일단 저평가가 해소되고 나면 단숨에 폭등하는 알짜 중소형주를 많이 보았기 때문이다. 특히 주식형 펀드에 돈을 넣어서 전문가(펀드매니저)에게 돈을 맡기는 간접투자자가 아닌, 본인이 직접 주식을 골라 사고파는 직접투자자인 개미투자자들은 더더욱 중소형 가치주에 관심을 가져야 한다고 주장해왔다.

《지금 당장 중소형주에 투자하라》가 나온 지도 벌써 2년이 되어 간다. 책이 출간된 이후, 이웃나라인 일본에서 대재앙 쓰나미가 발생했고, 그 사건으로 인해 의도치 않게 중소형주가 급락하는 시기를 맞았다. 그리고 2년여 시간이 지난 지금, 우리나라 개미투자자들의 성향 역시 많이 변했다. 물론 변화의 방향이 필자의 생각과는 정반대로 흘러가긴 했지만 말이다.

한편으로는 '중소형 가치주에 투자하라'는 필자의 독백이 부질없는 공염불에 그치지 않을까 하는 불안감도 크다. 하지만 좋은 주식과 나쁜 주식을 구분하는 방법, 정답이 없는 투자의 세계에서 보다 현명하게 이득을 취할 수 있는 투자법은 지속적으로 고민해야 하지 않을까.

끝으로, 이 책이 그러한 고민을 함께 하고 있는 개인투자자들에게 도움이 되었으면 하는 간절한 바람이다.

2013년, 여의도 모처에서

지은이 유일한

상식과 합리적 사고가 무너진 자본시장

2008년 미국발 금융위기, 2011년 유럽발 재정위기를 겪으면서 우리나라의 제조업, 보다 좁게 말하면 수출에 의존하는 대기업 집단 간의 경쟁력은 시간이 지날수록 나아지는 추세다. 원 달러 환율이 장기간 고공 행진을 하면서 해외 시장에 제품을 내다 파는 국내 수출 업체들의 가격 경쟁력이 강화된 것이다. 매우 도식적이지만 정리하는 데 편한 프레임이다.

우리나라 주력 수출 제품인 반도체(삼성전자, 하이닉스, 치킨 게임에서 승리), 조선(현대중공업, 삼성중공업, 대우조선해양, 글로벌 빅3 입지 확고), **화학**(세계적인 정유 화학제품 수출국), **휴대폰**(삼성전자의 세계 판매량 1위) 그리고 자동차(현대기아차의 톱5 진입 가시화)는 해외 시장에서 일본 업체와 경쟁을 많이 하고 있다. 또한 2008년 금융위기 이후 원화에 대한 엔화 가치가 장기간 고공 행진을 이어가고 있는 탓에 엔화의 상대적인 초강세가 유례없이 오

원/엔화 환율

랜 기간 유지되고 있다. 원화의 가격이 엔화에 비해 매우 싸다는 것은 국내 수출 업체들에겐 더할 나위 없는 호재다. 해외 시장에서 가격 정책을 공격적으로 가져갈 수 있기 때문이다.

예를 들어, 미국 시장에 반도체를 수출하는 일본 기업과 한국 기업의 처지를 생각해보면 쉽게 이해할 수 있다. 똑같이 100달러를 팔더라도, 비싼 엔화로 이익을 잡는 일본 회사와 상대적으로 싼 원화로 이익을 잡는 우리나라 회사는 비교조차 안 되기 때문이다. 이런 관점에서 2012년 말부터 본격화된 일본 정부의 엔저 정책이 우리 수출 기업에 미치게 될 부정적인 영향은 향후 수년간 우리 경제와 금융시장에 중대한 변수로 부상했음을 직시해야 한다.

금융위기 이후 현 정부가 수출 대기업을 지원하기 위해 의도적으로 고환율 정책을 폈다는 얘기는 공공연하게 회자되고 있는 사실이다. 그렇기 때문에 혹자는 어려움에 처한 정부와 국민을 위해 이제는 대기업들이 베풀어야 한다는 주장을 펼치고 있다(이와 같은 주장을 하고 있는 대표적인 사람이 정운찬 전 동반성장위원장이다). 왜냐하면 대그룹 집단이 꾸려나가고 있

현대차 EU 판매 현황

기간	2011년 1~9월	2012년 1~9월	증가율
판매 대수	30만 2천대	33만 8천대	11.90%
점유율	2.60%	3.10%	0.5%

기아차 유럽 지역(EU+EFTA) 판매 현황

기간	2011년 1~9월	2012년 1~9월	증가율
판매 대수	21만 1천대	25만 3천대	20.20%
전체 해외 판매	189만 7천대	203만 4천대	11.30%

현대·기아차 2011 ~ 2012년 유럽 지역 자동차 판매 현황

는 제조업은 승승장구하고 있는 추세이기 때문이다. 유로존이 붕괴될 것이라는 극심한 공포감이 팽배한 유럽 시장에서 현대기아차는 갈수록 더 많은 차를 팔고 있다. 이는 놀라운 일이 아닐 수 없다.

그러나 내수 시장의 상황은 어떤가? 갈수록 침체기를 맞고 있다. 2012년 백화점 정기세일 기간은 유난히 길었다(봄 세일이 여름까지 이어졌는데, 이는 극심한 경기 침체 탓이다). 가계 부채는 1,000조 원을 넘어섰다고 한다. 이것이 자칫 가계 부도라는 엄청난 재앙으로 이어질지 모른다는 흉흉한 전망이 하루가 멀다 하고 신문지상에 오르내린다.

그런데도 2012년 8월 세계적인 신용평가회사 무디스가 우리나라 국가신용등급을 Aa3로 올려 중국, 일본과 동급으로 조정했다. 정부가 고환율 정책을 펼친 게 적지 않은 영향을 미쳤다. 하지만 국민들이 체감하고 있는 경기는 혹독한 겨울을 벗어나지 못하고 있다. 이는 유례없는 상황으로, 이를 극복하기 위해서는 국가 정책의 근본적인 부분부터 바뀌어야 한다.

그렇다면 우리의 자본시장은 어떠한가.

2012년 상반기 국내 증권사의 증권 산업을 담당했던 애널리스트가 작성한 보고서에는 이런 내용이 담겨 있다.

"증권 산업의 낮은 수익성은 구조적인 것에서 기인한다. 저위험 사업 영역은 치열한 경쟁으로 인하여 수익성이 낮아지고 있으며, 수익성이 높은 고위험 및 레버리지가 필요한 사업 영역은 제도 미비 및 국내 증권사의 네트워크 부족으로 실질적인 수익성을 기대하기 어렵게 되었다."

한마디로 위험이 낮은(사실상 거의 없는) 브로커리지 업무는 경쟁이 치열해 이익을 낼 수 없는 형편이 됐으며, 증권사는 자체적으로 돈을 투자해 큰돈을 벌 수 있는 조직적·인적 역량이 턱없이 부족하다는 지적이다.

실제로 증권사는 지금의 브로커리지 수수료만으로는 지점을 유지할 수 없는 지경에 이르렀다. 스마트폰을 통해 주문을 내는 모바일 주식거래(Mobile Trading System, MTS)를 도입하면서 증권사들은 수개월 동안 앞다투어 통신료나 기기값 지원은 물론 수수료 무료 서비스 이벤트까지 열었다. 증권사의 투자 경쟁이 치열해진 가운데 시장의 우위를 선점해야 했기 때문이다. MTS가 주식시장에서 새로운 비즈니스 모델을 제시하긴 했지만 이를 통해 증권사들은 실질적으로 큰 효과를 보지 못했다.

이제 증권사들은 주식담보대출이나 신용대출 등을 통해 수익을 내고 있는 실정이다. 이는 손 안 대고 코 푸는 격인 무위험 수익인지라 마진이 매우 약할 수밖에 없다. 그러다보니 실제적으로 이익률이 그다지 높지 않다.

구분	2011년 2분기 (2011년 4~6월)	2012년 2분기 (2012년 4~6월)	증감	증가율
수수료 수익	2,151	1,512	▼639	▼29.7%
수탁 수수료	1,449	910	▼539	▼37.2%
자산 관리 수수료	106	46	▼60	▼56.1%
인수·자문 수수료	245	210	▼35	▼14.4%
주식 관련 손익	▼37	▼412	▼375	–
채권 관련 손익	962	1,391	429	44.6%
당기순이익	793	216	▼577	▼72.7%

2011 ~ 2012년 2분기 증권 회사의 이익률

62개 증권사가 3개월 동안 벌어들인 순이익이 2,160억 원에 그쳤다는 통계만 봐도 알 수 있다. 그중 21개 증권사는 적자를 면치 못했다. 결국 증권사가 돈을 많이 벌기 위해서는 자기자본투자(Princapal Investment, PI), 투자은행(Investment Bank, IB) 업무가 활성화되어야 한다. 이를 모르는 증권사 경영진은 없을 것이다. 그러나 자신 있게 나서지 않는 데는 내부적으로 위험을 관리하여 고수익을 낼 만한 능력을 갖춘 인력이 없기 때문이다.

또한 철저한 사전 준비 없이 뛰어들었다가 낭패를 볼 수 있다는 불안감도 팽배해 있다. 증권사의 잘못된 투자로 인해 손실이 날 경우 금융 당국은 이를 좌시하지 않을 것이다. 온갖 규제를 들이대며 증권사의 경영진을 추궁하고, 재발 방지책을 강구하라고 요구할 것이다. 재발 방지책은 증권사 곳간에 쌓아둔 돈을 이리저리 굴리지 말라는 경고장이나 다름없다.

증권사의 자기자본이익률(Return On Equity, ROE)은 참담할 정도다. 대표 증권사인 삼성증권의 2011 회계 연도 ROE는 5.7%였다. 보유 현금을 채권에 투자해서 겨우 얻을 수 있는 수준으로, 자본의 수익성이 그만큼 떨어졌다는 의미다. 자본주의에서 자본의 효율성이 떨어진다는 말은 생명력이 그만큼 악화되고 있다는 뜻이기도 하다.

이 책의 후반부 내용은 '이러다 우리도 일본처럼 되겠구나' 하는 불안감이 모태가 되었다. 일본은 제조업에서는 세계 1위라는 훈장을 달고 있지만 금융산업은 후진국이라는 오명을 떨치지 못하고 있다. 이 같은 총체적인 문제를 떠안고 있는 일본 경제는 지금 잃어버린 10년을 지나 20년을 넘어가고 있다.

그렇다면 우리 금융산업의 모습은 어떠한가. 온갖 우리 사회에 만연한 부조리가 자본시장으로 침투해오면서 그 건강성이 훼손되었고, 제조업에 비해 턱없이 부족한 혁신을 낳았으며 이는 '자본시장의 성장 없음 또는 퇴행'으로 이어지고 말았다.

2012년 유례를 찾아보기 어려운 정치투기주의 광풍을 두고 한국거래소 관계자는 "갈수록 학연과 지연을 앞세운 네크워크가 인간관계에 더 많은 영향력을 미치는 우리 사회의 모습을 반영하는 것"이라고 분석했다. 숱한 매체에서 정체를 알 수 없는 대선투기주의 창궐을 차단해야 한다고 몰아세우자 고민고민 끝에 내린 진단의 하나였다. 불공정거래 적발이 주업무인 시장감시팀 소속의 이 관계자는 "웬만한 정부기관에서 임원으로 승진하려면 학연, 지연이라는 '빽'이 있어야 하는 것 아니냐. 빽 없이 본인이 원하는 출세를 할 수 있는 건전한 사회가 아니지 않느냐"고 반문하기도 했다.

주식시장은 그때그때의 사회상, 사회의 변화를 반영하는 속성이 있다. 반영의 속도가 상상 밖으로 빠르고 또 때론 매섭다. 자산운용사의 한

CEO는 "투자자들이 절대 바보가 아니다. 멀쩡한 정신을 지닌 다수의 투자자들이 위험을 무릅쓰고 '대통령 후보와 학연 및 지연으로 얽힌 CEO를 둔 회사'에 투자하는 데는 그만한 이유가 있을 것이다. 전통적인 네트워크가 오히려 더 강조되는 우리 사회의 분위기 속에서 투기주 광풍의 싹이 트고 자란 것"이라고 전했다. 하지만 이런 투기주는 바람직한 투자 아이디어가 아니다. 절대 돈을 벌 수 없는 비이성적 투기다. 투자자 자신은 물론 우리 시장 전반에도 도움이 안 된다.

다시 일본 이야기로 돌아가보자. 초장기 불황이라는 일본 경제에서 우리가 놓치지 말아야 할 교훈의 하나는 수출과 내수의 균형, 제조업과 금융의 균형이다. 필자는 이 둘을 관통하는 맥(脈)이 바로 자본시장의 활성화라고 생각한다. 자본시장이 제대로 굴러가기 위해 어떤 인적, 제도적 장치가 뒷받침되어야 하는지에 대한 고민이 이 책에 고스란히 담겨 있다.

원고 수정까지 마치고 난 며칠 후 2012년 12월 19일 대통령 선거에서 박근혜 후보가 문재인 후보를 이기고 18대 대통령에 당선됐다. 50대 이상 다수의 대중이 변화보다는 안정을 선택했다고 볼 수 있다. 하루 뒤인 20일, 주식시장에서 필자가 박근혜 투기주로 부르는 EG와 비트컴퓨터, 아가방컴퍼니, 보령메디앙스, 대유신소재 등이 모두 가격제한폭까지 올랐다. 반대로 바른손, 우리들제약 등 문재인 투기주는 하한가로 곤두박질쳤다.

선거가 끝났지만 주식시장 참여자들은 아직도 제정신을 차리지 못하고 실체없는 투기주에 매몰돼 있는 모습이다. 이 책이 주로 대선 전에 쓰여졌지만 그 내용은 대선이 끝난 지금도 여전히 유효하다는 방증이다.

Contents

PART1 알고도 속는
　　　　주식시장의 불편한 진실

PART2 대한민국 주식시장을
　　　　후퇴시키는 주범들

PART 1

알고도 속는
주식시장의 불편한 진실

01
대통령 선거와 정치테마주

2012년 7월 10일, 박근혜 새누리당 전 대표가 대선 출마를 선언했다. 박 전 대표의 출사표는 아름다웠다. 그는 "국민 한분 한분의 꿈이 이루어지는 행복한 대한민국을 만들기 위해 저의 모든 것을 바치겠다는 각오로 이 자리에 섰다"고 말했다.

출마 선언을 한 장소는 서울시 영등포구에 위치한 타임스퀘어. 공교롭게도 이후 타임스퀘어를 소유한 경방의 주가가 며칠 동안 꿈틀거렸다. 그러나 출마 선언이 있던 그날, 대통령 후보가 된 박 전 대표의 친동생인 박지만 씨가 대주주로 있는 EG의 주가는 10%나 하락했다. 길고 긴 정치 투기주의 종말을 보는 듯했다(그러나 아니었다). EG뿐만 아니라 다른 박근혜 테마주도 이 같은 하락 신세를 면치 못했다. 박 후보의 복지 정책 테마주로 꼽혔던 아가방컴퍼니(8.85%)와 보령메디앙스(8.38%)가 급락했고, 정

수장학회가 30%의 지분을 보유한 MBC의 자회사 iMBC 역시 하한가를 기록했다.

박 후보의 유력 대항마로 거론되었던 안철수 서울대 융합과학기술대학원장이 만들어낸 테마주 투기 광풍 또한 만만치 않았다. 2012년 7월 19일, 안철수 서울대 융합과학기술대학원장은 《안철수의 생각》을 출간했다. 일각에서 안 원장이 사실상 정치 참여를 선언한 것이나 다름없는 것으로 받아들여졌다. 책이 출간된 직후, 11만 원이던 안랩(AhnLab)의 주가는 이틀 동안 급등해 13만 8,000원까지 치솟았다. 안 원장이 최대 주주라는 이유에서였다.

책을 통해 안 원장이 지향하는 내용에서 힌트를 얻은 안철수 투기주들 역시 여기저기서 솟구쳤다. 가장 먼저 영향을 받은 분야는 복지정책 관련주였다. 휠체어 사업을 한다고 알려진 평화산업, 제약 기업인 국제약품이 장애인 복지테마주로 분류되면서 두 회사의 주가가 연일 상한가를 기록했다. 그러나 이 상장사들이 복지정책에서 얼마나 큰 수혜를 입었을지는 미지수다. 장애인 복지와의 직접적인 사업 연관성이 떨어진다는 지적을 받았기 때문이다.

육아에 대한 안 원장의 관심 역시 아가방컴퍼니와 보령메디앙스의 주가 상승으로 다시 이어졌다. 두 상장사는 앞서 언급한 바와 같이 박근혜 테마주로 부각되며 주가가 폭발적으로 치솟은 전력이 있었다. 이런 현상은 대통령 후보를 가리지 않고 무작정 덤벼드는 정치투기주의 현상을 그대로 보여주는 사례다.

또한 안 원장이 일자리 창출을 강조하자 구직 사이트 사람인에이치알의 주가가 급등하기도 했다. 투자자들은 회사의 실체에 비해 지금의 주

2012년 사람인에이치알 상장 이후 주가 추이

가가 얼마나 비싸고 싼지는 묻지도 따지지도 않았다.

안랩의 주가가 급등한 지 이틀째 되던 7월 20일, 안랩 측에서는 직접 진화에 나섰다. 안랩은 보도 자료를 통해 "기업의 가치 이외의 기준으로 투자하는 것은 주주들의 피해를 초래할 수 있으니 주의해달라"고 투자자들을 뜯어말린 것이다.

사이버 보안 회사인 안랩은 "어떤 기업에 투자할 때는 회사의 본질 가치와 가치 성장성을 평가해 투자하는 것이 옳다. 따라서 투자자들이 기업 가치 이외의 요인에 기대 투자를 할 경우 큰 손실을 초래할 수도 있다"고 지적했다. 증권사가 해야 할 말을 기업이 대신해준 셈인데, 이 역시 우리 증시의 고질적인 문제라고 할 수 있다. 다시 말해 증권사가 제 역할을 하지 못하고 있다는 이야기다.

만약 대선 출마 자리에서 박근혜 후보가 "제 이름이 들어간 정치투기주들이 많던데, 투자자 여러분! 정치투기주는 절대로 사지 마세요. 노후가 불행해질 수 있습니다"는 말을 했다면 어땠을까? 안철수가 《안철수의 생각》에서 왜곡된 투자 문화에 대해 자신의 생각을 조금이라도 정리해서 독자들에게 어필했다면? 만약 그랬다면 18대 대통령 선거에 대한 필자의 기대치는 한 단계 높아졌을 것이다. 그러나 아쉽게도 자신들의 이름이 테마주와 같이 등장하는 여야의 어떤 대선 주자들도 정치투기주의 문제점에 대해서는 단 한마디도 언급하지 않았다. 안철수 서울대 융합과학기술대학원장이 대주주로 있는 안랩 정도만 몇 차례 보도 자료를 통해 회사의 가치에 입각한 투자를 해줄 것을 주주들에게 당부했을 뿐이다. 통합민주당 문재인 후보 역시 수많은 자신의 투기주에 대해 아무런 언급을 하지 않았다.

대선 주자들은 앞으로도 테마주에 현혹되어 자산을 잃게 될 투자자들을 방임할 것이다. 넓게 보면 투자자들은 국민으로서 대통령 선거의 잠재적인 유권자일 가능성이 크지만, 정작 국민을 위해 이 한 몸 불사르겠다는 대선 주자들은 정치투기주의 위험성에 대해서는 무관심으로 일관하고 있는 것이다.

이 같은 문제점에 대해 언급한 한 투자자의 말은 인상적이다. 40대 전업 투자자인 그는 이런 현상을 심각하게 우려하며 안타까운 목소리로 말했다.

> "대선 후보들은 절대로 자신의 이름이 오르내리는 정치테마주에 투자하지 말라는 말을 하지 못한다. 왜냐하면 그런 말이 나온 뒤 해당 주식들이 빠지게 되면 투자자들이 가만히 있을 리 없기 때문이다. 정치테마주 투자자는 모두 개인이고, 이들 개인은 곧 유권자라는 사실을 후보들이 모를 리 없다."

대선 주자들의 이런 속사정을 모르는 바는 아니지만, 그에 비례한 만큼 허탈함 또한 마음속에 무겁게 남아 있다. 유권자들의 행복한 미래를 약속하는 후보들이 정작 행복한 미래를 갉아먹고 있는 비상식적인 투자 관행, 독버섯처럼 자리 잡은 일그러진 투자 문화에 대해서는 철저히 외면하고 있으니 말이다.

정치투기주의 급등과 급락에 대한 증권사 애널리스트들의 분석은 한결같다. '실체가 없는 테마주의 속성' 때문이라고. 실적이나 증시 상황을 보고 투자하는 게 아니라 소문, 지연, 학연에 얽혀 생성되었기 때문에 실체가 드러나면 곧 사상누각처럼 주가가 무너진다는 것이다. 수많은 투자자들이 실체가 없는 뜬구름 같은 주식에 열광하고 막대한 자금을 쏟아붓는 불편한 현실이 지금도 지속되고 있는데, 심히 안타까울 따름이다.

묻지도 따지지도 않는 정치테마주

투자자들은 왜 실체가 있는 주식에 투자하지 못하는가? 그렇다면 실체가 있는 주식 투자란 무엇인가? 정치투기주를 비롯한 테마주 투자가 문제가 되는 이유는 무엇일까?

IT와 U-헬스케어 등 소프트웨어 사업을 하는 비트컴퓨터는 2011년 말 조현정 대표가 한나라당 비상대책위원회에 영입되고 나서 박근혜 테마주로 떠올랐다. 테마주는 곧 투기주가 됐고, 그 기세는 거셌다. 7일 연속 상한가를 기록하며 투기주를 선도하는 대장주가 되었던 것이다. 그러나 조 대표의 비상대책위원회 영입은 정작 비트컴퓨터와는 아무런 연관성이 없었다. 즉, 실체가 없다는 말이다.

더 기막힌 사례가 있다. 의류 제조 업체인 대현의 경우는 코미디를 넘

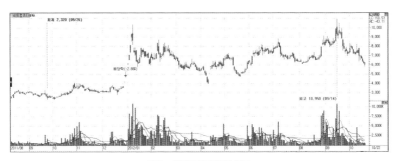

2011 ~ 2012년 비트컴퓨터 일봉

어 멘붕 그 자체였다.

30대 정 모 씨는 2011년 6월 문재인 민주통합당 상임고문과 한 남성이 함께 찍은 사진을 입수했다. 남성의 눈 부분을 모자이크 처리하고 마치 의류 업체인 대현의 신현균 회장인 것처럼 고친 뒤 증권 사이트에 띄웠다. 사진 밑에는 '단기 강추, 문재인+신현균 등산 단독샷? 이거 정말인가'라는 그럴 듯한 제목을 달기까지 했다.

그가 보유한 대현 주식을 '대선테마주'로 만드는 데 걸린 시간은 매우 짧았고, 비용 역시 전혀 들지 않았다. 이 소식을 접한 개인투자자들은 대현을 대선투기주로 옹립했고, 주가는 1,400원에서 4,200원까지 폭등했다.

그러나 오래 되지 않아 모자이크의 남성과 대현의 회장이 일치하지 않는다는 사실이 드러났다. 너무나 확실한 물증이 나오자 금융 당국이 표적 조사에 나섰고, 정씨는 검찰 고발을 거쳐 법원 판결에 의해 징역 8월, 집행 유예 2년을 선고받았다. 다소 약하다 싶은 이 같은 선고의 저변에는 정씨가 얻은 시세 차익이 불과 200만 원 정도였다는 사실이 고려된 듯했다.

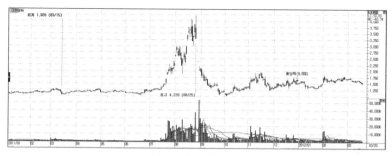

2011 ~ 2012년 대현 일봉

혹자들은 고개를 갸우뚱할 것이다. 큰 죄에 비해 형량이 가볍다고. 그런데 차분히 생각해보면 대현을 대선투기주로 만든 건 사실 정씨가 아니다. 대선투기주에 광분하는 우리들 모두가 탐욕에 굶주린 채 투기주를 찾아다닌 잠정적인 '범죄 유발자들'이 아니었을까.

대현의 오너가 문재인 고문과 친한 것이 대현이라는 기업의 실체와 무슨 연관성이 있을까. 문 고문을 지지하는 사람들이 대현의 옷을 대량으로 사 입기라도 했다는 것인가. 이에 대해서는 더 이상 언급할 가치조차 없다. 대선투기주를 비웃는 정직한 투자 문화가 버티고 있었다면 정 씨는 그 좋은 머리를 더 우량한 기업을 찾아 이익을 취하는 데 썼을 것이다.

필자가 너무 흥분하는 게 아니냐고 반문하는 사람이 있을지도 모르겠다. 그러나 이게 바로 인구 5천만에 1인당 국민소득이 2만 달러를 넘는다는 우리나라 주식시장의 현실이다.

물론 주식시장 참여자들이 모두가 다 선(善)을 추구할 수는 없다. 주식시장에는 온갖 삼라만상의 투자 행태가 존재하기 때문이다. 그래서 모든 주식 투자자가 다 정석 투자를 고집할 필요도 없다. 그런데 다른 사례를 보자.

디아이라는 반도체 장비 회사가 있다. 실적이 악화되면서 투자자들의 관심권에서 멀어졌던 이 회사는 2012년 3월 말 갑자기 스타 주식이 됐다. 사연은 입에 담기에도 부끄러울 정도다.

우리가 잘 아는 가수 싸이(본명 박재상)의 부친인 박원호 씨는 디아이의 오너이자 경영인이다. 그런데 느닷없이 언제인지도 기억나지 않는 싸이의 결혼식에 정운찬 전 총리가 주례를 섰다는 사실이 언론에 알려졌다. 당시 정 전 총리는 대선 행보를 조금 보였을 뿐이었는데, 기다렸다는 듯 디아이는 대선테마주를 넘어 대선투기주에 합류했다. 4일 연속 상한가에 올랐고 마지막 상한가를 치자 차익 매물이 한꺼번에 쏟아지는 공방이 벌어지며 최고 거래량이 2,600만 주에 달했다. 평소 거래량은 10만 주 정도였는데 말이다.

대선 후보군 중에서도 마이너에 속했던 정 전 총리의 주례와 디아이라는 기업의 실체 사이에서 어떤 연관성을 찾을 수 있을까? 연관성을 찾는 것이 더욱 어리석은 행동처럼 보이는 이유는 무엇일까?

디아이는 2012년 여름 싸이의 '강남스타일' 열풍이 불자 보란 듯이 상

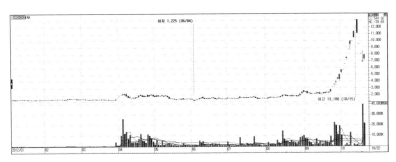

2012년 디아이 일봉

한가에 오르기도 했다. 가수 싸이의 인기를 보고 투자자들은 부친이 대주주로 있는 회사의 주식을 사러 달려든 것이다. 투자자들은 과연 어떤 심정으로 그렇게 했을까? 물론 이 같은 현상을 필자는 극히 일부에 국한된 상황이라고 치부하고 싶다. 하지만 이러한 투자 행태가 우리나라 주식시장의 수준이라는 점은 부인하기 어렵다(물론 디아이가 우리 시장의 현실을 대표하지는 않는다).

정치투기주의 참담한 실상을 더 깊이 들여다보기 위해서는 금융감독원이 작성한 공식 자료를 살펴볼 필요가 있다. 2011년 11월 21일 배포한 자료에는 정치투기주가 구체적으로 언급되어 있다. 내용을 간단히 요약하면 다음과 같다.

> 금감원은 투자 피해 확산을 방지하기 위해 불공정 거래 단서가 발견되는 테마주에 대해서는 우선적으로 조사에 착수했다. 대현은 특정 정치인 관련 허위 사진이 유포된 이후 주가가 350% 급등했으나, 다시 1,000원 대로 급락했다. 솔고바이오는 정치인 테마주로 분류되면서 닷새 만에 주가가 49% 이상 급등했다. 안랩은 2대 주주의 대량 보유 보고서상 보유 비율과 이 회사 반기보고서상의 비율이 다른 것을 조사하겠다.

이와 함께 금감원은 근거 없는 테마나 악성 루머와 같은 불공정 거래의 단서가 발견될 경우 당국에 제보해줄 것을 친절하게 당부했다. 제보는 아래의 연락처나 인터넷 주소로 하면 된다.

■ 금융감독원 불공정 거래 신고 센터(시장 감시팀)
  • 홈페이지 : http://www.cybercop.or.kr

- 전화번호 : 02-3145-5555, 5558

■ 한국거래소 불공정 거래 신고 센터(사이버시장 감시반)
- 홈페이지 : http://ipc.krx.co.kr/
- 전화번호 : 02-3774-9111, 9671

이후 금감원은 2012년 1월 8일 자료를 통해 테마주 특별 조사반을 신설한다고 공식적으로 밝혔다. 테마주에 편승한 시세 조종 등을 전담하는 특별수사반을 꾸린 것이다. 이는 금감원과 한국거래소의 온갖 협박에도 정치투기주가 위축되기는커녕 오히려 더 기승을 부렸기 때문이기도 하다.

실체 없는 유령, 정치테마주의 진실

2012년 6월 20일자 금감원 자료는 투자를 하는 사람이면 꼭 한번 숙독할 것을 강권한다. 자료의 제목은 '테마주 투자, 거품을 사는 것입니다'였다. 증권사 애널리스트의 전공인 주식 밸류에이션(가치 평가)을 금융당국이 직접 하기 위해 나선 것이다. 정치투기주를 잡기 위해, 정치투기주를 잡아 투자자를 보호하기 위해서란 미명 아래 말이다.

자료에서 금감원은 6개월 동안 진행된 특별조사반의 조사 결과, 22명을 불공정 거래 혐의자로 검찰에 고발했다고 밝혔다. 이들이 챙긴 부당이득은 모두 530억 원으로 조사됐다. 또한 테마주 또는 투기주로 알려진 상장사는 무려 131개에 이른다.

정치투기주는 2011년 9월부터 나 홀로 급격히 상승했다. 금감원은 9개월이 지난 2012년 5월까지 실적이 악화된 투기주 63개 사의 주가 상승률이 137%였다고 밝혔다. 나머지 실적이 좋아진 68개 사의 주가 상승률은 134%였다. 실적이 나빠진 투기주가 더 많이 올랐던 것이다.

투기주 전체 시가총액은 최고 34조 3,000억 원에 달했다. 64개 투기주에서 대주주의 매도가 있었는데, 202명이 1억 2,972만 주, 6,406억 원어치를 내다 팔았다. 대주주가 100억 원 이상 매도한 17개사의 경우 주가 급등의 이유를 묻는 조회 공시에 '이유 없다'고 밝힌 상태에서 대주주의 매도가 이루어졌다.

주요 사례로, 안철수 서울대 융합과학기술대학원장은 안철수연구소(현 안랩) 주식을 매도해 930억 원을 벌었다(이 돈은 안철수 재단의 밑거름이 됐다). 박근혜 새누리당 후보의 동생 박지만 씨는 EG 주식을 팔아 74억 원을 벌었다. 안철수 테마주로 600원에서 5,000원까지 오른 써니전자는 곽경훈 대표이사와 아들, 딸이 35억 원을 번 것으로 조사됐다.

이들 대주주들이 대량의 주식을 팔아 막대한 차익을 챙기는 동안, 우리의 개미투자자들은 열심히 주식을 샀다. 그 열기가 너무 뜨거워 대주주들이 주식을 파는 데 아무런 어려움이 없었다. 이 정도면 가히 정치테마주 천국이라고 할 만하다. 이는 기본적인 상식과 이성으로는 이해할 수 없는 현상이다. 그런 와중에 돈을 번 사람은 몇 안 되는 큰손들과 대주주를 비롯한 내부자들뿐이었다.

테마주의 진화

테마주가 진화하고 있다는 말을 종종 들을 것이다. 실제 테마주 천국인 우리 증시에서 테마주를 먼저 발굴하고, 대중에게 알려 이익의 기회를 잡으려는 세력의 노력은 정말 눈물겹다. 단적으로, 시스템통합업체(System Intergrator, SI. 정보 시스템의 개발에 관하여 상담하고 그에 따라 설계, 개발, 운용, 보수, 관리 등 일체 업무를 담당하는 기업) 들의 주가 급등을 들 수 있다.

코스닥시장의 경봉을 비롯한 소프트웨어 업체들의 주가가 급등한 적이 있다. 급등한 시기는 박근혜 후보의 대통령 출마 선언 전후다.

2012년 대선 당시 야당인 민주당이 '경제 민주화'를 선점할 기세를 보인 상황에서 박 후보가 내세운 대선 출사표 역시 '경제 민주화'였다. 이 같은 상황에 발맞추어 인터넷 커뮤니티를 중심으로 경제 민주화 테마주 찾기가 뜨겁게 달아올랐다. 그리고 이들의 최종 기착지는 소프트웨어 업체였다.

우리나라 대기업들은 예외 없이 그룹 안에 SI 업체들을 두고 있다. 삼성이 삼성SDS를, SK가 SKC&C를, LG는 LGC&S를 둔 식이다. 그룹의 대부분 계열사들은 내부 시스템 망을 깔고 정비하는 데 이들 계열사에게 일을 맡긴다. 그런데 이에 대해 전형적인 일감 몰아주기라는 지적을 받게된 것이다.

급기야 2012년 5월 '소프트웨어 산업 진흥법 개정안'이 국회를 통과했다. 개정안은 2013년부터 정부나 공공기관이 발주하는 정보화 사업에 대기업 계열 회사가 참여하는 것을 전면 금지하는 것이었다. 공공 분야 시스템통합(SI) 시장은 그동안 '빅3'라 불리는 삼성SDS, LGC&S, SKC&C

가 90% 이상을 점유해왔다. 하지만 그 정도가 너무 지나치다는 비난의 여론이 일자 급기야 법까지 제정하기에 이른 것이다.

대기업 계열 SI 업체들의 공공 분야 수주가 막히면 중소 SI 업체들의 수혜가 예상된다. 이는 어느 정도 타당한 일이다. 경봉은 지능형교통시스템(Intelligent Transportation System, ITS)을 구축하고 관리해주는 회사다. 공공 분야 시스템통합 시장의 1위 업체인 삼성SDS의 입지가 좁아지면 경봉의 수주 실적은 나아질 수도 있다. 실제로 지능형 전력망(Smart Grid) 관련 업체인 비츠로시스는 2012년 7월 들어 주가가 48%나 올랐다.

그러나 개정 법안이 통과된 지 두 달이 지나서 갑작스럽게 주가가 올랐다는 것을 어떻게 설명해야 할까? 대기업들의 일감 몰아주기에 대한 사회적인 공분이 확산되며 중소 SI 업체들이 반사이익을 볼 수 있다는 그림은 어느 정도 실체가 있긴 하지만 그래도 미심쩍은 구석은 남아 있다.

물론 '경제 민주화'라는 이슈 하나만으로 테마주가 형성되기는 어렵다. 무엇보다도 대선 주자들과 엮여야 테마주를 넘어 투기주가 될 수 있다는 점에 주목해야 한다. 한 증권사 연구원은 "주가가 급등한 것은 정치권에서 경제 민주화가 이슈가 되면서부터"라며, "특히 대선 후보인 박근혜 의원이 이를 핵심 공약으로 내세우면서 경제 민주화 테마가 형성됐다"고 말했다.

경봉의 주가 급등 이후 온라인 주식 커뮤니티에서는 뒤늦게 경제 민주화 수혜주 찾기 열풍이 불었다. SI 업체인 케이씨에스가 3일 연속, 정원엔시스가 이틀째 상한가를 기록한 것도 그 여파였다. 이렇게 테마주는 무섭게 확산되어 갔다. 실체에 대한 정확한 진상 파악은 언제나 뒤로 밀려난 채였다.

(단위 : 억원)

사업연도	매출액	순이익
2007	458	4
2008	688	8
2009	700	8
2010	705	8
2011	712	9
2012(반기)	350	4

2007 ~ 2012년 이화공영의 매출과 이익 추이

정치투기주를 보는 다른 시각도 있다. 대표적인 예가 이화공영이다.

2007년 17대 대통령 선거 국면에서 3,000원이 안 되던 이화공영 주가는 선거가 있던 12월 급기야 6만 7,000원을 훌쩍 넘어섰다. 무서운 폭등이었다. 건설 회사 최고경영자(CEO) 출신인 이명박 후보 진영에서 4대강 개발을 비롯한 대대적인 치수사업(홍수나 가뭄에 대비해 수리 시설을 정비하는 일)을 공약으로 내걸었던 것이 주가 상승의 촉매가 되었다. 이화공영 같은 건설사들이 이명박 후보의 전력과 통치 스타일을 볼 때 가장 큰 수혜를 입을 것이란 전망이 나왔던 것이다.

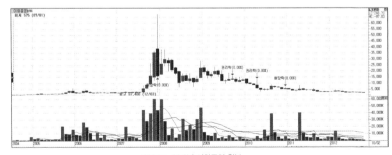

2004 ~ 2012년 이화공영 월봉

실제로 증시 일각에서는 대통령 중심제인 우리나라의 실정에서 대통령의 통치 철학, 경제관을 바탕으로 한 테마주는 나름대로 근거가 있다고 주장하기도 한다. 그렇다면 이화공영의 실적은 어땠을까. 매출과 이익은 전형적인 정체 현상을 보였다. 한마디로 아무런 혜택을 받지 못했다.

MB정부 집권 이후 이화공영 주가가 어떤 길을 걸어갔는지도 살펴보자. 이명박 대통령의 임기 마지막 해인 2012년 이화공영의 주가는 3,000원대 아래까지 급락했다. 10분의 1토막이 넘는 조정을 보이며 원점으로 회귀한 셈이다.

이화공영으로 큰돈을 벌었다는 투자자는 아직 만나보지 못했다. 정치권과 조금은 연관성을 확보한 채 움직였다는 정치테마주 이화공영의 결말이 이 정도 수준이다. 그러니 아무런 실체가 없는 2012년의 정치투기주는 어떤 결과를 낳았을까?

2012년 9월 19일 안철수 교수가 대선 출마 선언을 하던 날, 정말 묘한 일이 벌어졌다. 안철수 투기주의 정점에 있던 미래산업의 최대 주주인 정문술 회장이 2,480만 주(8%)에 달하는 지분 전량을 장내 매각한 것이다.

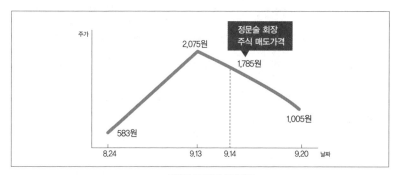

2012년 미래산업 주가 추이

나중에 알려진 것이지만 그 이면에는 주가가 워낙 급등해 우리 사주를 팔고 회사를 나가는 직원들이 걷잡을 수 없이 증가하자 주가를 떨어뜨리기 위한 의도도 있었다고 한다. 어쨌거나 정문술 회장의 지분 전량 매각으로 미래산업의 주인(지배주주)이 없어진 것이라고 볼 수 있는데, 이로써 최대주주는 2% 남짓한 지분을 갖고 있던 우리사주조합으로 넘어갔다. 결국 10% 넘게 오르던 미래산업의 주가는 4억 주가 넘는 엄청난 거래량을 수반하며 하한가로 추락했다. 그럼에도 주인이 사라진 회사의 주식을 사겠다고 덤비는 투자자들은 여전히 많았다.

앞으로도 계속해서 누군가는 야권의 대선 후보가 될 것이고 또 누군가는 대통령에 당선될 것이다. 하지만 정치인들만 믿고 정치투기주를 향해 달려들었던 수많은 개인투자자들의 상흔은 과연 누가 치료해줄 것인가.

대선투기주의 말로, 17조 원의 행방

일 년 넘게 대선투기주 단속에 공을 들였던 금융감독원. 금감원은 2012년 12월 26일, 18대 대선이 끝나고 일주일 뒤 대선투기주의 주가가 어떤 흐름을 보였는지 조사해 발표했다(의도는 쉽게 짐작된다. 막대한 피해가 예상되기 때문에 관심조차 갖지 말라는 자신들의 경고가 들어맞았다는 것을 입증하려는 시도였다). 말 그대로 막대한 주가 하락이 있었다. 금감원의 발표를 잠시 요약해보자.

우리 금감원의 테마주 특별조사반은 지난해 6월부터 올해 12월 21일까지 1년 6개월여기간 동안 테마주로 알려진 150개 종목의 주가 흐름, 거래 동향 등을 조사해왔다. 상한가 굳히기, 단주 매매 등 신종 시세조종 사례 등 불공정 거래 혐의도 조사했다. 150개 정치테마주의 시가총액은 2011년 6월 1일 21조 1,000억 원에서 41조 6,000억 원까지 치솟았다가 현재는 24조 3,000억 원으로 최고가 대비 17조 3,000억 원 감소했다(이 기간 동안 엄청난 거래가 있었기 때문에 감소한 시가총액만큼 손해를 본 투자자가 분명 존재한다).

대선투기주의 경우 추가로 주가가 하락할 가능성이 높아 약 3조 2,000억 원가량의 시가총액 감소가 더 있을 것으로 예상된다. 불공정 거래 혐의가 발견된 27명에 대해 검찰 고발 및 통보 조치를 했다. 이 중 9명이 기소됐고 나머지에 대해서도 수사 절차가 진행되고 있지만 대부분 불법성이 인정될 것이다.

더 놀라운 사실은 주가 폭락과 함께 수반된 막대한 거래량. 같은 기간 150개 테마주의 평균 매매 회전율은 2,628%였다. 상장 주식 수의 26배 넘는 거래가 있었다는 뜻으로, 주식 소유자가 26번 바뀔 정도로 빈번하게 거래됐다는 얘기다. 같은 기간 코스피시장 평균 매매 회전율은 472.6%에 불과했다.

기록적인 주가 하락을 선보인 투기주들도 적지 않았다. 안철수 투기주였던 써니전자 주가는 1만 1,500원까지 올랐으나 870원까지 수직 낙하했고, 박근혜 투기주였던 에스코넥의 경우 3,000원에 육박하던 주가가 840원까지 주저앉는 무서운 하락세를 보였다. 문재인 투기주였던 우리들제약은 3,500원짜리가 630원까지 떨어졌다.

테마주 폭락에 따른 피해는 '당연히' 개인투자자에게 돌아갔다. 외국인, 기관의 참여가 사실상 전무했던 것을 감안하면 100% 개인투자자들의 손실이었다.

17조 원이 어느 정도의 금액일지 잘 와닿지 않는 독자들이 많을 것이다. 이는 우리나라 사람들이 좋아하는 아파트 가격과 비교하면 피부로 쏙쏙 느껴진다.

2012년 10월 말 기준으로 전국의 미분양 아파트는 7만 2,739가구였다. 수도권에 3만 2,448가구가, 지방에 4만 291가구가 남아 있다. 17조 원은 우리나라 전국의 미분양 아파트를 2억 3,400만 원에 모두 살 수 있는 천문학적인 돈이다. 실제로 우리 경제를 오래오래 짓누르는 미분양 아파트 문제가 17조 원이면 완전히 해결될 수 있다. 그런데 그런 큰돈을 개인투자자들이 대선투기주 하나만 바라보다가 공중에 날려버렸다.

이게 우리나라 자본시장의 현주소다. 인정하기 어렵지만 현실이 이렇다. 금감원은 대선 이후에도 대선투기주에 대해 미련을 버리지 못하는 투자자들이 적지 않다며 감시를 계속할 방침이다. 또 향후 실체가 없는 테마주에 대한 단속도 한층 강화할 방침이다.

02
비싸도 너무 비싼 코스닥시장

앞서 정치투기주가 물들인 투자 문화의 실상을 들여다보았다. 그런데 이즈음에서 정치투기주를 넘어 우리나라 주식시장 전반의 현실을 냉정하게 들여다볼 필요가 있다.

필자가 기자 생활을 하면서 우리나라 주식시장에 대해 외부에서 가장 많이 들었던 말은 '외국 시장에 비해 싸다'는 것이었다. 그러면서 대부분의 분석 자료가 '이런 저평가는 기회가 주어지면 분명히 해소될 것이다. 그래서 투자는 단기 투자가 아닌 장기 투자를 하는 방식으로 고민해야 한다'고 결론을 내렸다.

위의 물음에 대한 답을 내리기 위해서는 코스피시장과 코스닥시장에 상장된 기업들을 구분해야 한다. 대기업 중심의 코스피시장과 중소기업 중심의 코스닥시장은 상장 기업의 차이가 확연하다. 유년기와 청년기를

년/월	코스피지수 (배)	코스피200 지수(배)	코스피지수 (배)	코스피200 지수(배)	코스닥스타 지수(배)	코스닥프리미어 지수(배)	코스닥지수 (배)	코스닥스타 지수(배)
	PER		PBR		PER		PBR	
2012/09	12.86	12.13	1.25	1.30	18.53	15.88	1.59	2.59
2012/08	12.28	11.58	1.19	1.24	18.73	15.68	1.54	2.62
2012/07	12.19	11.33	1.18	1.24	17.11	14.34	1.41	2.39
2012/06	12.10	11.13	1.17	1.22	17.87	15.07	1.47	2.50
2012/05	12.02	11.05	1.16	1.20	16.98	17.78	1.42	2.16
2012/04	12.95	11.94	1.25	1.30	15.87	17.34	1.44	2.02
2012/03	12.69	11.72	1.31	1.38	19.26	16.44	1.57	2.64
2012/02	12.16	11.78	1.33	1.39	20.37	17.12	1.62	2.79
2012/01	11.72	11.36	1.27	1.33	20.28	16.76	1.53	2.78
2011/12	10.90	10.53	1.19	1.24	19.44	16.17	1.49	2.67
2011/11	11.01	10.69	1.20	1.26	20.49	16.85	1.46	2.81
2011/10	11.36	11.06	1.24	1.30	20.95	16.85	1.44	2.88
2011/09	10.48	10.19	1.15	1.20	19.91	15.69	1.31	2.90
2011/08	11.16	10.78	1.22	1.27	22.79	17.11	1.44	3.01
2011/07	12.84	12.31	1.39	1.45	24.47	18.62	1.55	3.23
2011/06	12.76	12.37	1.38	1.45	22.94	16.98	1.39	2.96
2011/05	12.98	12.57	1.41	1.47	28.01	18.42	1.40	2.81
2011/04	13.23	12.87	1.44	1.50	28.39	19.32	1.46	2.85
2011/03	18.39	18.60	1.55	1.64	23.21	17.92	1.58	3.48
2011/02	16.76	16.97	1.43	1.51	22.70	17.14	1.47	3.45
2011/01	17.92	18.10	1.52	1.61	23.69	18.03	1.51	3.57
2010/12	17.80	17.95	1.50	1.60	22.35	17.52	1.48	3.37
2010/11	16.47	16.54	1.39	1.47	22.23	17.17	1.45	3.35
2010/10	16.22	16.16	1.38	1.44	22.64	17.85	1.53	3.43
2010/09	16.11	16.12	1.37	1.44	21.20	16.72	1.42	3.20
2010/08	14.94	14.86	1.28	1.33	19.43	15.21	1.33	2.94
2010/07	15.01	14.90	1.29	1.34	19.63	15.59	1.35	2.97
2010/06	15.17	14.48	1.26	1.30	19.50	15.86	1.38	2.95
2010/05	14.84	14.04	1.22	1.25	49.53	19.91	1.37	2.12
2010/04	15.40	14.91	1.27	1.33	51.89	20.90	1.46	2.22
2010/03	24.35	23.10	1.36	1.42	89.25	26.47	1.45	2.30
2010/02	22.72	21.71	1.28	1.34	87.65	25.65	1.39	2.24
2010/01	22.52	21.87	1.28	1.35	69.05	24.11	1.35	2.20

2010 ~ 2012년 코스피, 코스닥시장 PER, PBR 지수

보내고 있는 기업이 많은 코스닥시장과 장년기와 노년기를 보내고 있는 기업이 많은 코스피시장은 대접을 달리해야 하는 측면도 있다. 결론적으로 노는 물이 다르긴 하지만, 문제는 두 시장의 주가가 너무나 심한 괴리를 보이고 있다는 점이다.

먼저 코스피시장의 시가총액 상위 30개 기업의 주가수익비율(PER)과 주가순자산배율(PBR)을 파악해보자.

한국거래소 홈페이지에 가면 누구든지 관심 기업에 대한 유익한 투자 정보를 찾을 수 있다. 주가와 매출의 관계를 통해 어떤 주가가 싸고 비싼지를 따지는 주가매출액비율(Price Selling Ratio, PSR), 자기자본(순자산)의 효율성을 통해 주식의 가치를 따지는 자기자본이익률(Return On Equity, ROE) 등 다양한 투자 지표를 통해 확인할 수 있는 사실은 코스닥이 상대적으로 너무 비싸다는 것이다.

왼쪽 표를 보면 코스피시장의 PER은 10~12배 사이를 꾸준히 오가는 모습이다. 투자자들이 상장사가 10년이나 12년 동안 벌어들이는 순이익의 규모에 맞먹는 시가총액을 인정하고 있다는 뜻이다. 시가총액 상위 200개 (코스피200지수 구성 기업)만을 대상으로 한 PER은 이보다 조금 낮은 9~11배 정도다. 대기업들의 순이익 규모가 그만큼 더 크기 때문이다.

한국거래소는 코스닥시장의 전체 PER은 조사하지 않고 있다. 상당수 기업들이 적자를 내는 상황에서 시장 전반의 PER 통계를 내는 것은 무의미하다는 판단에서다. 그러면서도 코스닥스타지수를 구성하는 50개 기업의 PER은 매월 공개하고 있는데, 15~20배 수준을 보이고 있다. 코스피시장 대기업의 2배에 가까운 밸류에이션을 적용받고 있는 셈이다.

순자산을 비교해봐도 그 차이를 확연히 알 수 있다. 오히려 더 심하다는 것을 느낄 것이다. 코스피시장 전체 기업들의 PBR은 1.1배에서 1.3배 수준을 오간다. 전체 자산에서 부채를 뺀 순자산에서 10%~30%의 프리미엄을 주고 주식을 사고판다는 의미다. 코스닥시장의 경우 전체 기업을 대상으로 한 PBR도 발표되고 있는데, 기업들이 이익은 내지 못해도 어느 정도의 자산은 보유하고 있기 때문이다.

코스닥시장 전체 기업의 PBR은 1.3배에서 1.6배를 오간다. 코스닥스타지수는 이보다 훨씬 높은 2배에서 많은 때는 3배의 PBR을 적용받기도 한다. 코스닥시장 대표 기업들이 코스피시장 대표 기업에 비해 많게는 200%의 프리미엄을 받고 있다는 사실을 알 수 있다. 이는 코스닥 기업의 역사가 상대적으로 짧아 쌓아둔 자산이 적다는 것, 또 바이오(줄기세포 연구 개발, 신약 개발 등의 상장사) 업종이나 소프트 업종(연예기획사, 게임회사 등)의 특성상 자산의 규모보다는 성장성이 특히 중시되는 경향을 감안한다 하더라도 코스피 기업에 비해 절대적으로 높은 프리미엄을 받고 있다고 판단된다.

개별 기업을 비교해보면 더 잘 알 수 있다. 다음 표를 보면 코스피시장과 코스닥시장의 시가총액 상위 30개 종목의 PER과 PBR이 명시되어 있다. 너무나 심한 차이에 혀를 내두르고 싶은 심정이다. 코스닥시장의 몇몇 대형주 PER은 100배를 가볍게 넘는다. 2011년 한 해 동안 벌어들인 순이익의 100배에 해당하는 시가총액을 거부하지 않고 받아들인다는 의미다.

그런데 여기서 상식적으로 생각해보자. 과연 100년간 지속되는 기업이 몇이나 되겠는가. 그런데 코스닥시장의 투자자들은 100년간 벌어들이게 될 순이익에 맞먹는 수준의 주가에 겁내지 않고 덤벼든다. 물론 2011년에 100억 원의 순이익을 낸 기업이 2012년엔 300억 원, 2015년엔

(자료 : FnGuide)

Name	시가총액(십억원)	PER		PBR
		2012년 예상	2013년 예상	2012년 말
삼성전자	207,453	9.7	8.3	1.8
현대차	54,391	7.1	6.7	1.3
POSCO	29,818	10.9	8.5	0.7
현대모비스	26,967	7.6	6.9	1.7
기아차	25,254	5.7	5.2	1.6
LG화학	19,826	13.2	10.8	2.0
삼성생명	18,820	17.9	15.5	1.1
한국전력	17,911	−10.2	23.1	0.3
신한지주	17,759	7.2	7.2	0.7
현대중공업	17,214	10.3	9.5	0.9
SK하이닉스	16,728	−65.9	14.9	1.7
SK이노베이션	14,624	10.6	7.7	1.0
KB금융	14,295	6.8	6.6	0.6
SK텔레콤	12,798	12.2	8.4	0.9
LG전자	12,273	17.3	10.5	0.9
NHN	11,984	23.6	18.4	4.6
삼성화재	11,399	12.6	11.4	1.5
KT&G	11,382	13.7	12.3	2.2
S-Oil	11,014	14.0	9.0	2.2
LG	10,789	9.0	7.4	1.0
LG디스플레이	10,788	65.4	12.5	1.1
LG생활건강	10,427	35.9	30.1	8.9
롯데쇼핑	9,817	10.1	9.0	0.7
KT	9,504	9.2	7.9	0.7
삼성물산	9,489	16.3	17.2	0.9
현대글로비스	8,363	19.8	16.8	5.3
우리금융	8,342	5.1	4.8	0.5
고려아연	8,293	12.0	9.8	2.3
아모레퍼시픽	7,971	29.0	24.6	3.5
삼성중공업	7,414	9.0	8.8	1.3

＊ 2012년 예상 실적은 2013년 3월에 최종 확정 공시됨

코스피 시가총액 상위 30 종목의 PER, PBR

Name	시가총액(십억원)	PER		PBR
		2012년 예상	2013년 예상	2012년 말
셀트리온	4,715	26.0	17.5	4.9
파라다이스	1,678	20.4	16.3	2.7
CJ오쇼핑	1,542	14.2	13.2	3.8
서울반도체	1,262	52.4	24.1	2.1
에스엠	1,232	19.6	14.9	6.3
다음	1,227	13.4	10.9	2.5
SK브로드밴드	1,128	38.2	13.8	1.0
CJ E&M	1,049	15.8	15.6	0.9
동서	1,013			1.3
씨젠	957	58.3	33.2	20.9
젬백스	943	184.5		11.0
포스코 ICT	932	20.1	11.0	
GS홈쇼핑	897	9.9	8.8	1.4
인터플렉스	854	16.6	11.2	3.1
포스코켐텍	830	10.0	9.0	2.3
위메이드	811	48.1	16.5	2.7
에스에프에이	792	10.6	7.8	2.3
와이지엔터테인먼트	752	36.4	23.2	8.9
성광벤드	736	13.5	10.7	2.3
골프존	703	8.9	8.8	1.7
솔브레인	699	9.8	8.4	2.3
서부T&D	677	229.5	33.2	1.5
태광	655	14.0	10.0	1.7
메디포스트	632			5.5
안랩	626	41.3	30.5	3.9
컴투스	620	26.4	18.8	7.1
덕산하이메탈	611	14.4	11.4	3.8
이노셀	608			15.2
파트론	601	9.9	8.0	3.5
게임빌	589	25.9	18.3	7.3

* 2012년 예상 실적은 2013년 3월에 최종 확정 공시됨

코스닥 시가총액 상위 30 종목의 PER, PBR

1,000억 원의 순이익을 낼 수 있는 가능성도 있다. PER은 이 경우 수십 배 수준으로 떨어질 것이다. 그러나 이런 기업이 도대체 몇이나 될까.

다시 상식적인 얘기를 좀 더 하자면, 코스닥시장에 상장됐다는 것 자체는 어느 정도의 성장을 마무리했다는 이야기가 된다. 이 사실을 절대 잊어서는 안 된다. 설립된 지 1~2년밖에 지나지 않은 벤처기업들을 이야기하는 것이 아니다. 다시 강조하지만 코스닥기업의 순이익이 해마다 수십 배씩 뛰는 예는 정말 흔하지 않다.

우리 주식시장은 만년 저평가라는 지적을 받지만 사실과는 다르다는 것을 눈으로 확인했을 것이다. 코스피시장은 15배를 넘는 PER을 보유한 미국 나스닥시장에 비해 낮은 PER을 보유하고 있지만, 코스닥시장은 절대 그렇지 않다.

다음의 그래프를 보면 코스피지수가 장기간 좋은 흐름을 보이는 것과 달리 코스닥시장은 그렇지 않다는 것을 알 수 있다. 이유는 간단하다. 코스닥시장의 물을 흐리는 미꾸라지들의 존재도 부정할 수 없지만 코스닥시장의 주가 자체가 너무 비싸기 때문이다. 특히 코스닥지수에 미치는 영향이 큰 대형주들의 일부가 터무니없게 높은 주가를 형성하고 있는 점은 코스닥시장의 미래를 낙관할 수 없게 만드는 중요한 요인이 된다.

이러고 보면, 개인투자자 입장에선 코스닥시장보다 코스피시장을 더 가까이 해야 한다는 결론이 나온다. 물론 그렇다고 코스닥시장을 무조건 배격하면 안 된다. 다만 코스닥시장은 개별 기업의 PER, PBR을 보고 투자해야 한다는 것을 거듭 강조하고 싶다.

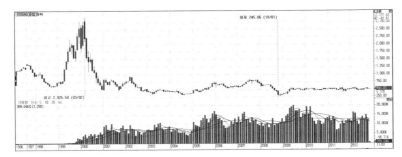

1996 ~ 2012년 코스닥지수

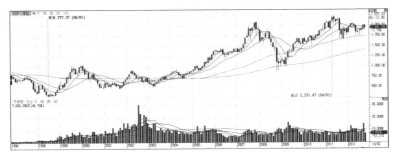

1996 ~ 2012년 코스피지수

03
개미지옥이 된 코스닥의
낮 뜨거운 현실

코스닥시장의 문제점들을 계속 살펴
보자. 코스닥시장이 가진 또 하나의 문제는 투자 주체이다. 왜냐하면 주
요 투자자였던 기관과 외국인의 참여가 부진한 가운데 개인투자자 중심
의 매매가 이뤄지고 있는 실정이기 때문이다.

사실상 정치투기주의 부상과 몰락은 코스닥시장의 존재감을 위협하
기에 충분한 상황이 되었다. 이제는 새 정권이 출범해 자금 조달 기능을
상실했다며 코스닥시장의 존폐를 따지고 들어도 금융 당국이나 거래소
입장에서는 반대할 이유를 찾기조차 어렵다.

코스닥시장의 대형주는 비단 정치투기주의 영향이 아니어도 대부분
코스피시장의 대형주에 비해 비싼 주가를 형성해왔다. PER, PBR, ROE, 부
채비율, 유동비율 등 온갖 투자 지표를 다 적용해도 코스닥시장의 대형

주가 훨씬 비싸다. 생각해보라. 비싼 주식을 사면서 수익을 내는 게 훨씬 어렵지 않겠는가. 사실상 코스닥시장에서 매매를 하는 것 자체가 손실로 이어질 가능성이 높다고 해도 과언이 아니다(물론 개별 기업에 따라 사정은 다를 수 있다. 다만 코스피시장에 비해 코스닥시장이 그렇다는 말이다).

이런 가운데 코스닥시장의 투자자들은 정치투기주에 맞물려 막대한 손실을 입고, 세력들의 준동으로 절망에 빠진 데다 부도덕한 상장사 오너의 전횡에 치를 떨고 있다. 이쯤 되면 궁지에 몰린 개인투자자들은 누구에게든 따져 묻고 싶을 것이다. 그렇다면 우리더러 어떻게 하라는 말인가? 이런 횡포에 넉다운 되기 전에 제대로 투자해서 안정적으로 수익을 낼 수 있는 방법은 무엇인가?

자, 기본적인 질문으로 돌아가자. 투자자들의 투자에 대한 몫은 누가 지는가? 결국 투자자 자신이 질 수밖에 없다. 때문에 손실을 입고 싶지 않다면 투자 방법이나 노하우를 스스로 갈고 닦은 후 준비가 다 된 상황에서 실전에 나서라고 말하는 게 정답일 것이다(만약 자신이 혼자서 어렵다고 판단한다면 돈을 주고서라도 학원 같은 교육기관을 찾아서 열심히 배운 후 투자를 하라고 당부하고 싶을 정도이다).

그러나 현실은 녹록지 않다. 시스템은 자본시장의 양적 성장만을 위해 정비되어왔고, 금융회사들은 고객이 아닌 수수료만 바라보고 경영을 해온 탓에 투자자들이 보다 과학적이면서 체계적으로 재테크를 배울 만한 교육 시스템이 전무한 상황이다. 코스닥시장의 중요한 인프라가 되어야 할 교육 시스템이 매우 허술한 것이다. 그러다보니 투자자들의 투자 노하우가 극히 빈약하다.

이런 환경적인 이유로 개인투자자들의 재테크를 걱정하는 사람들이 진심을 담은 목소리로 적립식 투자를 추천했다. 다시 말해 은행에 예금하듯 펀드에 돈을 넣어 재테크 교육을 전문적으로 받은 우수한 펀드매니저들이 대신해서 투자를 해주는 방법에 대해 알려준 것이다. 그러나 우리나라의 펀드 산업은 수년에 걸친 시행착오 끝에 '낙제' 평가를 받았다. 대다수 주식형 펀드가 주식시장의 흐름도 따라가지 못하는 안타까운 성적을 내는 바람에 고객들의 원성만 샀을 따름이다.

그뿐인가. 글로벌 금융위기가 터지면서 주식시장이 폭락한 가운데 펀드 수익률 역시 별다른 저항도 못 하고 추락했다. 어려운 시기를 지나면서 펀드 투자자들이 유행처럼 한 말이 있다. '차라리 내가 직접 하고 말겠다'고. 결국 개인투자자들이 펀드시장에서 떠나는 데는 다 그만한 이유가 있었다.

이윽고 수많은 개인들이 직접 계좌를 트고 돈을 넣는 직접투자 방식으로 나섰다. 그들이 투자처로 삼은 곳은 높은 주가를 형성하고 있는 삼성전자, 현대차 같은 대기업이 아닌 가볍게 움직이는 중소형 기업이 가득한 코스닥시장이었다.

하지만 주식시장이 어떤 세계인가. 피도 눈물도 없는 비정한 곳이다. 이런 개미들을 가만히 놔둘 리가 없다. 너도 나도 개미들을 잡아먹기 위한 함정을 파기 시작한 것이다.

개미들을 위협하는 가장 위험한 부류는 소위 '선생님들'이다. 메시아를 자처하는 이들이 우후죽순 생겨났다. '너희 개미들은 이 척박한 황야에서 살아갈 아무런 준비가 돼 있지 않기 때문에, 산전수전 다 겪고 투자의 신과 같은 경지에 오른 내가 올바른 길로 인도하겠노라'는 공통의 메시지를 전하며 믿을 곳, 기댈 곳 없는 개미들을 유혹하기 시작했다.

'너희들을 잘 가르치고 바른 길로 인도하겠다'는 수천 개의 주식 관련 사이트가 생겨났고, 용감한 메시아들은 언론사 사이트를 통해 자신들을 알리기 시작했다. 이른바 '인포머셜'이라는 문패를 달고, 추천 종목을 알려주는 정보가 넘쳐나기 시작했다.

그러나 그들은 선생님도 메시아도 아니었다. 그들의 목적은 개미들이 계좌에 담아둔 '시드머니(seed money)'였을 뿐이다. 이 돈을 불려주겠다고 하나 같이 선언했지만 궁극적인 목적은 개미들이 지불하게 될 막대한 수업료였다.

아래는 인터넷 투자 카페를 소개하는 몇 개의 대표적인 글들을 유형별로 묶어본 것이다. 이런 글들은 언론사 사이트에서도 흔히 발견되고 있다. 아래의 글을 흙이나 모래 함정을 파 놓고 개미가 지나가기를 기다리는 개미지옥을 연상하면서 음미해보길 바란다. 나약한 개인투자자의 종잣돈을 빼내가기 위한 소위 '선생님'들의 전략이 얼마나 뛰어난지를 알 수 있다.

| 사례 1 | 급등주 발굴의 달인?

○○○○○ 사이트에 무료 회원으로 가입만 하면 28년 투자 분석 경력의 베테랑 증권 전문가인 A대표가 알짜 종목들을 대거 소개한다. 30년 가까운 투자 경력을 지닌 A대표는 "많은 개미투자자가 주식 투자에 실패하는 가장 큰 이유는 준비가 되지 않은 가운데 주식 투자를 하기 때문이다. 그러나 철저한 분석과 올바른 투자 기준을 세우고 지켜나가면서 시장 분석에 노련한 베테랑 증권 전문가의 조언을 참고한다면 슈퍼 개미가 되는 것이 불가능한 일이 아니다"고 말한다.

특히 투자 원금 몇 백만 원으로 몇 억을 만드는 것은 누구나 가능하다고 A대표는 자신 있게 말한다. 그런데 이 말은 허언이 아니었다. 그의 추천주 실적들을 살펴보면 유성티엔에스, EG, 플렉스컴, 서희건설, 옵트론텍, 바이넥스, 비트컴퓨터 등이 수백 프로의 수익을 냈다. (중략)

A대표가 운영하는 사이트에 무료회원 가입만으로 실시간 투자 전략, 상장 기업 실적 및 분석 자료 등을 무제한 무료로 볼 수 있으며 급등주 발굴의 달인인 A대표의 무료 증권방송에도 참여할 수 있는 기회가 주어진다.

| 사례 2 | 주식투자로 100억 만들기 프로젝트?

OOOO 회사의 VIP 회원으로 가입하면 슈퍼 개미 B씨가 직접 종목을 선정해 여러분께 실시간 종목을 추천해주며 수익을 관리해준다.

본 VIP 회원 제도는 수많은 언론에 방영됐고 검증을 거쳐 최다 회원 수를 보유하고 있는데, 대한민국 주식 카페 1위 등의 기록은 그냥 만들어진 것이 아니다. 이들이 인정한 넘버1 주식 카페에서 주식 성공의 꿈을 이루기 바란다. VIP 회원이 되면 종목 추천 시 매수, 매도 가격을 정확하게 지정해준다. 추천한 종목은 매일 철저하게 AS 해드린다.

B씨는 이미 젊어서 백억 원 대의 자산가에 올랐으며, 자신 소유의 회사 건물과 주상복합 아파트를 소유하고 있다. 외제차도 여러 대 굴린다. VIP 회원에 가입해 B씨만 잘 따라하면 B씨 같은 투자자가 될 수 있다.

| 사례 3 | 개미 돕는 착한 주식카페

싸이의 '강남스타일' 덕에 와이지엔터테인먼트, 디아이 그리고 디아이와 이름까지 비슷한 디아이디의 주가까지 상승을 하고 있다. 이 종목은 벌써 우리 클럽 OOOOOOO이 바닥에서 선취매하며 수익을 내고 있다.

주식 투자 30년 경력의 베테랑이자, 주도주 발굴에 있어서 최고를 자랑하는 시세의 달인 C씨는 그가 발굴한 추천주를 통해 개인투자자들의 원금 회복에 도움을 주고 있다. 미래산업과 에이티넘인베스트를 추천해 각각 450%, 410%의 수익을 냈다. 또한 바른손게임즈와 한국정보통신이 각각 4연상, 3연상으로 단기 100% 수익을 냈다.

그래서 그는 한국의 워렌 버핏이라 불린다. C씨는 여러 증권 방송에서 활발한 방송 활동을 펴고 있다. 이번 주 추천주에서 미래산업과 에이티넘인베스트를 능가하는 종목을 공개한다고 하니 꼭 받아보시기 바란다. (중략)

C씨가 주식 카페를 처음 시작한 이유는 '돕고 싶다'는 마음이 전부였다고 했다. 그는 '부자'란 겸손하고 손해를 기꺼이 감수할 줄 아는 착한 마음을 가진 사람들이라고 정의했다. 착한 사람만이 주식 투자에 성공할 수 있다는 설명이다.

| 사례 4 | 평범했던 직장인, 100만 원이 3억 원으로….

최근 단돈 100만 원으로 3억을 번 30대 주식 부자의 이야기가 언론을 통해 퍼지고 있다. 이런 꿈을 좇아 투자를 시작하는 사람이 매일 수백 명씩 늘어나고 있다. 섣불리 주식 투자를 시작했다가 큰 손해를 입고 어려움을 겪는 것이 주식시장의 냉혹한 현실이다. 하지만 앞으로 상승할 종목들을 운영하는 카페에서 정확하게 예측하면서 최고 10배의 수익률을 올린다는 소문은 개인투자자들의 가슴을 설레게 하고 있다.

이런 소설 같은 감동 실화의 주인공은 바로 D씨. 큰 수익 올리는 종목들과 투자 전략을 무료로 공개해 벌써 수십만 명의 개인투자자들을 도운 것으로 인터넷에 익히 알려진 주식 고수다. 그는 외국계 유명 투자 회사에서 러브콜이 들어올 정도로 세계적으로 인정받은 전설적인 인물이다. 전 세계가 궁금해 하는 그의 투자 기법을 보기 위해 개인투자자들뿐만 아니라 애널리스트를 비롯한 주식시장의 베테랑들도 주식 정보 카페를 찾아올 정도다.

실제로 주식 카페에서 언급된 이지바이오, 안철수연구소, 인피니트헬스케어, 디오텍, 인포피아, 손오공 등이 급등했고, 많은 사람들이 큰 수익을 올릴 수 있었다. 급기야 D씨를 사람이 아니라 '주식 투자의 신'이라 부르는 이들까지 나타날 정도이다.

| 사례 5 | 고수를 가르치는 고수

시장에서 연속적으로 상한가를 가는 종목 중 상당수는 큰손들이 개입되었을 가능성이 크다고 일침을 놓은 E씨가 화제가 되고 있다. E씨는 큰손 개입 가능성이 크며 연속 급등하고 있는 종목을 잡아내 큰손 개입 의심 게시판에 공개하며 수십만 개인투자자들에게 유명한 인물이다.

알고 보니 E씨는 주식 고수들 세계에서 '고수를 가르치는 고수'로 통한다. 이런 이유로 서로 먼저 정보를 보기 위해 개인투자자들이 눈에 보이지 않는 경쟁을 하여 E씨의 어떤 게시글은 조회 수가 무려 30만 건이 넘는 진풍경이 벌어지고 있다.

특히 카페 내에서 주식 투자의 바이블로 알려진 '매수하시기 전에 잠깐만요!(읽지 않으면 큰일 납니다)' 게시글 같은 경우에는 수십만 건 조회 수를 기록할 정도로 뜨거운 반응을 보이고 있다.

E씨는 "처음 카페를 연 후 지난 10년 동안 수많은 사람들을 도울 수 있어 삶에 보람을 느끼고 있다. 이미 본인은 충분한 부를 얻었기 때문에 앞으로도 개미투자자들이 본인처럼 큰 수익을 낼 수 있도록 도움을 주고 싶은 게 꿈"이라고 말한다.

지금까지 다소 장황하게 5개의 사례를 열거했다. 내로라하는 인터넷 주식 카페와 주식 투자 컨설팅 회사의 홍보 문구를 요약한 것이다. 정도의 차이는 있지만 하나같이 주식 투자자를 도와주겠다는 의지가 드높다. 이 사례들의 공통점을 몇 개 요약해보자. 더불어 궁금한 것도 몇 개 적어보았다.

1) 기자보다 훨씬 더 글을 재미있고 흥미롭게 쓴다. 더불어 제목도 잘 뽑는다. 누구나 한눈에 관심을 가질 만한 내공이다.
2) 소개되는 주인공들은 참으로 착하다. 주식 투자를 잘하지 못하는 불우한 개미들을 돕고 싶어 하는 마음이 한껏 느껴질 정도다.
3) 자신들의 추천주 수익률을 공개적으로 자랑한다. 수백 프로의 대박 주식을 수십 개씩 추천했다고 한다.
4) 정말 이 내용이 사실이긴 한 걸까? 의심이 절로 든다.
5) 이 글을 읽고 카페에 가입하는 투자자가 있을까? 유료회원으로 가입하는 이는 얼마나 될까?
6) 추천을 잘한 종목은 많은데, 추천을 못해 손실을 낸 종목은 없을까?
7) 주인공들의 아이큐는 얼마나 좋을까? 신도 알지 못한다는 주식시장의 미래를 어떻게 저들은 저렇게 잘 알아맞힐까?
8) 이런 광고성 글을 보면서 금융 당국과 거래소에서 일하는 분들은 무슨 생각을 할까?
9) 내가 자주 가는 언론사 사이트에서도 저런 내용의 광고를 여러 번 본 것 같은데….

주식 투자자들이 체계적인 제도권의 재테크 교육에 크게 실망해 비제도권 시장을 찾아 떠나버린 가운데, 주식 투자를 위해 만들어졌다고 하는 사설 재테크 교육은 완전히 '종목 찍어주기'로 전락하고 말았다. 물론 급등주와 세력주를 먼저 얘기한 소위 '선생님'과 '고수'들을 통해 수익을 낸 회원들도 있을 것이다. 그런데 지속적으로 적중하는 '찍기'가 얼마나 존재할까? 실제로 여기저기 알아보니 이런 카페의 추천주들 중 유아이 에너지, 성융광전투자 등 숱한 종목들이 상장폐지 되고 말았다고 한다.

이에 따른 주식 투자자들의 피해가 속출하자 금융 당국은 뒤늦게 진화에 나섰다. 언론사를 통해 표출되는 광고가 많아 단속을 주저했지만 사태가 워낙 심각했기 때문이다. 금감원 조사국은 무엇보다 이 같은 정보를 양산하는 주식 투자 카페들이 개인들에게 큰 혼란을 끼치고 있다고 판단했다. 이후 거대 자금을 운용하는 세력들이 적발돼 검찰에 고발됐다. 당국의 조치 이후 언론사와 증권사, HTS를 통해 유포되는 카페 선전물은 많이 줄어들었다.

마지막으로 코스닥시장에서 먹고 사는 개미투자자들에게 꼭 보여주고픈 그림이 있다. 바로 리타워텍의 일대기를 담은 아래의 그래프다.

리타워텍은 지금은 상장폐지 되어 사라졌지만 한때 시가총액이 1조

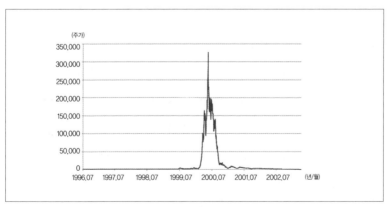

1996 ~ 2002년 리타워텍 주가 추이

2,000억 원에 달했다. 1999년 5월에 500원 하던 주가는 1년 뒤에 무려 32만 5,000원(장중 36만 2,000원)까지 올랐다. 기록적인 상승세였다. 33일 연속 상한가 랠리를 이어가는 등 기세 역시 대단했다. 하지만 사람들은 이것만 기억할 뿐, 3년이 지난 2003년 4월 20원으로 상장폐지 된 사실은 기억하지 못한다.

리타워텍의 영욕은 코스닥시장의 모든 것을 담고 있다. 하버드대 출신인 최유신(그의 미국 이름은 찰스 스팩맨이다)이라는 머리 좋은 전문가가 보일러 송풍기를 만들던 파워텍을 인수한 게 2000년 초다. 인수 후 개발(A&D)이라는 낯선 인수 합병(M&A) 방식을 들여왔고, 투자자들은 묻지마 투자에 나섰다. 리타워텍은 제3자 배정 방식의 유상증자를 즐겼고, 이 돈으로 피인수 회사의 지분을 사는 등 머니 게임의 전형을 보였다.

그가 아시아넷이라는 회사를 인수하는 장면은 드라마 그 자체였다. 아시아넷은 최유신이 소유하고 있던 홍콩 소재 인터넷 기업으로 자회사가 22개에 달했다. 리타워텍은 리먼브러더스에서 1조 4,000억 원을 빌려 이 돈으로 아시아넷을 인수했다. 그 직후 다시 아시아넷은 제3자 배정 방식으로 리타워텍 유상증자에 참여했다. 리타워텍은 증자 대금을 다시 리먼브러더스에 넘겨 갚았다. 1조 4,000억 원이라는 거액이 리먼브러더스 → 리타워텍 → 아시아넷 → 리타워텍 → 리먼브러더스로 이동하는 데 걸린 시간은 약 3시간가량이었다고 한다(3시간 대출 이자만 무려 44억 원). 이를 통해 아시아넷 지분은 고스란히 리타워텍의 소유가 됐다. 리타워텍은 아시아넷 인수 후 나스닥 상장 추진이라는 카드를 꺼냈고, 이에 투자자들은 다시 한 번 환호했다.

그런데 엄청난 M&A로 덩치는 커졌지만 리타워텍은 그야말로 실속이 없었다. 이런 진실이 드러나는 데는 오랜 시간이 걸리지 않았다. 자회사 가운데 이익을 내는 회사를 찾아볼 수 없었고, 막대한 적자에 검찰의 수사까지 진행되면서 리타워텍 신화는 저물어갔다. 당시 국세청의 세금 추징액은 무려 450억 원을 넘었다.

그러나 법원은 2002년 8월 리타워텍의 주가 조작 혐의 대부분에 무죄 판결을 내렸다. 일부 과장 또는 허위 공시에만 유죄가 인정됐다. 홍콩으로 도피했던 최유신은 다시 귀국해 활동을 재개했다. 다수의 코스닥 중소기업에 손을 대던 최유신은 2012년 11월 청보산업의 지분 6%를 매입하면서 경영 참여를 선언했다. 연 매출 200억 원대의 자동차 부품을 만드는 중소기업으로, 이익은 10~20억 원 정도 나는 작은 회사다. 시가총액도 200억 원이 채 안 되던 소형주. 그런데 최 회장의 경영 참여 소식에 나흘 연속 상한가에 올랐다.

금융 당국의 고강도 조사와 검찰의 수사에도 리타워텍의 주가 조작은 무혐의 처분을 받았다. 법원의 관대한 처분을 비난하는 여론도 있었지만 필자는 최 회장을 그렇게 욕하고 싶은 마음이 없다. 오히려 최 회장과 그가 손대는 회사의 주가를 바라보는 투자자들의 시선을 문제 삼고 싶다. 왜 조용한 청보산업이 연이어 상한가를 쳐야 하는가. 이런 시세는 누가 만드는가.

기업의 가치는 조금도 변하지 않았는데 리타워텍의 주인공 최 회장이 등장했다고 해서 달려드는 개미들의 태도와 생각이 달라져야 한다. 리타워텍과 최유신 그리고 그가 이끄는 스팩맨 그룹은 이런 개미들의 속성을 제대로 이용할 뿐이다(리타워텍의 영욕은 지금 이 순간에도 진행 중이다).

필자는 서민의 노후가 이토록 취약한 상태로 방치되어 있는 현실이 안타까울 따름이다. 이제 서민 중산층들이 어려서부터 체계적인 경제 교육을 받을 수 있도록 해야 한다. 그래서 학교를 나와 직장을 얻을 나이가 되면 재테크에 상당한 안목을 지닌 시민으로 거듭나야 한다. 정부 차원에서 이런 교육을 책임져야 한다. 이는 서민 경제를 살리겠다는 경제 민주화보다 더 시급하다. 미래를 걱정하며 주식시장을 찾아갔다가 삶의 벼랑 끝에 내몰린 시민들이 얼마나 많은가. 치떨리는 현실이 아닐 수 없다.

04
대기업 자금 조달 시장으로
전락한 코스피

누구나 코스피시장에 비해서 코스닥시장이 매우 많이 혼탁하고 위험하다고 생각한다. 그렇다면 코스피시장의 상황은 어떤가? 올바른 길로 성장하고 있다고 볼 수 있는가?

필자는 코스피시장 역시 고질적인 문제를 갖고 있다고 판단한다. 이제 코스피시장에 새로 들어온 새내기 상장사들의 면모를 통해 우리 자본시장의 기둥이라고 할 수 있는 코스피시장의 현실을 냉정하게 들여다보자.

2010년 한 해 동안 코스피시장에는 그야말로 거물급 대기업들이 대거 영입되었다. 덩치가 크고 우량한 만큼 상장을 통한 자금의 조달 역시 엄청 났다. 그러나 이러한 상장의 이면에는 예외 없이 대기업 계열사들만이 수혜를 받았다는 공통점이 있다.

한화그룹의 대한생명이 2010년 3월에 상장된 것을 시작으로 삼성그룹의 삼성생명이 5월에 들어왔다. 삼성생명의 상장은 이건희 회장의 삼성차 부채 문제 처리를 위한 용도로 추진된 성격이 강했다. 소액주주보다는 대주주와 채권단의 이해관계가 상장을 좌우하는 촉매가 되었다. 또한 사무용 제품을 그룹에 제공했던 아이마켓코리아도 당시는 삼성 관계사였다.

신세계푸드(4월), 만도(5월), 현대홈쇼핑(9월), 한전산업개발(12월), 현대에이치씨엔(12월) 등도 대기업 집단에 속한 계열사였다. 표를 보면 알겠

기업명	신규상장일	업종	주간사
(주)현대에이치씨엔	2010/12/23	회사 본부, 지주회사 및 경영 컨설팅 서비스업	현대증권(주)
(주)케이티스	2010/12/17	기타 정보 서비스업	우리투자증권(주)
한전산업개발(주)	2010/12/16	기타 사업 지원 서비스업	신한금융투자
코라오홀딩스(주)	2010/11/30	회사 본부, 지주회사 및 경영 컨설팅 서비스업	IBK투자증권(주)
동양네트웍스(주)	2010/11/02	상품 종합 도매업	동부증권(주)
휠라코리아(주)	2010/09/28	가정용품 도매업	삼성증권(주)
(주)케이티씨에스	2010/09/16	기타 정보 서비스업	한국투자증권(주)
(주)현대홈쇼핑	2010/09/13	무점포 소매업	현대증권(주),에이치엠씨투자증권(주),하이투자증권(주)
(주)도화엔지니어링	2010/08/12	건축 기술, 엔지니어링 및 관련 기술 서비스업	우리투자증권(주)
(주)아이마켓코리아	2010/07/30	상품 종합 도매업	미래에셋증권(주)
(주)우진	2010/07/26	측정 시험 항해 제어 및 기타 정밀 기기 제조업(광학 기기 제외)	한국투자증권(주)
(주)무학	2010/07/20	알코올 음료 제조업	한국투자증권(주)
웅진에너지(주)	2010/06/30	반도체 제조업	대신증권(주)
이연제약(주)	2010/06/10	의약품 제조업	현대증권(주)
(주)만도	2010/05/19	자동차 부품 제조업	우리투자증권(주),제이피모간증권회사 서울지점
삼성생명보험(주)	2010/05/12	보험업	한국투자증권(주),골드만삭스증권 서울지점
(주)신세계푸드	2010/04/29	음식점업	하나대투증권(주)
대한생명보험(주)	2010/03/17	보험업	대우증권(주)
한국지역난방공사	2010/01/29	증기, 냉온수 및 공기 조절 공급업	삼성증권(주)
(주)락앤락	2010/01/28	플라스틱 제품 제조업	한국투자증권(주)
영흥철강(주)	2010/01/25	1차 철강 제조업	대우증권(주)

2010년 코스피시장 상장사

지만 기업공개(IPO, 상장 절차를 밟기 위해 행하는 첫 주식 공매)가 호황이었다는 그해, 상장의 주인공은 어김없이 대기업 계열사들이었다.

당시 '보유하고 있는 돈이 많고 현재 영업도 잘되는 데다 앞으로도 그룹의 지원 등에 힘입어 잘나갈 대기업 계열사들이 굳이 상장을 하여 시장에서 대규모 자금을 조달할 이유가 있느냐'는 비판의 시각이 있었다. 그러나 한국거래소는 이러한 의견에 아랑곳하지 않고 대기업 계열사 모시기에 열을 올렸다. 이를 아는 투자자들은 대기업 계열사라면 묻지도 따지지도 않고 공모 시장에 뛰어드는 행태를 보이기도 했다.

그 결과 대기업 계열사가 아닌 공모주들의 주가는 이렇다 할 악재 없이 곤두박질치기 일쑤였고, 이들은 아직도 공모가를 밑돌고 있다. 실례로 2만 2,000원의 공모가로 상장한 도화엔지니어링의 경우 현재가는 1만 원을 밑도는 실정이다. 반면 1만 5,300원의 공모가였던 아이마켓코리아의 지금 주가는 3만 원대에 육박하고 있다.

2010년만 해도 대선이 있었던 2012년만큼 경제 민주화 바람이 거세지 않았다. 그래서인지 2010년 IPO 시장을 보면 금융감독원과 한국거래소가 소위 잘나가는 대기업에 더 많은 힘을 실어주면서 대기업 중심의 상장 실적을 내고 있었던 것을 알 수 있다.

대기업 계열사들은 태생적으로 매출과 이익을 안정적으로 낼 수 있는 구조적 이점을 갖고 있다. 계열사와의 거래만으로도 상장의 조건을 충족할 수 있는 것이다. 상장이라는 목표를 위해 임직원들이 낮밤을 잊어가며 제품을 개발하는 벤처 혹은 중소기업하고는 차원이 다르다. 때문에 많은 전문가들이 대기업과 중소기업의 상장 정책을 달리 해야 한다고 주장하지만 그 추세를 돌리기엔 역부족이었던 듯하다. 거래소는 이 같은 일각의 우려를 의식한 탓인지 '그룹 내부의 매출이 지나치게 높은 대기업 계열사의 상장은 제도적으로 제한하고 있다'고 해명에 나서고 있다. 그렇기 때문에 우리는 삼성그룹에서 매출을 많이 내는 삼성SDS가 어떤 식으로 그룹 외부의 매출을 늘려 상장을 추진할지 지켜보아야 한다.

2011년에도 이러한 흐름은 크게 변하지 않았다. 두산그룹의 두산엔진

기업명	신규상장일	업 종	주간사
한국타이어(주)	2012/10/04	고무 제품 제조업	우리투자증권(주)
에이제이렌터카(주)	2012/07/27	운송 장비 임대업	한국투자증권(주)
사조씨푸드(주)	2012/06/29	수산물 가공 및 저장 처리업	미래에셋증권(주)
SBI모기지주식회사	2012/04/30	기타 금융업	하나대투증권(주)
코오롱패션머티리얼(주)	2012/04/05	화학섬유 제조업	우리투자증권(주)
(주)휴비스	2012/02/23	화학섬유 제조업	대우증권(주)
(주)지에스리테일	2011/12/23	종합 소매업	한국투자증권(주),우리투자증권(주)
인터지스(주)	2011/12/16	도로 화물 운송업	삼성증권(주)
(주)하나투어	2011/11/01	여행사 및 기타 여행 보조 서비스업	대신증권(주)
(주)넥솔론	2011/10/14	반도체 제조업	우리투자증권(주)
(주)에이블씨엔씨	2011/09/07	기타 화학제품 제조업	대우증권(주)
(주)삼원강재	2011/07/22	자동차 부품 제조업	대우증권(주)
(주)신세계인터내셔날	2011/07/14	섬유, 의복, 신발 및 가죽 제품 소매업	한국투자증권(주)
한국항공우주산업(주)	2011/06/30	항공기,우주선 및 부품 제조업	우리투자증권(주),현대증권(주)
(주)하이마트	2011/06/29	정보 통신 장비 소매업	대우증권(주)
(주)엠케이트렌드	2011/06/21	봉제 의복 제조업	우리투자증권(주)
코오롱플라스틱(주)	2011/06/15	합성고무 및 플라스틱 물질 제조업	대우증권(주)
(주)DGB금융지주	2011/06/07	기타 금융업	한국투자증권(주)
(주)케이티스카이라이프	2011/06/03	텔레비전 방송업	대우증권(주)
(주)세아특수강	2011/06/01	1차 철강 제조업	하나대투증권(주)
(주)한국종합기술	2011/04/28	건축 기술, 엔지니어링 및 관련 기술 서비스업	메리츠종합금융증권(주),우리투자증권(주)
(주)BS금융지주	2011/03/30	기타 금융업	동양증권(주)
일진머티리얼즈(주)	2011/03/04	전자 부품 제조업	미래에셋증권(주)
현대위아(주)	2011/02/21	자동차 부품 제조업	미래에셋증권(주)
중국고섬공고유한공사	2011/01/25	회사 본부, 지주회사 및 경영 컨설팅 서비스업	대우증권(주)
두산엔진(주)	2011/01/04	일반 목적용 기계 제조업	대우증권(주),동양증권(주)

2011 ~ 2012년 코스피시장 상장사

이 부채 문제를 해결하기 위해 상장을 했다. 적자 기업이었지만 자산이 많다는 이유를 내세워 증시에 입성할 수 있었다. 이는 덩치가 큰 대기업에 호의적으로 대응하는 시장 관리자들의 태도를 다시 한 번 알 수 있는 사건이었다.

현대위아는 어떤가? 현대차그룹의 대박 상장이라는 신화를 남기며 엄청난 자금을 조달했다. 이후에도 코오롱, 신세계, GS그룹 계열사가 속속 코스피시장에 입성했다. 바야흐로 코스피시장에 대기업 상장이 크게 유행하게 된 것이다. 투자자들은 대기업 계열사의 상장에 환호했고 수조 원의 시중 자금이 몰렸다.

그러나 투자자들의 환호는 그리 오래 가지 않았다. 자본시장에서 크게 밀어주지 않아도 잘 먹고 잘 사는 대기업의 상장이 겉으로야 든든해 보였지만 한편으로는 공허함이 컸던 탓이다. 그 후유증은 엄청났다.

우선 2012년 코스피시장을 찾는 기업들이 대폭 줄었다. 자금 수요가 있었던 대기업 계열사들의 상장이 일단락된 상황에서 시장의 관심을 끄는 스타 새내기주가 나타나지 않았던 탓이다. 투자자들도 애써 찾으려 하지 않는 데다 어쩌다 상장하는 기업들이 있어도 투자자들의 반응은 냉담했다. 2012년 10월까지 6개의 기업이 상장하는데 그쳤다. 이 수치는 IPO 역사상 최악의 한해로 평가되었다.

이렇듯 비교적 안전하다고 생각했던 코스피시장마저 기업들의 자금 조달, 투자자들의 재산 증식 기능을 잃었다고 해도 과언이 아니다. 이런 상황에서도 정부나 증권사, 투자자들이 좀처럼 위기감을 느끼지 못하고 있는 것은 안타까울 따름이다.

05
자본 시장의 뜨거운 감자,
외국인 투자자

오른쪽 페이지의 표는 2012년 9월 외
국인 투자자의 매매 동향을 나라별로 정리한 것이다. 이를 보면 금융 당
국이 매우 섬세하게 외국 국적 투자자의 일거수일투족을 점검하고 있음
을 알 수 있다.

2011년 10조 원 가까운 순매도를 보인 외국인이 2012년 들어서는 9월
까지 15조 원 넘는 순매수를 보이고 있는 상황이 한눈에 들어온다(▲ 표
시는 마이너스를 나타내는데, 표에서는 매수액보다 매도액이 많은 순매도를 의미한
다). 9월 한 달 동안 3조 원 조금 넘는 순매수였는데, 영국 국적의 투자자
가 1조 2,000억 원가량 주식을 사들였다.

외국인 중에서는 미국이 40%로 압도적으로 많고, 그 다음이 영국으
로 10% 가까이 된다. 이웃나라 일본은 1.7%로 이 나라의 부(富)나 우리나
라와의 지리적 위치 등을 종합적으로 고려할 때 매우 적은 비중을 차지

구분	2011년	2012년 9월	2012년
영국	▲6,292	1,206	4,066
프랑스	▲2,761	479	2,324
미국	5,163	242	926
룩셈부르크	▲2,607	241	548
싱가포르	3,060	233	1,364
아일랜드	▲1,063	160	▲38
사우디	690	110	882
바하마	▲125	▲7	8
일본	▲473	▲30	359
쿠웨이트	▲320	▲34	21
캐나다	10	▲67	760
네덜란드	▲1,228	▲88	522
기타	▲3,627	623	3,731
합계	▲9,573	3,068	15,473

2011 ∼ 2012년 국가별 상장 주식 순매수 동향

한다.

우리나라 주식회사의 주식을 극히 꺼리는 일본은 실질적으로 가깝고
도 먼 나라다. 안정성을 극히 중시하는 일본인들은 여전히 우리나라 주
식시장을 위험이 큰 신흥시장으로 분류해놓고 있는 상태다.

중국은 1.2%로 더 적다. 우리와 중국, 일본 세 나라 간에는 막대한 교
역이 이뤄지고 있지만, 자본시장을 통한 자본의 이동은 참으로 원시적인
수준에 머물러 있다.

그렇다고 우리 국민들이 일본 기업 주식과 중국 기업 주식을 많이 보
유하고 있지도 않다. 가뜩이나 중국은 철저하게 자국 내 주식을 밖으로
내돌리지 않은 채 정부의 통제 안에 꽁꽁 싸매두고 있다. 우리가 갖고 싶
어도 중국 정부의 허가를 먼저 얻어야 한다.

국적	2012년 9월 말(십억원)	비중(%)
미국	161,059	39.7
영국	39,466	9.7
룩셈부르크	26,564	6.5
싱가포르	20,592	5.1
사우디	15,009	3.7
네덜란드	14,445	3.6
아일랜드	13,860	3.4
캐나다	10,398	2.6
노르웨이	9,482	2.3
홍콩	8,412	2.1
아랍에미리트	7,936	2.0
케이만아일랜드	7,145	1.8
호주	6,851	1.7
일본	6,743	1.7
프랑스	5,878	1.4
중국	4,898	1.2
스위스	4,168	1.0
기타	43,094	10.6
합계	406,000	100.0

외국인 투자자의 나라별 주식 매수 금액 및 비중

　　반면 미국의 달러는 161조 원 넘게 우리 주식으로 둔갑해 있다. 이를 보면 동북아 3국의 자본시장 교류는 그야말로 갈 길이 먼 셈이다. 극히 초보적인 자본 교류를 보고 있노라면 한중일 3국 간에 벌어지고 있는 영토 분쟁이 떠오른다. 이웃나라의 기업에 서로 투자하기를 꺼리는 상황에서 외교적인 친분을 강화하려는 시도를 한다? 그 진정성을 믿을 수 있을까? 이율배반이 아닐까?

　　외국인 투자자는 우리 자본시장의 뜨거운 감자다. 바이(Buy) 코리아, 셀(Sell) 코리아, 검은 머리 외국인, 헤지펀드의 대부인 조지 소로스, 조세 피난 지역(Tax Haven), 론스타펀드, 워런 버핏 등 우리에게 너무 익숙한 인

상장사	외국인 지분율(%)	전체 시가총액(조원)
삼성전자	50.6	191
현대차	45.4	50
현대모비스	50	29
포스코	52.4	30
현대중공업	19	18
LG화학	34	21
삼성생명	10	19
신한지주	64	18
한국전력	65	17

시가총액 상위 주요 상장사의 외국인 지분율

물이나 단어들이 외국인 투자자를 구성하는 요소들이다.

외국인이 갖고 있는 우리나라 상장사의 지분 보유율은 무려 31.8%다. 이는 그들이 보유한 주식 가치를 코스피시장과 코스닥시장의 시가총액으로 나눈 수치다. 대략 3분의 1정도를 외국인이 차지하고 있는 셈인데, 코스닥시장의 외국인 참여가 미미하다는 것을 감안할 때 대기업의 주요 주주로 외국인이 올라와 있음을 쉽게 알 수 있다.

물론 전 세계에서 찾아온 외국인을 하나로 묶어 그 성향이나 투자 목적, 방법을 획일적으로 설명하다가는 심각한 오류를 범할 수 있다. 그러나 외국인 투자자가 갖고 있는 영향력만은 무시할 수 없는 수준임이 분명하다.

대기업으로 갈수록 외국인의 지분율은 더욱 높아진다. 그리고 하루하루 매수, 매도는 발생하지만 금융위기와 같은 큰 사고가 터지지 않으면 지분율이 크게 변하지 않는다. 장기 투자자가 다수를 차지하는 가운데 헤지펀드를 비롯한 핫머니(hot money, 단기 차익을 노리고 치고 빠지는 전략을 취하는 투기 자금) 성격의 자금이 우리 자본시장에 발을 담그고 있는 것이다.

외국인 투자자를 둘러싼 이슈 중 가장 뜨거운 것은 선악(善惡) 논쟁이다. 이는 곧바로 시장 개방의 이익과 폐해를 따지는 쪽으로 흘러간다.

외국인은 우리 기업들과 주식시장을 위해 존재해야 할 선인가, 필요악인가, 그것도 아니라면 그저 악인가. 다소 감정적으로 보일 이러한 논란이 우리 주식시장 곳곳에 진하게 배어들게 된 배후에는 편파적인 언론과 고루한 관념을 가진 경제 관료들이 자리하고 있는 것은 아닌가 싶다.

실질적으로 자본시장이 100% 개방된 외환위기 이후 외국인은 그들이 마음먹은 대로 우리시장에 들어왔다가 나갈 수 있게 되었다. 그들은 투자 매력이 높은 기업이 있으면 돈을 썼고, 반대로 매력이 떨어져 회수할 마음이 생기면 언제든지 돈을 빼갔다.

우리 증시는 말 그대로 세계 최고의 유동성을 자랑하고 있기 때문에, 외국인 입장에서는 떠오르는 신흥시장 가운데에서도 가장 선호하는 지역으로 부상하게 된 것이다.

평상시 외국인은 선한 존재다. 외국인 투자자가 특정 기업의 지분을 늘리면 주가가 오르기 때문에 대주주도 소액주주도 이를 반긴다. 그래서 일시적으로 또는 구조적으로 유동성 부족에 시달리는 기업들에게 외국인의 손길은 더 없이 반가운 일이 아닐 수 없다.

좀 더 쉬운 이해를 위해 풍력 발전 업체인 유니슨의 예를 들어보도록 하자.

유니슨은 국내 최고의 업력을 자랑하는 회사지만 오랜 업황 침체로 위기를 맞게 되었다. 급기야 2012년 대주주가 일본의 도시바로 바뀌게 된다. 굴지의 기업 도시바는 800억 원이 넘는 돈을 유니슨에 투자해 최대주주가 됐다. 지분율은 40%에 가깝다. 산업은행, 수출입은행, 하나은행 등 국내 채권은행이 출자전환해 보유하던 주식도 결국 도시바가 인수할 전망이다. 유니슨에게 도시바는 구세주에 가깝다고 할 수 있다.

그런데 묘하게도 상황에 따라 분위기가 확 달라진다. 대표적인 때가 배당 시즌이라고 할 수 있다. 기업들은 한 해의 경영 성과에 따라 순이익의 일부를 주주들에게 지급하기 마련인데, 배당을 많이 주는 대기업의 외국인 지분율이 높다보니, 외국인에게 돌아가는 배당금의 몫이 당연히 커지게 된다.

외국인에게 지급한 연말 배당금은 2007년 당시 5조 원을 넘어섰다. 2008년에는 5조 6,000억 원에 육박했다. 그러나 실적이 감소하면서 배당금도 뒤따라 줄어 2011년 배당금은 3조 8,000억 원으로 일 년 전에 비해 11%나 감소했다. 실적이나 경기에 따라 외국인 몫의 배당금도 변하고 있다. 그러나 언론들은 '전체 배당금의 40%를 외국인이 챙겼다'는 제목으로 일종의 국수주의 냄새를 물씬 풍기는 여론몰이를 하고 있다.

대다수 외국인 투자자는 우량 기업의 주주로 오래오래 머물면서 그 권한에 맞게 배당금을 받았을 뿐이다. 그런데 상황에 따라서 어느 때는 기업에 도움을 주는 아군이 되었다가 또 어느 때엔 기업의 돈을 해외로 빼가는 적군이 되는 봉변을 당한다. 자신들은 아무런 변화가 없는데도 한국에서의 평판이 천당과 지옥을 오가는 것이다.

그뿐인가. 외환은행에 투자해 배당과 지분 매각 차익으로 큰돈을 벌었다고 해서 '먹튀'의 대명사가 된 론스타가 있다. 2003년 론스타에 매각할 당시 외환은행의 국제결제은행(BIS) 기준 자기자본비율은 8%가 채 되지 않았다. 적기시정조치(부실 소지가 있는 금융기관에 대한 경영 개선 조치)가 불가피한 상황이었고, 외환은행은 다른 은행에 도움을 요청해야 했다. 그러나 카드 사태의 발발로 국내 금융회사의 여력은 전무한 상황이었다. 급기야 외국계 사모펀드인 론스타에 도움을 요청한 것은 외환은행 채권단을 비롯한 '우리 쪽'이었다. 심지어 정부까지 발 벗고 나섰다.

이렇듯 외환은행은 사실상 주인이 바뀌면서 살아남았다고 해도 과언이 아니다. 론스타가 외환은행에서 벌어들인 돈은 지분 매각 대금 4조 7,000억 원에 배당금을 더해 7조 6,000억 원. 투자한 돈은 2조 1,000억 원 정도이다. 약 9년 동안 5조 5,000억 원가량을 벌어갔으니 정부 당국이나 국내 금융권 입장에서는 배가 아플 만도 하다.

그런데 이런 이유만으로 론스타를 매도하는 것은 큰 문제다. 어쨌든 빌미를 제공한 것은 우리 쪽이기 때문이다. 론스타가 공작을 해서 외환은행을 위기로 몰아넣은 게 아니라는 뜻이다.

외환위기 이후 100% 개방된 외환 자유의 나라 대한민국에서 외국인은 앞으로도 계속해서 큰손으로 남을 것이다. 그러면서 국내 기관이나 개인투자자와 경쟁할 것이다. 물론 외국인을 무조건적으로 찬양하는 것 역시 눈꼴사납다. 그렇다고 룰을 지키면서 배당금을 회수해가는 외국인을 이유 없이 매도하는 태도 역시 지양해야 하지 않을까.

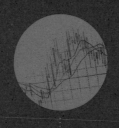

PART 2

대한민국 주식시장을
후퇴시키는 주범들

01
자본시장의 변화 없이는
노후도 없다

        교육은 백년지대계란 말이 있다. 인재를 키워 국가의 동량으로 육성하는 일의 중요성을 강조한 것이다. 유유히 흐르는 장강과 같은 역사를 생각할 때, 중국과 러시아, 미국과 일본이라는 강국 사이에 낀 우리나라에게는 참으로 중요한 말이다.

        또한 세상의 변화는 갈수록 빨라지고 있다. 정보기술(IT)의 발달은 산업혁명과 맞먹는 삶의 변화를 가져왔다. 이전 같으면 10년 걸릴 일이 이제는 3년 또는 그 이하로 단축됐다. 사람들 사이의 의사소통만 해도 그렇다. 나의 생각이 지구 반대편 사람에게 전달되는 데 걸리는 시간은 1~2초면 충분하다. 정치·경제·사회·문화 영역 모두 무한 스피드 경쟁에 노출된 지 오래다. '아차' 하는 순간 경쟁자들은 저만치 달려가고 있다.

        휴대폰 1위 업체였던 핀란드 노키아의 몰락을 두고 수많은 분석이 나오고 있다. 필자는 정보사회에서 시간이 갖는 변화의 양상을 제대로 간파하지 못한 게 근본적인 이유라고 생각한다. 5년 전만 해도 스마트폰 경쟁에 한발 늦게 뛰어든 노키아는 용서받을 수 있었다. 그러나 지금은 사정이 달라졌다. 워낙 빠르게 진행되는 스마트 제품의 출시와 업그레이드 경쟁에 치여, 노키아는 '따라가야 한다'는 생각조차 할 여유를 갖지 못했을 것이다. 경쟁 업체들은 숙고할 시간을 주지 않았고, 스피디한 흐름에 노출된 소비자들 역시 노키아를 이전처럼 느긋하게 기다려주지 않았다. 세상의 인심이 과거와 판이하게 달라진 것이다.

정부, 기업, 개인 모두 백년지대계를 세우면서 한편으로는 초스피드 변혁의 물결에 뒤지지 않기 위해 발악하고 있다. 과거보다 몇 배는 더 치열해야 뒤지지 않는다는 구호가 난무한다. 특히 시대를 꿰뚫는 안목과 기술의 발전을 선도하는 능력을 겸비해야 무한 경쟁 시대에서 살아남을 수 있다고 아등바등 덤벼드는 기세다.

그중에서도 변혁의 에너지가 가장 시급하게 필요한 곳이 바로 '자본시장'이다. 우리 자본시장(또는 자본시장 참여자)은 길게 볼 때 국민들의 노후를 책임져야 하며, 가까이는 기업과 투자자들에게 필요한 자금을 제공해야 한다. 한국 자본시장 스스로도 해외 자본시장과의 불꽃 튀는 경쟁에서 살아남아야 한다. 동시에 하루하루 급변하는 투자자와 돈의 속성을 제대로 추적해 이들이 원하는 목적을 이루는 데 적합한 환경을 제공해야 한다.

그런데 우리 자본시장이 이런 막중한 임무를 성공적으로 수행할 수 있을지는 참으로 의문스럽다. 왜냐하면 인적·제도적 결함, 즉 유능한 인재가 부족하고 자본시장이 나아갈 길을 안내해주는 법과 제도는 심각한 과거형에 머물러 있기 때문이다. 그러다보니 돈이 몰리는 게 아니라 빠져 나갈 수밖에 없는 상황에 직면해 있다.

앞서 언급한 정치투기주 광풍이 이 모든 것을 총체적으로 대변하고 있다. 전화위복이라는 말이 있지만 이는 화(禍)를 당한 주체의 자기반성 과 쇄신이 전제되어야 가능하다. 반성만이 발전으로 나가는 진보의 동력 이 되고, 혁신(이노베이션)을 자극할 수 있다.

그런 점에서 반성을 통한 자본시장 이노베이션은 시급히 이루어져야 할 숙제다. 여기에 대한민국의 미래가 달려 있다고 해도 과언이 아니다.

필자는 우리에게 주어진 정비의 시간이 길어야 5년이라고 보고 있다. 이미 반도체와 자동차 등의 일부를 제외하면 제조업 분야는 중국이라는 대국에 추격당한 상태다. 이런 상황 속에서 필자는 다시 한 번 확신의 어 조로 말할 수밖에 없다. 앞으로 5년 안에 우리나라 자본시장의 미래가 결 정될 것이다, 라고.

이제 우리나라의 주식 투자 인구가 500만 명을 넘어섰다. 500만 명에 딸린 식구들을 고려하면 사실상 국민 대부분이 주식시장에 참여하고 있 다고 해도 과언이 아니다. 앞으로 이 참여자의 숫자는 점점 더 늘어날 것 이다.

언젠가 후배 기자가 했던 하소연이 아직도 귓가에 쟁쟁하다.

"매달 50만 원씩 1년을 부었더니 소득세를 제외하고 12만 원이 이자 로 나오던데요. 옛날에는 20만 원씩 매달 적금하면 이 정도는 나왔던 거 같은데, 정말 어떻게 해야 할지 모르겠어요."

다소 보수적인 성향의 후배는 다른 특단의 대책이 없으면 자신이 원 하는 자산 증식이 불가능할 것이라고 혀를 내둘렀다.

구분	2010년	2011년
시장 전체	4,787,068	5,283,988
코스피	3,864,152	4,372,608
코스닥	2,095,804	2,381,983

2010 ~ 2011년도 주식 투자 인구 현황

물가상승을 고려한 실질금리가 마이너스인 시대가 고착화되고 있다. 4% 예금 특판에 돈이 몰리는 초저금리 환경이 조성되고 있다.

우리 국민은 이제 자본시장에서 노후를 보장받아야 한다. 이것은 선택의 문제가 아니라 어쩔 수 없는 필연적인 상황이 될 것이다.

02
자본시장에서 삭제해야 할 단어, 가격제한폭

　　　　　　　　　　대한민국 주식시장 개선을 위해 가장
먼저 논의되어야 할 부분으로 가격제한폭을 선정했다. 일각(一刻)을 다투
는 일이기 때문이다. 일부 독자들은 '가격제한폭을 이용해 세력들이 작
전을 하니까 이를 없애자는 얘기'라고 치부할지도 모르겠다. 하지만 필
자가 이야기하고자 하는 것은 그뿐만이 아니다.

　15% 가격제한폭은 우리나라 자본시장을 후진국형 모델로 고착화시
키고 있는 '현행범'이라고 단언한다. 다음에 나올 표를 통해 우리나라 정
부와 한국거래소가 가격제한폭을 수정한 역사를 살펴보자.

　마지막으로 가격제한폭을 수정한 때가 1998년 12월이었다. 이때 15%
로 가격제한폭을 넓혔다. 당시 한국거래소는 15% 확대를 단행한 후 점
진적인 폐지 입장을 밝혔다. 그런데 어떻게 된 일인지 15년이 지나도록

기간	가격제한폭
~1995년 3월 말	17단계의 주가별로 일정한 변동액을 지정
~1996년 11월 24일	6%
~1998년 3월 1일	8%
~1998년 12월 6일	12%
~ 현재	15%

가격제한폭 변경 내용

가격제한폭 변경은 방치된 상태다.

1998년 가격제한폭 확대 프로젝트에 가담한 한 금융감독원 간부의 기억을 잠깐 더듬어보자.

"증권 업계는 가격제한폭을 확대 또는 폐지하는 논의에 대해 반대가 심했다. 그런데 당시 증권거래소에서 공청회를 주도하면서 성사됐다. 경제 관료들도 궁극적 폐지로 입장을 같이 했다. 가격제한폭이 확대되거나 폐지되면 시장의 효율성이 높아지고, 투자자들의 생각이 달라질 것이라는 공감대가 있었다."

이 간부는 그래서 2012년 현재 우리나라에 가격제한폭이 없는 것으로 단정 짓고 있었다. 주식 투자도 안 하고 업무에서도 오래 떠나 있었기 때문에 업계의 현재 상황을 파악하지 못한 것이다. 필자가 15%로 정해진 이후 그 폭의 변화가 없었다고 하자 고개를 연이어 갸웃하던 그는 "분명히 없애자고 다들 동의했는데, 그간 무슨 일이 있었는지 모르지만 약속이 지켜지지 않은 셈"이라며 얼버무렸다.

비이성적 투자를 부추기는 가격제한폭

그렇다면 가격제한폭은 왜 문제가 되는가?

한국거래소 등이 발간한 공청회 자료집을 보면 가격제한폭 제도는 새로운 정보에 대한 주가의 반응을 지연(spill-over)시킬 뿐 변동성을 제한시키는 역할을 하지 못하는 것으로 지적받고 있다. 가격의 제약 때문에 이벤트가 발생한 당일의 거래량이 감소하고, 오히려 그 다음 날 거래가 증가하는 기현상이 구조적으로 발생한다. 결정적으로 주가 변동의 폭을 인위적으로 제한하기 때문에 균형 가격을 제때 찾아가지 못해 효율성이 떨어진다. 정보의 반영, 거래량, 주가 등 가격 결정에 영향을 미치는 핵심 변수들의 작동에 가격제한폭은 심각한 장애를 일으키는 것이다.

'자석효과'도 단골 메뉴로 등장한다. 주가가 상한가(하한가)에 근접하면 매수(매도) 주문이 증가하면서 주가가 자석처럼 상한가(하한가)에 달라붙는 일이 비일비재하게 일어난다(자석도 아닌 주식이 이렇게 움직이고 있다).

주식시장의 개인투자자들은 12%, 13% 오르던 주가가 아무런 이유 없이 가격제한폭인 15%까지 올라붙은 채 다음 날로 넘어가는 장면을 하루가 멀다 하고 목격하고 있다. 그러면서 자신도 모르게 12%나 올라 있는 주식을 아무런 분석도 없이 동물적으로 따라 들어가 매수하는 '관행'에 젖어들고 있다.

가격제한폭이 갖는 가장 심각한 맹점은 바로 투자자들의 도덕적 해이를 부추긴다는 데 있다. 용어부터 용감한 '묻지마 투자'라는 게 있다. 가격을 보지도 않고, 기업의 내용을 따지지도 않고 주식을 산다는 말이다. 이런 투자를 해서 수익을 내길 바라는 마음 자체가 욕심이 아닐까.

더 과격한 표현도 있다. 이른바 너무나 익숙해져버린 '폭탄 돌리기'가 바로 그것이다. 주식을 하나의 폭탄으로 보는 이 말은 어느덧 그 부정적인 뉘앙스가 많이 제거된 채 우리 주식시장에 만연한 투자 문화를 가리키는 용어가 되어버렸다. 불특정 다수의 게임 참여자들 사이에 돌고 있는 폭탄이 자기 자신한테는 터지지 않기를 바라는 요행 심리를 대변하는 말인 셈이다.

'소문에 사서 뉴스에 판다'는 증시 격언을 모르는 투자자는 없을 것이다. A상장사가 대규모 수주를 눈앞에 두고 있다든지, 좋은 실적을 곧 발표할 것이라는 식의 정보는 증권가에 넘쳐난다. 하지만 사실로 확인될 때까지 이런 정보는 소문일 뿐이다. 그런데 소문에 사야 한다는 '격언'이 있을 정도로 우리 투자자들은 막연한 실체만 보고 귀중한 자신의 돈을 검증도 없이 쏟아붓는다.

이런 불합리적이고 비이성적인 투자 행태가 만연하는 바탕에는 하루하루의 주가를 15% 이내로 묶어두는 '가격제한폭'이 있다. 투자자들 사이에서 가격제한폭 제도가 최악의 파국은 막아주기 때문에 요행을 바라고 투자를 해도 된다는 심리가 팽배한 것이다. 그러나 '가격제한폭이 없다면 폭탄 돌리기가 가능할까'를 생각해보자. 폭탄이 터졌을 때의 후유증이 15% 이내가 아니라 100% 이내라고 할 때 누가 감히 심지가 타들어가는 폭탄을 받아안겠는가.

투자는 기업의 가치를 분석하는 데서 출발한다. 수익가치와 성장성을 하나하나 따지고 시장가치(시가총액)에 비해 투자할 매력이 있는지를 결정해야 한다. 정치투기주의 허무맹랑함을 지적하는 그 많은 언론의 질타와 전문가들의 조언에도 투자자들은 정치투기주를 버리지 않는다. 운이 좋으면 대박을 얻을 수 있다는 기대에 부푼 투자자들이 전국 곳곳에 산재해 있어서다.

테마주 투자의 부실함, 문제점에 대해서 웬만한 투자자들은 다 알고 있다. 알면서도 매달린다. 밥상 위의 컵을 건드리면 테이블 위에 물이 흥건해진다는 것을 알면서도 어린아이가 컵에 손을 대려고 반복 시도하는 것과 같다. 이런 아이에게 매가 보약이듯 요행을 바라는 투자자에겐 가격제한폭 폐지가 꼭 들어가야 할 처방이다.

그래도 정신을 못 차리는 투자자들에겐 이렇게 말할 수밖에 없다. '만약 당신의 실력을 믿고 있다면 정보 매매도 하고 테마주 매매도 하라. 단 하루 만에 주가가 절반 이상 하락할 수도 있다. 물론, 그때의 책임은 투자자인 당신이 100% 져야 한다'고 말이다.

2012년 12월 금융 당국의 대선투기주 시세 조종 조사에서 상한가 규정을 적극 이용해 막대한 차익을 챙긴 세력들이 적발된 적이 있다. 비단 대선투기주뿐만이 아니다. 우리나라 증시의 작전은 기본적으로 가격제한폭에서 싹트고 자란다. 가격제한폭이 투자자가 아닌 세력들을 보호하는 든든한 장치 역할을 하기 때문이다. 그런 점에서 개인투자자 보호, 시장 안정을 위한 최후의 보루라는 가격제한폭의 타이틀은 명백히 거짓이다.

그렇다면 가격제한폭이 폐지된다면 우리 주식시장이 어떻게 바뀔지 그림을 그려보자.

비록 아직까지는 상상화이긴 하지만, 우리 주변에서 쉽게 일어날 수 있는 상황을 그린 그림이기에 이해하기 어려운 추상화는 되지 않으리라고 생각한다. 하나의 그림을 완성하기 위해서는 여러 일화가 등장하는 경우가 많다. 객장에서 흔히 볼 수 있는 장면을 하나 소개해볼까 한다.

주인공은 CNK인터내셔널. 2011년 주식시장의 최대 스캔들은 CNK가 아닐까 싶다. 카메룬에서 다이아몬드를 채굴한다는 휘발성 짙은 뉴스거리로 개미투자자들을 휘어잡은 CNK. 그러나 냉정한 이들의 예상대로, 외교통상부와 사법 당국의 조사를 통해 드러났듯이 CNK의 다이아몬드 채굴 건은 처음부터 턱없이 과장되고 실현 가능성이 매우 낮은 이야기였다.

이 사건은 정권의 실세가 연루된 다이아몬드 스캔들로 비화됐다. 상장사인 CNK 주가는 외교부의 발표와 검찰의 수사로 크게 하락했고 관리종목으로 지정되기까지 했다. 그러나 아래 그래프를 보면 끈질긴 생명력을 과시하며 살아남을 듯한 기세다.

2012년 상반기 동안 CNK는 매출이 18억 원에 불과하고 순이익은 8억 원 적자를 낸 것으로 드러났다. 사실상 정상 기업이라고 볼 수 없는 수준이다. 그럼에도 4,000억 원이 훨씬 넘는 시가총액이 유지되고 있다.

2011 ~ 2012년 CNK인터내셔널 주가 추이

투자자 임 모 씨는 주변에서 들리는 다이아몬드 개발에 대한 환상을 갖고 CNK 주주가 됐다. 검찰 수사 발표에 주가가 급락하자 큰 충격을 입었지만 너무 큰 손해를 입은 탓에 팔 수가 없었다. 자포자기 심정으로 주식을 처분하지 않았던 것이다. 그런데 웬걸. 주가가 다시 상승세로 전환하면서 손실액이 적지 않게 줄어드는 게 아닌가. 눈으로 보면서도 믿을 수 없는 상황이 되었다. 다이아몬드 스캔들의 부담을 떨치고 오르는 주가, 임씨는 이때다 싶어 주식을 팔기로 작정하고 거래하는 지점의 지점장을 찾아갔다. 그런데 또 웬걸. 지점장은 이렇게 말했다. "CNK 측에서 카메룬 다이아몬드 개발을 중단하지 않고, 성과를 보여줄 수 있다고 말하고 있다. 투자자들의 관심이 다시 고조되고 있다"며 처분하지 말 것을 당부한 것이다.

깜짝 놀란 임씨는 "문제 기업이 아니냐. 사업이 어떻게 될지 장담할 수 없는 상황"이라고 반문했다. 지점장은 "검찰이 CNK 경영진을 잡지도 못하고 있고, 사법부의 최종 판결은 시일이 한참 걸릴 것"이라며 재차 매도를 말렸다.

실제로 CNK의 오 모 대표는 귀국을 하지 않고 아프리카 정글에 머물면서 다이아몬드 개발이 사기가 아니라고 여전히 주장하고 있다. CNK의 오 대표는 현재 인터폴의 수배를 받고 있는 상태다. CNK측은 그러면서 카메룬 정부가 '킴벌리 프로젝트(유엔이 주관하는 다이아몬드 공정거래 협약)'에 가입했다며 카메룬의 다이아몬드가 한국에 유입될 수 있는 길이 열렸다는 등의 홍보를 그치지 않고 있다.

임씨는 고민 끝에 절반 정도만 처분하고 나머지 절반은 보유하고 있다고 했다. 검찰을 믿지 않고 문제의 주식을 추천하는 증권사의 지점장과 그 주식을 사는 투자자들 머리에는 가격제한폭이 뿌리 깊게 자리 잡고 있다. 가격제한폭이 최악의 상황은 막아줄 것으로 맹신하기 때문이다.

그뿐인가. 증권사 입장에서는 고객의 수익이 아니라 고객의 매매에 자신의 몸값이 결정된다. 그 결과 기업 내용보다는 거래가 잘되는 상장사를 선호하며 적극적인 매매를 권유한다. 이런 식의 매매가 모이고 모여 지금의 정치투기주 광풍을 낳고 말았다.

가격제한폭이 폐지되면 문제 기업들의 추천은 근본적으로 배제될 수밖에 없다. 단순히 '인기' 때문에 고평가된 상장사도 관심권에서 멀어질 것이다. 눈 깜짝할 사이에 제한 없이 주가가 하락할 수도 있기 때문에 상장사의 기업 가치에 대한 연구 역시 광범위하게 자리 잡을 것이다. 또한 좋은 기업이 부각되고, 부실기업은 자연스럽게 도태되는 시장 정화 장치가 가동될 수밖에 없을 것이다. 그 결과 증권사의 수익의 원천은 고객의 매매가 아닌 고객의 수익으로 대체될 것이라 확신한다.

가격제한폭 폐지에 대한 우려와 대안

한국증권연구원이 2008년 내린 결론은 다음과 같다.

가격제한폭 제도의 정책적 목표는 시장의 과민 반응에 따른 일시적인 가격 급등락을 방지하고 효율적인 가격 발견을 촉진하면서 펀더멘털(Fundamental, 나라의 경제가 얼마나 건강하고 튼튼한 지를 나타내는 용어로 한 나라의 경제 상태를 표현하는 데 있어 가장 기초적인 자료가 되는 주요 거시 경제 지표) 변화에 따른 주가의 정상적인 급등락을 즉시 반영할 수 있어야 한다.

이를 위해 개별 주식에 대한 가격제한폭 제도는 궁극적으로 폐지되는 것이 바람직하다. 이 경우 코스피500이나 코스피200주가지수 편입 종목같이 변동성이 안정적이고 정보

비대칭성이 덜하며 유동성이 풍부한 종목부터 순차적으로 확대해가는 게 바람직하다.

동시에 가격 급변동 시 단기간에 냉각기간을 제공할 수 있고 정상적인 급등락도 즉시 반영할 수 있는 정교한 형태의 유럽형 변동성 완화 조치(동시호가 또는 접속 매매에서 예상 체결 가격이 가격 변동 범위를 벗어날 경우 약 5분간 거래를 정지시키고 다시 거래를 시작할 때 동시호가로 가격을 결정하는 방식)를 도입해야 한다. 변동성 완화 조치는 가격 제한폭 폐지에 따른 투자자의 우려를 완화시키고 실증적 검증이 제대로 되지 않아 미처 예상하지 못한 시장 충격이 발생하는 것도 방지할 수 있다.

이런 사정을 잘 알기 때문에 해외의 나라들은 가격제한폭을 모두 폐지했다. 우리나라를 비롯해 중국, 대만, 일본만이 가격제한폭을 고집하고 있을 뿐이다. 이 세 나라의 공통점은 금융산업의 선진국이 아니라는 점이다.

일부에서는 가격제한폭 폐지를 반대하는 데 여러 논리를 내세우고 있다. 시장이 급변할 경우 주가가 대책 없이 급락해 주식 투자자들이 극도의 공포심을 가질 수 있고, 시장이 큰 혼란에 빠질 수 있다는 주장이다.

또한 정보 접근성이 우수한 투자자가 경쟁의 우위를 확보할 것이라는 지적도 있다. 불공정 거래를 자극하는 촉매가 될 수 있다는 시각이다. 그러나 정보 비대칭성은 가격제한폭이 존재하는 지금도 버젓하게 존재하는 문제이다. 개별 종목의 일시적인 급등락은 전문가들의 의견대로 변동성 완화 장치를 가동하면 된다.

가격제한폭이 없어지면 해외 자본에 속수무책 휘둘릴 것이라는 우려도 있다. 보신주의에 젖은 경제 관료들의 시각이다. 너무나 구태의연하기 짝이 없다. 경제 관료들이 신경 써야 할 일은 무엇인가. 가격제한폭 폐지를 막는 게 아닌 가격제한폭에 기대 지금 이 순간에도 노후 대비에 실패하고 있는 주식 투자자들을 하루빨리 계몽해야 하는 일이 아닐까?

필자는 이 시점에서 가격제한폭 폐지를 걱정하는 상장사의 사례를 제시하겠다. 투자자들이 실전에서 부딪히는 고민이 아닐까 한다.

> 금비라는 회사가 있다. 소주, 맥주병을 만들어 주류 회사에 납품한다. 오랜 업력과 확고한 시장 지배력을 바탕으로 금비는 영업에서 좀처럼 손실을 입지 않는다. 자산 가치도 뛰어나 주당 순자산배율, PBR이 0.5배도 안 된다. 중간배당에 기말배당까지 빠지지 않고 챙겨준다. 2010년 9월에는 병마개 제조 업체인 삼화왕관 지분을 55% 인수했다. 두산그룹 측이 팔았는데, 사는 데 든 현금은 610억 원에 이른다. 이제 소주병은 금비만의 병과 병마개만으로도 자체 완성되고 있다. 상장사로서의 저력을 보여주고 있는 셈이다.
>
> 그럼에도 주가는 본질 가치에도 미치지 못하는 상황이다. 이 상장사가 지닌 가장 큰 단점은 거래량이 절대적으로 부족하다는 데 있다. 고병현 회장을 비롯한 특수관계인이 55%를 보유하고 있고 자사주는 20%에 이른다. 여기에 경기상호신용금고도 특수관계인을 포함해 11%를 보유하고 있다. 대략 86%의 지분이 유통되지 않고 소수의 주주에게 잠겨 있는 상황이다.
>
> 그러다보니 이 회사의 한 달 거래량은 5,000주 정도에 머물러 있다. 하루 거래량이 아니라 한 달치다. 주변에서 금비를 알고 있는 투자자를 찾기도 힘들다. 인기가 너무 없는 탓이다. 투자자들의 인기가 워낙 많아 기업가치에 비해 버블이 잔뜩 끼는 것도 문제지만 기업가치를 알아주는 투자자가 없는 이른바 '왕따'도 상장사가 극복해야 할 과제다.

가격제한폭이 없어지면 이런 상장사는 현실적인 고민에 빠질 가능성이 높다. 누군가 금비라는 기업의 가치를 주목하고, 주식을 싸게 대량 매집하려 한다고 하자. 가격제한폭이 없는 상황에서 몇 주만의 매도로도 주가가 급락해 다른 소액주주들의 스트레스를 높일 것이다. 물론 시간이 지나면 금비의 가치를 아는 다른 투자자에 의해 주가가 제자리로 회귀할 가능성이 높지만 단기간에 걸쳐 금비와 같은 유통주식 수를 보유한 상장사는 얼마 안 되는 거래량으로 급등락을 반복할 수 있다. 극심하게 부족한 유통주식 수와 가격제한폭 폐지가 맞물리면 일부에서 주장하는 대로 변동성의 증가라는 부작용이 나타나는 것이다.

이런 문제를 보완하기 위해서는 상장사가 어느 정도 역할을 해줘야 한다. 우선 증권사와 유동성 공급계약을 맺어 매도와 매수 호가의 괴리를 줄인다면 이를 통해 유동성을 어느 정도 보강할 수 있을 것이다.

유동성은 주식시장에서 상당히 중요한 투자지표다. 투자자가 원하는 대로 주식을 사고팔 수 있는 여건이 마련되어야 하기 때문이다. 사고 싶은 대로 사고 팔고 싶은 대로 팔지 못하면 거래에 지장을 줄 수 있고 수익률에도 영향을 미친다. 그래서 투자자들은 원하는 주식의 양을, 원하는 가격에 사고팔고 싶어 한다. 그게 이상적인 투자이기 때문이다. 하지만 현실은 이상과는 다르다.

보다 전향적으론 액면분할을 검토하는 것이 좋은 방법이다. 금비의 액면은 5,000원이다. 액면가를 500원으로 분할하면 거래량이 증가하는 효과가 발생한다. 거래량이 증가하면 가격제한폭 폐지의 부작용을 어느 정도 해소할 수 있을 것이다.

자본주의 사회에서 문제를 해결하기 위해서는 자본이 든다. 그런데 액면분할을 하면 돈이 한 푼도 안 든다. 손 안대고 코 푸는 게 힘든 현실 사회에서, 액면분할은 몇 안되는 '공짜' 해결책인 셈이다.

액면분할은 주가가 너무 비싸 매수자, 매도자 모두 부담을 느끼거나 유통주식 수가 너무 적을 때 거래활성화 차원에서 이뤄지는 경우가 많다. 액면분할로 거래가 원활하게 이뤄지면 주가가 오르는 현상이 발생한다. 특히 개인투자자의 직접 투자 비중이 높은 우리나라 증시에서 액면분할은 단기적 관점에서 큰 호재로 통한다. 중장기 관점에서도 부정보다 긍정적인 영향을 미칠 것으로 분석된다.

유동성이 극히 부족한 상장사들의 경우 가격제한폭이 없어지면 시세에 일부 장애가 발생할 수 있다는 점을 얘기했다. 액면분할 등의 조치를 취하면 구조적으로 해결될 것으로 본다. 가격제한폭이 없어지면 시장이 불안해지고 결과적으로 투자자들에게 손해가 될 것이라는 주장은 전혀 근거가 없다. 문제가 발생해도 쉽게 해결할 수 있다.

거액 자산가들을 대상으로 전문 컨설팅을 하고 있는 KB국민은행의 한 PB(프라이빗 뱅커)는 "감정이 아니라 이성을 가지고 투자할 수 있도록 환경이 정비되어야 한다. 가격제한폭만 폐지되어도 펀더멘털 투자가 크게 확산될 것"이라고 말했다. 은행 상품 등의 안전 자산으로만 거액을 굴리는 자산가들이 저금리의 대안을 찾기 위해 혈안이 돼 있는 지금, 주식시장은 무엇보다 매력적인 상품이 될 수 있다. 그러나 시세를 예측하기 어렵다는 점 때문에 자산가들이 진입을 망설이고 있는 상황. 기업 가치를 따라 주가가 형성된다면, 예측 가능성은 한층 높아지게 되고, 보수적인 자산가들도 결국엔 자본시장의 문턱을 넘을 수밖에 없다(액면분할에 대한 자세한 내용은 이 책의 Part3, 3장 참조).

03
매도는 재앙?
롱온리 투자의 한계

2012년 7월 KDB산은자산운용의 새
로운 최고운용책임자(CIO)가 산업은행 본사에서 기자간담회를 가졌다.
간담회의 주인공은 산은자산운용의 CIO이면서 공동 최고경영자(Co-
CEO)로 선임된 지 얼마 되지 않은 데이비드 전. 이 간담회는 그의 명함에
새겨진 잉크가 채 마르지도 않은 시점에 이루어졌다고 판단될 정도로 다
소 급조된 인상이 강했지만 국내 운용 업계의 현실과 미래를 같이 고민
해 볼 수 있었다는 점에서 매우 의미 있는 자리였다.

데이비드 전의 국적은 한국이 아니다. 하지만 한국인과 똑같은 외모
를 한 사람 중 그만큼 헤지펀드라든가 미국 월가의 투자 노하우와 문화
를 접해본 이는 드물다. 그는 투자의 세계를 너무 얕본 나머지 지나치게
많은 끼를 부리다 자본시장 역사에서 사라진 베어스턴스(Bear Stearns, 월가

의 5대 투자은행 중 하나로 튼튼한 재무구조를 자랑한 우량 은행이었다. 하지만 2007년 미국 서브프라임 모기지 사태 신용위기로 인해 유동성 악화로 자금난을 겪고 시장의 신용을 잃어 파산 위기에 이르렀다. 이후 미국의 첫 번째 부호인 JP 모건 체이스가 은행 재벌과 사업가를 끌어들여 부실채권을 헐값에 인수했다)에서도 오래 일했다. 그가 세웠던 독립 운용사인 아틀라스캐피털 자체도 헤지펀드 회사였다. 운용 자산이 한때 10조 원에 이를 정도로 동아시아에서는 상당한 큰손으로서의 존재감을 드러내기도 했다. 그가 거둔 성과가 어떠한지 구체적으로 공개된 적은 없지만 화려한 경력임에는 틀림없다.

스스로 고국이라고 생각하는 한국의 국책은행 계열 운용사를 맡겠다고 결정하면서 그가 세운 첫 번째 목표는 차별화를 통한 안정적인 수익 추구였다. 이는 투자자들로부터 운용 자금을 몽땅 거둬들여 운용사에게 많은 돈을 벌어주겠다는 이야기가 아니다. 그는 규모의 경쟁은 지양하겠다는 의견을 내비쳤다. 대신 투자자들의 다양한 성향에 부합하는 상품 개발에 주력하겠다고 했다. 전 대표는 "한국은 고객들이 보유하고 있는 자산에 비해 투자할 만한 상품이 절대적으로 적다. 그만큼 갈 곳 모르는 돈이 많다는 얘긴데, 노하우가 풍부한 운용전문가들에겐 그만큼 기회가 있는 시장"이라고 판단했다.

두 번째 목표는 롱온리 투자 문화를 배제하는 것이었다. 그는 어떻게 투자할 것인가라는 질문에 "한국, 중국, 대만, 홍콩, 인도 등 아시아 지역의 대형주에 포트폴리오의 90% 이상을 투자하는 아시아 롱숏 전략을 취할 계획"이라고 답했다.

사실 이 이야기를 하고 싶어 앞서 전 대표에 대한 구구절절한 이력을 끄집어냈다고 해도 과언이 아니다. 전 대표는 돈이 들어오면 주식을 사서, 이후 주가가 오르면 수익을 내는 롱온리 펀드가 주류이자 압도적인 대세인 우리 주식시장의 현실을 제대로 간파하고 전략을 짜고 있었다.

롱온리 펀드는 주식시장이 호황이어야 상대적으로 높은 수익을 낸다. 그런데 지금 우리 증시를 둘러싼 세계 경기 상황을 과연 호황이라고 할 수 있는가? 전 대표는 "세계가 고성장에서 성장이 없는 쪽으로 이동하고 있는데 한국의 운용 산업 인프라는 성장의 틀에 갇혀 있다"고 지적했다. 또한 "운용 산업 환경의 변화를 받아들이고 이에 맞게 인프라를 고쳐가는 기관은 1%도 안 되는 것 같다"는 그의 진단은 우리 운용 업계의 현실을 적나라하게 짚은 것이었다. 이런 운용사에 돈을 맡기는 투자자의 성과는 어떠할까.

롱온리 펀드에 경도된 운용 산업은 지난 2008년 글로벌 금융위기와 2011년 유럽의 재정위기 앞에서 속수무책이었다. 실수로부터 배운다는 말이 있긴 하지만 국내 운용 업계는 그렇지 않은 것 같다. 그 결과는 수익률에서 고스란히 드러나고 있기 때문이다.

	코스피200지수	국내 주식형 펀드
2008	-39.34	-38.64
2009	51.6	54.2
2010	22.23	20.86
2011	-12.21	-12.07
~2012.10.30	4.39	2.58

2008 ~ 2012년 코스피200지수와 주식형 펀드 연간 수익률(%) 비교

위의 표는 2008년부터 2012년 10월 말까지 국내 주식형 펀드의 평균 수익률이다. 2008년 이후 코스피200지수의 극심한 등락을 그대로 따라

주식형 펀드 수익률은 움직였다. 그 잘난 펀드매니저들이 수익률을 더 높이기 위해 무엇을 했는지 의심이 들 정도다.

언젠가 세 명의 펀드매니저와 점심을 같이 한 일화를 소개할까 한다. 직업이 직업인지라 펀드와 재테크가 대화의 전부였다. 그런데 두 명의 펀드매니저는 "주식형 펀드를 아예 투자하지 않는다"고 했다. 나머지 한 명만 "우리 회사의 펀드에 적립식으로 가입하고 있다"고 말했다. 펀드 운용과 관리로 먹고사는 이들의 반응치고는 너무 실망스러웠다.

그들의 이유는 심플했다. "지금의 우리 환경에서 주식형 펀드를 할 이유를 찾을 수 없다. 매력이 너무 없다"는 것이다. 조금 더 구체적으로 말하면 주식시장의 오르내림을 제때 제대로 이용하거나 방어할 만한 수단이 우리나라의 주식형 펀드에는 없다는 것이다. 여기에 운용사(자산운용사, 투자자문사)와 판매사(증권, 은행)는 주식시장의 부침에 상관없이 고정적으로 일정한 수수료를 떼 가고 있기 때문에 펀드 투자자들 입장에선 남(운용사와 판매사) 좋은 일만 시키기 쉽다는 한탄이었다.

주식형 펀드에 가입하는 수많은 시민들이 바보 같다는 솔직한 고백도 들을 수 있었다. 과거 전문가들의 경제 전망과 증시 전망이 요즘처럼 힘이 없고 대중의 신뢰마저 잃은 적이 없었다. 그만큼 앞날을 내다보고 이에 기반해 전략을 수립하고 고객이 맡긴 돈을 계획대로 불려주기가 어렵게 되었다는 뜻이다.

더욱이 우리의 운용 산업에는 전략 이전에 무기가 없다. 창도 방패도 없는 상황에서 그냥 전쟁터에 나갈 군인만 있는 꼴이다. "차라리 수수료가 싼 ETF(Exchange Traded Fund, 상장지수펀드)를 매달 일정액 사는 게 낫다"는 게 그날 점심의 잠정적인 결론이었다. 끝이 날카로운 창, 단단하기가 무쇠 같은 방패가 주어지기 전까지는 말이다.

이런 참담한 현실을 아는 투자자가 증가하면서 펀드에 대한 인기는 바닥을 지나 지하실 수준으로 떨어지게 되었다. 펀드 투자에 마음이 떠난 투자자들을 다시 불러들이기 위해서는 하루빨리 주식형 펀드 상품이 다양화되어야 하고, 상품에 맞는 투자 전략이 수립되어야 한다. 이렇게 대책 마련이 시급한 상황 속에서 자구책으로 꼽히고 있는 대표적인 상품을 이야기한다면 헤지펀드일 것이다.

헤지펀드의 명암

헤지펀드(Hedge Fund)의 개념을 정리하다 보면 꼭 필요한 용어가 있다. 먼저 단기 이익을 추구하는 사모펀드(소수의 투자자로부터 모은 자금을 주식·채권 등에 운용하는 펀드)가 그것이다. 헤지펀드가 장기 투자를 지향하는 가치투자와 다르다는 점에서 단기 투자 성향이 높다는 점은 일면 타당한 설명이다. 100명 미만의 소수 투자가로부터 돈을 모아 투자한다는 점에서는 분명 공모펀드와도 차별된다.

헤지펀드에서 펀드 투자자와 운용사는 파트너십에 기반한 계약으로 유지된다. 파트너십은 일반 공모펀드에서 찾아볼 수 없는 독특한 의미를 담고 있다. 또한 보통 투자자와 3년 정도의 계약을 맺기 때문에 계약이 끝나기 전에 돈을 회수해가면 상당한 패널티를 받게 된다. 그리고 운용을 책임지는 펀드매니저도 자기 돈을 펀드에 불입한다. 그렇기 때문에 펀드매니저도 손실을 보면 같이 보고 이익을 얻으면 같이 얻는, 이를테면 투자자와의 동고동락 펀드라고 할 수 있다. 우리나라 공모형 주식형 펀드(뮤추얼펀드)는 펀드매니저와 투자자 간의 이해관계가 따로따로다.

파생상품 투자와 절대수익 추구도 헤지펀드를 잘 설명하는 용어다. 헤지는 '위험을 회피한다'는 뜻이다. 위험을 줄이거나 회피하다보니 금융시장의 변덕 속에서도 수익을 낼 가능성이 높다. 헤지의 대표적인 수단이 바로 파생상품 투자다. 또한 헤지를 중시하다보면 파생상품 시장에 늘 발을 담글 수밖에 없기 때문에 투기적으로 돈을 벌게 된다.

헤지펀드의 개념을 설명하는 데 있어 또 한 가지 중요한 것이 바로 레버리지다. 뮤추얼펀드에 100만 원이 들어오면 이 펀드는 최대(꼭 최대는 아니지만 일반적으로) 100만 원어치만 투자를 한다. 이와 달리 헤지펀드는 기회가 왔다 싶으면 예외없이 레버리지를 일으킨다. 다시 말해 빚을 내서 투자한다.

일례로 2008년 글로벌 금융위기의 한 원인으로 헤지펀드의 과도한 레버리지가 주목받았다. 자기자본의 20~30배에 이르는 차입을 해서 전 세계 시장을 뒤지고 다녔으니 그 탐욕이 어느 정도였을지는 짐작하기 어렵지 않다. 반대로 전략의 실패로 손실이 불어나기 시작했을 때의 공포는 어땠을까.

예를 들어 설정액이 100만 원인 펀드가 100만 원을 빌려 삼성전자 주식을 200만 원어치 매입했다고 치자. 주가가 50% 올라 300만 원에 정리했다면 빌린 돈 100만 원을 갚고 남은 금액이 200만 원으로, 원금 100만 원 대비 수익률이 100%가 된다. 주가는 50% 올랐지만 수익률은 그 두 배다. 레버리지의 위력이다.

반대로 200만 원어치가 100만 원이 되었을 때 정리했다면 어떻게 될까? 100만 원의 빚을 갚고 나면 남는 것은 0원이다. 주가는 50% 하락했지만 손실률은 100%에 달한다. 헤지펀드 투자의 명암은 여기에서 엇갈린다.

1992년 조지 소로스의 영국 파운드화 공격 때처럼, 헤지펀드는 재정적으로 어려움을 겪고 있는 나라나 기업에까지 달려들어 떼돈을 번 몇몇의 사례 때문에 오해도 많이 받고 있다. 그러나 창의적인 아이디어를 통해 새로운 수익을 얻으려는 철학만은 우리 자본시장에 꼭 수혈해야 할 유전자가 아닐까 생각한다.

가까이 하기엔 너무 허약한 헤지펀드

헤지펀드는 어느덧 우리 주변으로 다가왔다. 금융위원회가 한국형 헤지펀드 산업의 필요성을 절감하고 2012년 1월부터 펀드 설립을 인가해주고 있다. 2012년 8월 기준으로 국내에 설정된 이른바 한국형 헤지펀드는 19개, 설정액은 8,200억 원 정도다. 초반이라고는 하지만 기대에 못 미치는 성과다.

금융 당국은 헤지펀드의 파트너 역할을 하는 프라임브로커리지 서비스(PBS) 자격을 자기자본 3조 원 이상의 증권사로 한정했다. 이를 위해 대우증권, 삼성증권, 현대증권, 우리투자증권, 한국투자증권이 거액의 증자를 했다. 5개 증권사의 자기자본, 즉 언제라도 동원할 수 있는 현금이 15조 원이 넘는다는 얘기다.

그런데 이들 증권사는 현재 하나같이 손가락을 빨고 있는 상황이다.

헤지펀드 시장이 예상만큼 성장하지 않아 자금의 사용처가 불투명해졌기 때문이다. 한마디로 돈은 있는데 돈을 원하는 시장이 서지 않는 것이다.

이러한 이면에는 한국형 헤지펀드 도입 내용을 담은 자본시장법 개정안이 2012년 2월 국회를 통과하지 못했다는 제도적 미비가 존재한다. (2012년 자본시장법은 끝내 국회를 통과하지 못했다. 결국 법안의 국회 통과를 확신한 상태에서 증권사의 증자를 주도한 금융 당국은 설 자리가 없게 됐다. 당장 증권사들의 자본효율성(ROE)이 심각하게 훼손됐지만 이를 지적하는 주주, 경영인이 없고, 정책의 실패를 반성하는 경제 관료의 목소리도 찾을 수가 없다. 자본시장이 발달한 나라에서 이런 일이 있었다면 어땠을까 생각하면 헛웃음만 나온다. 담당 공무원과 의원들이 어떤 대접을 받았을까. 다행인지 불행인지 해외의 선진시장에서 유사한 사례가 있었다는 목격담조차 접하기가 어려웠다.).

그러나 언제 국회에서 자본시장 활성화를 위해 적극적으로 나선 적이 있던가. 법이 개정되지 않았지만 지금의 수준에서도 헤지펀드 운용은 어느 정도 할 수 있는 상황이다. 문제는 운용 노하우가 극히 빈약하다는 데 있다. 대표적인 게 매도 마인드의 부재다. 매수(롱)는 천사이고, 매도(숏)는 악마라는 이분법적인 선악의 논리(?)가 우리 증시에 만연하고 있는 것이다.

매수는 천사, 매도는 죄악?

바이오시밀러 전문회사인 셀트리온이 "공매도 세력이 주가를 떨어뜨리고 있다"고 주장하며 금융 당국에 고발한 적이 있다. 셀트리온은 코스닥시장의 시가총액 1위인 부동의 맏형 격이다. 맏형의 인식과 이를 대하는 투자자, 관계 기관, 금융 당국, 그리고 언론의 동향을 통해 우리 주식시장의 단면을 들여다보자.

셀트리온을 둘러싼 공매도는 오랜 이슈였지만 정점에 이른 것은 2011년 말과 2012년 5월로 볼 수 있다. 결국 2011년 11월, 셀트리온 경영진과 소액주주 운동 컨설팅 회사 사이에 날 선 공방이 있었다.

당시 서정진 셀트리온 회장을 비롯한 셀트리온의 경영진은 공매도 세력이 악성 루머를 흘리면서 자사의 주가를 흔들고 이를 통해 부당한 이익을 취하고 있다고 주장했다. 사측은 외국인 세력의 기획성 불법 공매도라는 단서를 입수했다며 결국 금융 당국에 조사를 의뢰했다. 근거 없는 악성 루머에 본업이 지장을 받고 주주들이 피해를 보고 있다는 이유도 제시했다.

당시 이에 맞서 소액주주 운동을 대행해오던 A컨설팅사는 경영진과 다른 주장으로 언론의 조명을 받았다. A사는 바이오시밀러 신약의 원가 등을 요구하며 셀트리온 회계의 의문점을 지적하기도 했다. 셀트리온이 지금까지 원가와 선수금 등을 공개한 적은 없는 상황이다. 물론 영업기밀에 해당하는 사안을 꼭 공개할 의무는 없다. 하지만 더불어 셀트리온의 높은 영업이익률에 대한 일각의 의구심도 해소되지 않은 게 사실이다.

2012년 5월이 되면서 셀트리온 공매도는 더욱 뜨거운 이슈가 됐다. 셀트리온 측의 진화에도 루머가 해소되지 않고 오히려 회계 문제 등을 이유로 공매도가 증가하자, 마침내 사측은 50%에 달하는 무상증자 카드를 꺼내들었다. 무상증자 주식을 무난하게 받기 위해 공매도 세력에게 빌려준 주식을 환수해야 하는 주주들을 겨냥한 것이다.

무상증자로 주가가 상승하면 주식을 빌려 공매도한 세력들이 궁지에 몰릴 것이라는 점까지 활용했다. 무상증자를 위해 회사 측은 300억 원 가까운 주식 발행 초과금을 동원했다. 승자는 당연히 셀트리온이었다. 공매도 세력은 무상증자 등으로 주가가 급등하면서 상당한 손실을 입은 것으로 추정된다.

셀트리온의 회계 문제는 바이오시밀러 신약이 국내외에서 판매되기 시작하면 누가 옳은지 가려질 것으로 전망된다(식품의약품안전청은 2012년 7월, 마침내 셀트리온이 세계 최초로 개발한 류머티스관절염 바이오시밀러인 램시마의 국내 시판을 허가했다).

필자가 이 대목에서 주목하고 싶은 것은 코스닥의 맏형인 셀트리온 경영진들이 보여준 공매도에 대한 인식이다. 공매도는 주식을 빌려다 매도해서 주가가 매도한 가격보다 하락할 때 되사서 차익을 실현하는 매매 기법으로 해외 시장에선 일반화된 매매 전략이다. 주식이 없는 투자자들도 투자금을 빌릴 수만 있다면 얼마든지 이익을 얻을 수 있다.

하지만 그만큼 위험도 크다. 주식을 빌려오는 데 수수료가 드는 데다 빌려와 판 주식의 가격이 오르기라도 하면 손실은 걷잡을 수 없이 불어나기 때문이다. 그래서 보다 신중을 기해야 한다. 셀트리온의 주장대로 악성 루머를 의도적으로 흘려 주가를 떨어뜨리고 여기에서 이익을 취하는 행위를 하는 것은 불공정 거래에 해당한다. 근거 없이 호재를 띄워 주가를 끌어올리는 작전 세력도 마찬가지다.

하지만 셀트리온은 오래전부터 회계 정책과 높은 이익률을 두고 논란이 있었다. 공매도 투자자들이 가장 중시하는 '이벤트'를 안고 있었던 터다. 그런데 셀트리온 경영진의 태도를 살펴보면 공매도 세력을 죄악시하고, 나아가 세력의 실체가 드러났다며 금융 당국에 수사를 의뢰하기까지 했다. 그리고 이를 언론에 대대적으로 노출시켰다.

당시 한국거래소 관계자는 "흔치 않은 사례지만 셀트리온의 주장에 따라 조사를 진행했다. 그런데 불공정 거래를 찾을 수 없었다. 사측에서 너무 과민하게 대응하는 것 같았다"고 말하기도 했다.

이 대목에서 회사의 대응이 달랐던 사례를 들여다보자.

LG전자 역시 같은 시기에 공매도 세력의 타깃이 되었는데 역시 이벤트가 작용한 탓이었다. 스마트폰 시장에 발 빠르게 대응하지 못하면서 수익성이 크게 악화될 것이라는 전망이 팽배했다. 이에 따라 LG전자의 주가가 급락하면서 공매도 세력은 어느 정도 이익을 낸 것으로 보인다. 그러나 LG전자는 불온한 공매도 세력을 운운하며 싸움을 벌이지 않았다. 시간이 지나면서 공매도 물량은 자연스레 줄어들었고 LG전자가 평온을 되찾는 데는 그리 오랜 시간이 걸리지 않았다.

공매도 세력에 대처하는 방식을 보면 LG전자와 셀트리온의 업력과 맷집을 확인할 수 있다. 물론 셀트리온 같은 성장 기업은 바이오산업의 발전이라는 차원에서 보호해줘야 한다는 시각도 있다. 하지만 이는 공매도 논란과는 영역이 다른 주제다. 필자는 바이오시밀러 세계 1위임을 자부하는 셀트리온이 이제 공매도 세력과 싸우기를 멈추고 본업인 바이오시밀러 개발과 판매에 '올인'하기를 바란다. 혹자는 냉엄한 비지니스의 세계를 잘 모르고, 회사를 경영해보지 않은 아마추어의 순진한 생각이라고 치부할지 모른다. 그러나 바이오시밀러 사업만 셀트리온의 구상대로 나아간다면 공매도 세력은 언제 그랬느냐는 듯 자취를 감출 것이다.

주식시장을 위협하는 매도 콤플렉스

매도자를 사탄으로 보는 시각이 우리 주식시장엔 팽배하다. 사회적으로 이른바 레드 콤플렉스에서 어느 정도 벗어나는가 했는데, 이번에는 매도 콤플렉스란 말인가.

근본적인 이유는 매도를 해서 돈을 버는 투자자가 없기 때문이다. 개인도, 국내 기관도 매도를 먼저 해서 이익을 취하는 투자자는 정말 극소수다. 오로지 먼저 사야 한다. 그런데 더욱 심각한 문제는 매도를 먼저 해서 돈 벌기를 즐기는 투자자들이 나라 안이 아닌 나라 밖에 많다는 사실이다. 이들은 국내 시장에 아무런 제약 없이 참여하고 있다. 매수만 할 수 있는 나라에, 매도까지 즐기는 이방인이 들어와 있다면 게임이 어떻게 될까.

증권예탁원에 '대차거래'라는 제도가 있다. 예탁원에 예치된 주식의 일부분을 주식을 필요로 하는 투자자에게 일정 기간 빌려주는 제도이다. 대차거래가 도입된 지는 10년이 넘었지만 이 시장을 이용하는 내국인 투자자는 손가락으로 꼽을 정도다. 대차거래 시장의 95% 이상을 외국인 투자자가 독차지하고 있다. 셀트리온, LG전자만이 아니다. 삼성전자, 현대중공업, 호남석유화학 등 쟁쟁한 우리의 대표기업들이지만 무슨 약점이라도 노출되면 대차 세력들은 가차 없이 주식을 빌려다 공매도를 반복한다. 이들이 어느 정도 수익을 내는지는 확인하기 어렵지만 롤러코스터처럼 오르락내리락하는 주가에 대한 확실한 대처 방법이 하나 더 있다는 것은 무시할 수 없는 경쟁력이다.

독자 여러분 스스로 오른쪽 그래프를 보고 매수만 하는 투자자와, 매수와 매도를 모두 할 수 있는 투자자가 되어보길 바란다. 무섭게 출렁이

1996 ~ 2012년 현대중공업 주가 추이

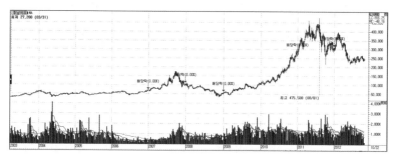

2003 ~ 2012년 호남석유화학 주가 추이

는 시장 속에서 폭락의 충격을 고수란히 감수하고 매수만 해야 하는 롱온리 투자자가 이길 수 있을까? 답은 너무 뻔하다.

기회의 불평등을 조장하는 대차거래

개인투자자에겐 대차거래가 법적으로 금지되어 있다. 이는 기회의 불균등을 제도가 조장한다는 점에서 헌법에서 보장하는 평등권에 위반된다고 볼 수 있다. 개인은 다만 대주라는 제도를 통해 매도에 참여할 수 있다. 그러나 증권사가 자체적으로 운용하는 대주제도는 대차에 비하면 그 기간이나 금액이 턱없이 짧고 적다.

예탁원은 외국인 투자자에게 보통 1년 동안 주식을 빌려주는 데 비해 증권사는 개인투자자에게 3개월 만기로 주식을 빌려주고 있다. 이 역시 헌법에서 보장하고 있는 평등권에 위배되지만 무시된다. 매도자는 사탄이기 때문에 헌법이 부여한 권리마저도 보장받지 못한다. 결국 외국인 투자자에게만 날카로운 창과 탄탄한 방패를 공짜로 얹어준 꼴이다.

데이비드 전 KDB산은자산운용 공동대표는 "동아시아의 펀드 시장은 증시가 올라야 수익이 나는 구조다. 이런 구조로는 지금의 불확실성 속에서 선전하기 어렵다. 오래전부터 갈고닦은 숏 전략을 조금만 활용해도 차별적인 성과를 낼 수 있다"고 자신했다. 전 대표의 이야기는 절대 가볍게 듣고 흘릴 게 아니다. 못미덥지만 그래도 이렇다 할 대안이 없기 때문에 펀드시장을 기웃거리고 있는 우리 모두의 미래에 관한 쓴소리다. 초저금리 시대를 살아가는 우리 투자자들의 슬픈 하소연이기도 하다.

금융 당국도 예외가 아니다. 수십 년간 주가 부양과 롱온리 펀드에만 에너지를 쏟은 정책 당국자들은 매도에 대해 두드러기 같은 반응을 보인다. 주가가 하락을 넘어 급락세를 보일 때만 대책을 강구한다. 단골 대책 메뉴 중 하나가 공매도 규제다. 세상이 시끄럽고, 기업 실적이 나빠질 때 주가가 하락하고 이를 활용하는 매도 세력이 우세한 위치를 차지하는 게 극히 정상적인 일이지만 주가가 급락해 부양하라는 유무언의 사인이 떨어지면 으레 공매도를 다잡겠다고 으름장을 놓고 본다. 주가 부양의 사인(Sign)을 누가 내는지 공개하지 않으면서 일단 시장에 손을 대려 한다. 대표적인 주식시장 교란 세력이 바로 공매도 세력이라는 인식의 틀에 여전히 갇혀 있는 것이다.

머니투데이 미래연구소 강상규 소장의 얘기를 들어보면 매수 편향의 어리석음과 위험성을 잘 알 수 있다(그는 미국 미주리웨스턴주립대에서 10년간 경영학 교수로 부임하다 2011년 귀국한 후 우리나라 자본시장의 문제점을 지적하고 나섰다). 그는 2012년 5월 금융 당국이 공매도 제도를 정비해 시장 진입을 어렵게 하겠다고 하자 균형감 있는 정비가 필요하다고 주장했다.

강 소장은 "공매도는 유동성을 공급해주는 중요한 역할을 한다"며 "주식이 거래되려면 주식을 사는 사람도 있어야 하지만 파는 사람도 있어야 한다. 공매도는 주식을 파는 사람의 역할을 수행한다"고 의미를 달았다. 이런 이유 때문에 우리나라와는 달리 미국에서는 공매도가 개인투자자에게까지 그 활용이 확대되어 있다.

또한 "금융 당국이 공매도 자체가 시장을 교란시킨다고 생각하는 가장 큰 이유는 일반 투자자들이 현재 우리나라에서는 하락장에서 주식 투자로 돈을 벌 수 있는 방법이 전무하기 때문"이라고 강조했다. 주식을 산 국내 투자자들은 주가가 하락하면 이를 방어할 수단을 갖지 못한 채 수수방관해야만 하는 것이다.

이와 달리 미국의 개인투자자들은 하락장에서 보유하고 있던 개별 주식을 이용해 콜옵션을 매도(커버드콜)하거나, 공매도를 취해 이익을 얻거나 손실을 줄이는 거래를 적극적으로 하고 있다. 이러다보니 급락장이 올 때의 시장 분위기가 다르다. 주가 하락으로 돈을 번 투자자들이 존재하기 때문에 발생하는 긍정적인 효과는 매우 크다. 단적으로 주가가 하락해야 돈을 버는 공매도가 활성화되면 오히려 주식시장이 악재에 덜 민감하게 반응하게 된다.

강 소장은 "급락 때마다 국내 시장에는 투자자들의 패닉이 엄습하는 반면 미국 시장은 전혀 다른 강도의 불안감이 형성된다. 하락장에서 이익을 취하는 투자자가 상당수 존재하면 증시 전반의 변동성도 줄어든다"고 설명했다.

운용자금이 큰 외국인은 주가 하락시 공매도를 이용해 헤지를 하거나 아니면 이익을 극대화할 수 있다. 하지만 개인들은 시도 자체가 불가능한 게 현실이다. 이런 현실은 하루빨리 고쳐져야 한다. 기회의 불균등, 불평등을 구조적으로 안고 있는 주식시장은 신뢰받기 어렵다. 자본시장에서 기회의 불평등은 이익의 불평등과 다름없기 때문이다.

강 소장은 대차거래 기회가 주어져 있지만 이를 활용하지 않는 국내 기관에 대해서도 변화를 주문하고 있다. 당장 헤지펀드에서 롱과 숏 매매전략을 적절하게 운용하려면 공매도 매매를 잘 활용해야 하기 때문이다.

그는 "현재 많은 기관들이 아예 공매도를 못 하게 내규로 정하고 있다. 위험이 상대적으로 크기 때문"이라며 "위험이 크다고 해서 개인의 공매도 참여를 제한하는 것이라면 자금이 상대적으로 많은 기관투자자가 공매도를 적절히 이용해 그 수익을 펀드 투자자들에게 돌려주면 된다"고 제안했다.

이밖에 공매도는 비이성적 테마주를 진정시키는 역할도 한다. 공매도만 활성화되어도 개미투자자들을 지옥으로 몰아간 대선투기주의 기세를 단번에 꺾을 수 있다. 우리나라 작전꾼들은 예외없이 롱온리 세력이다. 부실 기업의 주가를 인위적으로 끌어올리는 게 모든 작전의 출발이다. 그런데 공매도가 가능하다면 이렇게 실체 없이 급등하는 주식을 매도해 수익을 내려는 전문 투자자들이 반드시 등장하기 마련이다. 100원이 적정한 상장사가 롱온리 작전꾼의 노력으로 1,000원에 거래된다면 1,000원에 팔려는 공매도 세력이 반드시 나타난다. 그런데도 130개가 넘는다는 대선투기주 중 공매도를 위해 필요한 대차거래가 자유로운 상장사는 단 한 곳도 없었다.

그렇다면 작전 세력은 악이 아닌 선이란 말인가. 공매도가 개인, 기관에게 개방되면 어떻게 될까. 주가가 기업의 가치에 비해 너무 많이 오를 때 공매도를 하겠다고 벼르는 잠재적 투자자가 있다면 매수만 해서 한몫 단단히 챙기겠다는 세력의 입지는 줄어들 수밖에 없다. 매수와 매도가 균형이 잡히면 비이성적 테마주, 정치투기주가 설 자리는 줄 수밖에 없다고 강 소장은 확신했다. 정책 당국자들의 공매도 규제 역시 투명한 공매도 정보 공시에 초점을 두고, 건전하게 활성화될 수 있도록 방향을 세워야 한다고 했다.

자본시장에 대한 무지로 생겨난 롱온리 문화

롱은 '천사', 숏은 '사탄'이라는 낡고 고루한 인식과 문화가 낳은 폐해는 이루 말할 수 없다. 제일 먼저 눈에 띄는 게 기업 분석의 편향이다. 모든 펀드가 주식을 사기만 한다. 사정이 그렇다보니 주가가 올라야 한다. 하지만 이런 당위성이 냉엄한 주식시장에서 통할 리가 없다. 피도 눈물도 없는 주식시장은 주식을 사기만 하는 펀드를 언제나 놀려줄 준비가 되어 있다. 매우 놀랄 만한 사실을 하나 공유해 보자.

머니투데이방송은 애널리스트 평가시스템을 전문 개발 운영하고 있는 밸류포커스와 2010년부터 애널리스트 평가를 해오고 있다. 여러 언론 매체에서 애널리스트 평가를 하고 있지만 밸류포커스와 함께하는 방식은 완전히 다르다.

이 방식은 100% 정량 평가를 통해 애널리스트가 작성한 보고서의 내용을 평가한다. 평가 주체의 감정이나 이해관계가 개입될 여지가 없다는 점에서 진일보했다고 볼 수 있다. 펀드매니저의 투표(poll)에 기반한 기존의 평가 방식은 그 한계를 노출한 지 오래다. 누차 얘기했지만 애널리스트를 평가하는 우리나라 펀드매니저들은 롱온리 매니저다.

2011년 애널리스트 평가를 위해 밸류포커스가 조사를 실시한 리포트는 무려 2만 9,820건. 리포트에는 기본적으로 상장사의 실적 전망, 목표가, 투자 의견이 담겨 있다. 투자자들은 이를 투자 판단을 내리는 데 참고한다.

그런데 그 많은 보고서 중 매도 의견을 제시한 리포트는 불과 0.05%인 16개에 그쳤다. 2010년에는 43개였다. 지하 5층에서 지하 10층으로 곤두박질친 듯한 기록이다. 중립 의견을 제시한 리포트는 2,148건으로 전체의 7.2%였다. 2010년 3,088건(10.4%)에서 대폭 줄어들었다. 이에 비해 매수 의견을 제시한 리포트는 전체의 93%에 이르렀다.

2011년이 어떤 해였던가. 아직도 끔찍한 유럽 재정위기로 전 세계 주식시장이 폭락을 경험한 시기이지 않은가? 상장사들의 실적도 덩달아 감소했다. 그런데 애널리스트들은 오로지 매수만 외쳐댔다. 그들의 메아리가 얼마나 공허했을지 생각하면 쓴웃음밖에 나오지 않는다. 그 험한 재정위기가 터지고 기업 실적이 감소하는 위기 상황에서 왜 애널리스트들은 매수를 붙잡을 수밖에 없었을까. 그들의 항변을 정리하면 대략 다음과 같다(사실, 이런 이야기들은 공개적으로 하지 못한다. 밥줄 끊어지기 십상이다).

가장 큰 이유는 펀드매니저가 싫어하기 때문이다. 왜? '갑'의 위치에 있는 펀드매니저들이 롱온리에 쏠려 있는 상황에서 '을'인 애널리스트의 선택은 뻔하지 않은가. 펀드매니저가 매수한 종목에 대해 부정적인 분석을 내놓으면 당장 둘 사이의 관계에 이상 기류가 발생한다. 때론 자리를 걸어야 할 정도로 부담이 된다고 말할 정도이다.

애널리스트가 몸담고 있는 증권사 역시 매도 리포트를 싫어한다. 증권사의 수익이 펀드매니저나 개인 고객들이 매매를 할 때 발생하는 수수료인데, 매도 리포트가 나오면 이들 고객들의 항의가 빗발치는 것이다. 펀드매니저들한테 안 좋은 이미지가 박혀 있는 애널리스트는 이직을 고민해야 하는 게 현실이다.

애널리스트가 탐방을 다녀야 하는 상장사도 매수 리포트만 좋아한다. 경력 5년 차인 한 애널리스트는 "대기업들은 자기들에게 부정적인 리포트를 쓰는 애널리스트를 대상으로 블랙리스트를 작성한다. 한번 찍히면 일을 할 수 없을 정도로 '왕따'를 시킨다"고 토로했다. 기업 탐방을 요청하면 문전박대 당하기 일쑤고, 해외에서 기업설명회(IR)를 열 때 초청에서 제외되는 건 일상화되어 있다.

롱온리 문화에 찌들어 있다보니 어느덧 상장사들도 매도 리포트는 큰 재앙으로 인식하게 되었다. 결국 매수 리포트만 남발되고 있는 셈이다. 물론 넘치는 매수 리포트를 따라 주가가 오르기라도 한다면 할 말이 없다. 그러나 분명한 진실은 실적이 줄어드는 상장사의 주가는 매도 리포트 한 건 없이도 결국 떨어지게 마련이라는 데 있다.

이렇듯 애널리스트와 펀드매니저, 애널리스트와 상장사 간의 뒤틀린

관계 속에서 진실이 외면당하고 있다. 이는 신뢰의 훼손으로 이어지게 되고 주식시장을 믿지 못하는 투자자가 늘면 그 시장은 제 기능을 다할 수 없게 된다.

2012년 상반기 기업들이 기업공개(IPO), 유상증자 등 직접적으로 시장에서 조달한 자금은 1조 원에 불과했다. 이는 일 년 전의 13.3% 수준밖에

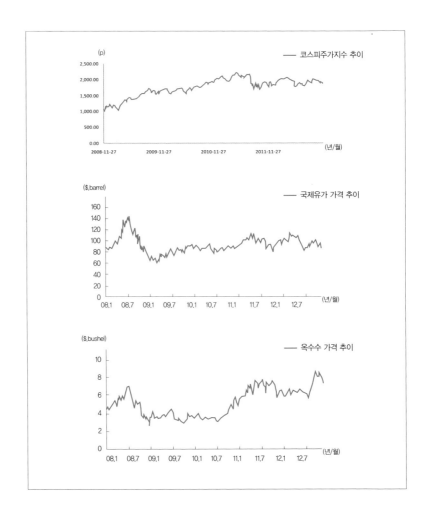

미치지 못한 결과이다. 리먼브러더스가 파산했던 2008년에도 5조 원 이상 자금 조달이 가능했다. 물론 기업들이 적극적으로 자금 조달에 나서지 않았다는 이유도 있을 것이다. 그렇지만 부인할 수 없는 사실은 기업들의 상장 움직임에도 투자자들이 외면하는 현상이 매우 뚜렷해졌다는 점이다. 투자자가 돈을 필요로 하는 기업과 이 기업의 자금 조달을 지원하는 증권사를 믿지 못하고 있는 것이다. 일부 기업들은 주식시장과 투자자들의 자질 부족을 들며 자금 조달을 미루기도 했다.

왼쪽 그래프는 코스피지수 추이와 국제유가 그리고 2012년 최악의 랠리를 펴고 있는 옥수수 가격의 추이를 나타낸 것이다.

어마어마한 등락이 시시각각 반복되고 있다. 그렇다면 이제 롱온리만으로 무장한 우리의 운용 업계가 세계시장에서 경쟁력을 가질 수 있을까에 대해 곰곰이 생각해봐야 한다. 자본시장에 조금이라도 이해관계를 갖고 있는 우리 모두의 미래가 달려 있기 때문이다.

롱온리가 초래한 글로벌 경제의 위기

2012년 11월 21일 대신증권이 서울 여의도 63빌딩에서 투자 포럼을 열었다. 한해를 정리하고 내년 우리나라 경제와 증시를 전망하는 의미 있는 행사였다. 이날 포럼에서 대신증권은 2013년 코스피지수가 2,250까지 오를 수 있다는 전망을 제시했다. 미국의 경기 회복과 중국의 부동산 버블 우려 해소 등에 따라 올해보다 나은 흐름이 예상된다는 게 주된 내용이었다.

800석을 가득 메운 청중들은 지독한 경기불황 속에서 어떤 전략을 가지고 투자에 임할지 정리하느라 여념이 없었다. 행사장의 열기는 해리 덴트(Harry S. Dent Jr) 박사의 강연에서 최고조에 달했다.

《불황기 투자 대예측》의 저자로 알려진 해리 덴트 박사는 미래를 예측하는 것을 주특기로 하는 경제학자다. 1980년대 말 절정에 달했던 일본 경제의 장기 불황을 예측했고, 2008년 금융위기 전 글로벌 증시의 거품을 예견해 이목을 끌었다. 그간의 성과를 바탕으로 〈뉴욕타임즈〉의 경제 예측 전문가로 뽑혔으며, 〈포춘지〉가 선정한 100대 기업에 대해 경영 컨설팅을 해주고 있다.

덴트 박사가 2012년 다시 세간의 주목을 받은 것은 지독하게 우울한 경제 전망을 내놓았기 때문이다. 《2013-2014년 세계경제의 미래》라는 책에서 덴트 박사는 2013년부터 전 세계에 흉악한 경기 침체의 그림자가 드리울 것이라고 예측했다. 덴트 박사의 강연 내용 역시 이런 자신의 전망을 자세히 설명하는 것으로 채워졌다.

경제 전망의 토대는 인구 구조의 변화와 이에 따른 소비 성향이다. 앞으로 미국뿐 아니라 전 세계 주요 선진국의 인구가 급격하게 감소하게 되고 이런 상황에서 각국의 정부와 중앙은행들이 그 어떤 부양 정책을 펴더라도 경기 침체를 막을 수 없다는 시나리오다. 다시 말해 인구 감소에 필연적으로 수반되는 소비 감소가 한동안 경제를 겨울로 이끌 것이라는 시각이었다. 막대한 빚까지 끌어다 자녀를 키우고 집을 사고 자동차를 사는 데 썼던 베이비부머들이 소비의 중심에서 퇴장하고 있기 때문이다. 그의 말을 잠시 들어보자.

"저는 인구 추이와 그에 따른 소비 패턴의 변화가 경제의 핵심 동력이

(출처 : 미국 노동 통계국)

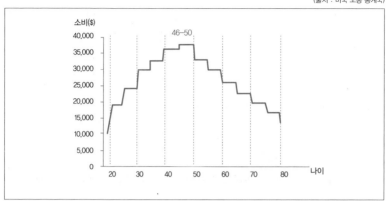

나이와 소비

라고 생각합니다. 사람이 태어나서 몇 세에 결혼을 하고 또 아이를 낳고, 취업과 퇴직할 시기는 언제이며, 언제 집을 사게 되는지를 안다면 미래 예측이 가능할 겁니다.

　예를 들어, 미국의 경우 1946 ~ 1964년에 태어난 베이비부머들이 소비의 정점을 이루는 46세가 지나면서 2010년부터 2020년대 초까지 '경제의 겨울'이 올 것으로 예상합니다. 더 큰 문제는 베이비부머들이 돈을 빌려 소비를 해왔다는 것입니다. 모기지와 신용카드, 자동차 할부와 같은 민간 부문의 부채는 2000년부터 2008년까지 20조 달러에서 42조 달러로 2배 이상 늘어났습니다. 향후 10년간 우리는 역사상 가장 거대한 부채 구조조정(부채 줄이기)을 경험할 것이고, 이 같은 부채 축소 과정은 디플레이션을 초래하게 될 것입니다."

　그리 어려운 얘기가 아니었다. 말이 난 김에 덴트 박사가 경제를 얼마나 어둡게 보고 있는지 좀 더 알아보자. 먼저 주택 시장에 대해서는 참으로 비관적이다.

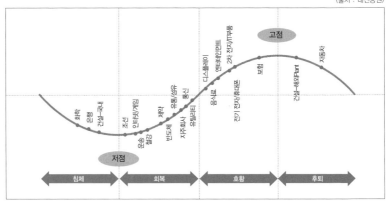

2012년 말 현재 업종별 사이클 위치

"베이비부머들의 주택 매입 수요에다 연준(FRB, 미국 연방준비제도이사회)의 저금리, 대출을 부추기는 은행들과 정부 보증기관의 합작품으로 유례없는 주택시장의 버블이 그동안 형성되었습니다. 이러한 버블이 2006년 초를 고점으로 하락하기 시작했는데, 버블은 그것이 꺼지면 최소한 폭발적인 팽창이 시작됐던 그 시점으로 되돌아가거나 그보다 조금 더 낮은 수준으로 내려갑니다. 미국의 주택 가격 버블이 처음 시작됐던 시점으로 돌아가려면 고점대비 55% 하락해야 합니다. 그리고 최대 하락폭은 1996년에서 1997년 가격으로 돌아가는 것이며 이때는 고점대비 65% 하락하게 될 것입니다."

최악의 경우 집값이 2006년 고점 대비 65%나 폭락한다는 이야기다. 상상이 가지 않는 말이다. 이렇게 되면 전 세계 경제가 어떻게 될까. 끔찍하다고 말할 수밖에 없다.

이와 함께 덴트 박사는 소비의 중심 주체였던 베이비부머 세대가 금융위기를 거치면서 소비에서 저축으로 태도를 바꾸었다는 점에 주목한다. 제 아무리 많은 돈이 시중에 풀려도 이 돈이 소비로 가지 않기 때문에, 기업의 이익이 줄거나 정체되고 결국 디플레이션을 초래할 수밖에 없다는 것이다.

또한 그는 구리, 철광석, 원유 같은 원자재(상품) 가격도 폭락한다고 예측했다.

"과거 자료를 보면 상품 가격의 주기는 29~30년 정도입니다. 2008년에서 2011년 중반 사이에 이미 고점을 찍었다고 생각합니다. 이후 상품 가격은 2020년이나 2023년까지 하락세를 지속할 것으로 예상되는데 특히 2015년을 기준으로 낙폭이 심할 것으로 전망됩니다. 중국의 버블이 터지고 신흥국 경제 성장세가 둔화되면 금과 은, 원유 등 대부분의 상품들은 결정타를 맞고 하락할 것입니다. 단, 농산물은 예외입니다. 먹고살아야 하는 문제는 외면할 수 없기 때문입니다."

끔찍한 경기의 겨울은 스페인이 촉발시킬 것이라고 보았다. 미국의 소비 부진, 정부 부채, 중국의 부동산 버블도 문제지만 결국은 스페인이 유로존의 붕괴를 가져오면서 세계 경제의 대공황을 자극할 것이라는 시각이다.

"유로존은 그리스와 아일랜드, 포르투갈에 이어 스페인에 구제 금융을 제공하며 문제를 해결하려 노력하고 있지만 어느 순간 이 같은 구제 프로그램이 효과가 없다는 것을 깨닫게 될 것입니다. 스페인은 구제하기엔 규모가 너무 큰 데다 부동산 버블도 심각합니다. 스페인은 유럽에서 부동산 버블이 가장 심했습니다. 그래서 아마도 스페인이 앞으로 다가올 커다란 공황의 격발제 역할을 할 것 같습니다."

덴트 박사는 3차까지 이어진 FRB의 양적 완화가 미국 경제를 회복시키지 못할 것이라고 단언했다. 소비가 줄고 있는 데다 구조적인 경제 회복이 불가능하고, 결국 투자자들도 이를 인정하게 되면 주식, 채권, 원자재 등 보유하고 있는 모든 자산을 정리할 것이라고 내다봤다. 이는 재앙에 가까운 시나리오인데, 2013년과 2014년 가격 하락의 폭이 제일 심할 것이라고 했다(개인적으로는 절대 이렇게 되지 않기를 바란다).

1년 전 똑같은 행사에서는 '닥터 둠(Doctor Doom, 파국을 예언하는 박사)'의 대부격인 마크 파버(Marc Faber)가 강연을 했는데, 그는 유럽의 위기를 예로 들며 2012년 코스피지수가 1,200까지 떨어질 수 있다고 예상했다. 그러나 코스피지수는 1,750까지 하락했다. 파버의 예측이 틀린 셈이다(파버의 비관론은 그 후로 좀처럼 접할 기회가 없었다. 예측을 전문으로 하는 사람들은 이렇게 결과에 스스로 책임지기 마련이다).

사실상 경기나 증시 전망에서 중요한 것은 맞고 틀리고의 문제가 아니다. 얼마나 설득력 있는 논리로 전망의 근거를 제시하는지의 여부다. 필자가 덴트 박사의 강연에서 주목한 것은 세상이 곧 망할 것이라는 자신의 생각을 전달하는 자신감이다.

덴트 박사의 강연은 매우 활기찼다. 행사장에 같이 간 카메라 기자가 "손과 발, 몸짓이 너무 빨라 카메라에 담기 힘들었다"고 말할 정도였다. 매우 적극적인 자세로 덴트 박사는 세계 경제의 대공황을 거침없이 예견했다. 경기 침체에 따른 디플레이션이 2023년까지 장기간 이어질 것이라는 대목에선 청중 여기저기에서 술렁이는 모습이 포착되기도 했다. 생각만 해도 아찔한 내용이었기 때문이리라.

필자는 현장에서 불쑥 '우리나라의 이코노미스트가 이런 내용을 얘기했다면?' 하는 질문을 떠올렸다. 그는 곧바로 정부의 감시 대상 리스트에 오를 것이다. 그리고 제2의 미네르바가 등장했다며 비난하는 언론과 여론의 질타가 뒤따를 것이다. 금융회사 직원이라면 이런저런 이유 때문에 핵심 보직을 맡을 수 있는 기회조차 잃게 될 것이다. 정부 기관에서 일한다면 한직으로 발령이 날 것이고, 민간 연구소에 몸담고 있다면 승진은 멀어졌다고 봐야 할 것이다. 대신증권으로선 상당한 용기를 내고 전 세계적인 비관론자 둘을 연이어 초빙한 셈이다.

'비관'은 우리 사회에서 금기의 대상이다. 누가 감히 2013년 우리나라 주식시장이 대폭락할 것이라고 작심하고 얘기할 수 있을까. 행사를 주최한 대신증권의 투자전략가에게 살짝 물었다. "너무 심한 비관이 아니냐."고. 그들의 답은 간단했다. "덴트 박사의 주장에 동의하지는 않지만 부럽기도 하고 후련하기도 하네요."

우리도 이제 경기가, 주식시장이 안 좋다고 자신 있게 말할 수 있어야 한다. 그래서 주식을 팔고 현금을 확보하라고 조언할 수 있어야 한다. 물론 이런 전망을 뒷받침하는 근거는 체계적으로 정비되어 있어야 한다. 이런 토대를 바탕으로 한 투자 분위기 속에서 창의와 혁신이 나오기 때문이다. 묻지도 따지지도 않고 무조건 사라고만 외치는 '롱온리'와는 이제 정말 안녕을 고할 때가 왔다.

2008년 글로벌 금융위기가 탄생시킨 사이버 논객. 그해 하반기 '미네르바'라는 필명으로 인터넷 포털사이트 다음 아고라에서 리먼 브라더스의 부실과 환율 폭등 및 금융위기의 심각성을 설파했다. 대한민국 경제의 우울한 앞날도 거침없이 그렸다. 전 세계 경제의 대공황을 예고한 미네르바의 예언에 모든 언론, 투자자, 금융회사 그리고 정부까지 비상한 관심을 모았다. 미네르바 찾기가 인터넷 등에서 유행하기에 이르렀고, 급기야 사법 당국은 미네르바의 글이 사회를 어지럽힌다며 허위 사실 유포 혐의로 그를 체포했다. 그러나 미네르바는 헌법소원심판을 청구했고, 사법부가 적용한 전기통신위반법 위반은 위헌판결을 받았다. 돌이켜보면 정부와 언론에서 미네르바를 찾기 위해 여론몰이를 하지 않았다면 미네르바는 그렇게 영향력 있는 인물이 되지 않았을 것이다. 미네르바의 체포를 계기로 네티즌들의 표현의 자유는 실질적으로 침해당했다.

04
국민을 불안하게 만드는
국민연금의 무능

국민연금이 무엇인지에 대한 종합적인 정리가 필요한 시점이다. 우리나라 국민은 대체적으로 국민연금에 대해서 너무나 착한 반응을 보이는 탓이다. 그렇다면 착하다고 다 좋은가? 그런 생각은 애당초 버리는 게 좋다.

국민연금이 무엇인가? 한마디로 말해서 노령이나 건강상의 이유로 퇴직 이후 소득이 없게 될 경우 일정한 소득을 나라에서 보장해주는 제도이다. 이 제도는 서울올림픽이 개최된 1988년에 처음으로 도입되었다. 퇴직 이전에 가입자들이 소득 금액 중 일정한 금액을 매월 적립해 기금을 모으는데 이를 보건복지부 산하의 국민연금관리공단에서 관리한다. 소득이 발생하는 만 18세 이상 국민이라면 일정 기간 동안 강제로 가입해야 할 의무를 가진다.

2012년 현재 국민연금을 수령할 수 있는 나이는 만 60세이다. 하지만 4년마다 수급 연령이 1세씩 상향 조정되고 있기 때문에 지금으로부터 20년 후인 2033년에는 만 65세가 되어야 연금을 받을 수 있게 된다.

국민연금의 보험료는 가입자의 월 소득액에 연금 보험료율을 곱해 계산된다. 현재 보험료율은 9%인데, 절반인 4.5%는 가입자가 내고 나머지 4.5%는 가입자가 몸담고 있는 직장에서 부담한다. 연금 수령 나이가 변하는 것처럼 보험료율도 변하기 마련인데 이는 인구 구조가 변하기 때문이다. 1인 이상 기업에 근무하는 사람은 사업장 가입자가 되고, 국내에 거주하면서 사업장 가입자가 아닌 사람은 지역 가입자로 분류된다.

국민연금에는 다양한 종류가 있다. 먼저, 60세 이상의 가입자에게 지급하는 노령연금이 있고, 이 가입자가 사망하게 될 경우 유족에게 지급하는 유족연금이 있다. 장애가 발생한 경우에는 장애연금을 지급한다. 노령연금에도 다양한 종류가 있는데, 20년 이상 가입한 국민은 완전 노령연금을, 10년 이상 ~ 20년 미만을 가입한 사람은 감액 노령연금이라고 해서 적은 금액의 연금을 받는다.

한마디로 국민연금은 모든 국민이 소득이 있을 때 일정액을 가입해 노후를 대비하는 대표적인 기금으로 보면 된다. 그렇기 때문에 이 연금 관리를 담당하고 있는 보건복지부 산하 관료와 국민연금관리공단의 전문가들의 책무는 이루 말할 수 없이 막중하다. 적립된 기금을 잘 운용하고 관리를 잘 해서 가입자인 국민에게 경제적으로 더 안정적인 노후를 보장해야 하기 때문이다.

그런데 기금을 잘 굴려서 수익률만 높이는 것이 최선일까. 수익성뿐 아니라 안정성에 공공성까지도 고려해야 한다. 그렇다면 수익을 잘 내기 위해서는 국민연금이 기업들에게 횡포를 부려서는 안 된다. 자본시장과 금융시장 질서를 보호하는 역할도 병행해야 한다.

가입자의 숨통을 쥐고 있는 국민연금

국민연금은 어느 정도 규모일까?

OECD 국가들의 연금 자산은 전체 GDP 자산의 90%에 해당할 정도로 막강하다. 네덜란드, 스위스, 미국은 100%를 넘는다. 우리나라의 경우 연금 자산이 증가하고는 있지만 아직 갈 길이 멀다.

1995년 우리나라의 국민연금 자산 규모는 GDP의 0.4%에 불과한 16조 1,000억 원이었으나 2006년에는 21.9%까지 증가해 182조 2,000억 원에 달했다. 이후 증가 속도는 더욱 빨라졌는데 2009년 277조 원, 2010년 324조 원, 2011년 349조 원에 도달했다. 2012년 4월 말에는 367조 원에 이르렀다. 4개월 만에 20조 원 정도가 불어나는, 세계에서 가장 높은 증가세를 기록하고 있다.

2011년 말 기준으로 국민연금 가입자는 1,988만 명인 반면 수급자는 318만 명이다. 기금이 빠르게 불어날 수 있는 구조인 것이다. 단적으로 가장 왕성한 경제 활동을 하고 있는 50대의 가입자가 일 년 만에 12.7%나 증가한 376만 명으로 집계됐다. 이러한 추세로 가면 한동안 기금은 눈덩이처럼 불어날 수밖에 없다.

2021년에는 1,000조 원 내외에 도달하고 이후 2043년에 2,600조 원에 도달할 때까지 국민연금의 규모는 지속적으로 팽창할 것으로 보인다. 지금은 선진국에 미치지 못하지만 2020년을 지나게 되면 선진국보다 더 큰 규모를 갖게 될 전망이다. GDP의 100%를 넘어설 것이기 때문이다. 그러나 아쉽게도 불어난 연금 자산은 불과 2060년 정도면 바닥이 드러날 것으로 예상된다. 물론 지금처럼 돈(보험료)을 내고, 돈(보험금)을 지급한다는 전제에서다.

여러 종류의 공적 연금이 그 성격에 맞게 설립되고 관리되는 것과 달리 우리나라는 국민연금의 위상은 압도적으로 크다. 그래서 국민연금을 잘 관리하는 일은 국민들의 미래를 좌우하는 큰일이 될 수밖에 없다. 그렇다면 적립한 국민연금은 어떻게 운용하는 것이 좋을까.

외국의 여러 사례를 들어보자.

미국과 영국의 경우 연금에서 주식 투자 비중은 대략 40%에 이르고 있다. 캘리포니아 주정부 공무원 연금(캘퍼스, CalPERS)은 주식 비중이 50%를 넘는 등 위험자산(Risk Asset, 일정 기간의 투자수익률이 사전에 불확정적인 투자자산(증권)을 말한다)에 막대한 투자를 하고 있다. 자본시장의 성장과 연금 성장이 선순환을 일으킨 좋은 사례다.

반면 멕시코, 터키와 같이 자본시장 활성화가 낮은 나라의 연금은 주식 투자 비중이 낮은 경향을 보인다. 칠레와 같은 나라도 있다. 1985년 연금의 주식 투자를 허용한 칠레는 1989년까지 해외 투자가 금지되어 있었고 이후에도 부분적으로만 허용했다. 그러다보니 1988년 GDP의 32%에 불과하던 주식시장의 규모가 1993년에는 90%까지 확대되었다. 1990년 초 칠레의 연금 자산 규모가 대폭 증가한 것과 같은 흐름이었다.

우리나라도 주식의 비중이 늘고 있는 추세이긴 하지만 갈 길이 멀다. 2007년 기금의 금융자산 중 주식의 비중은 17%인 반면 채권 비중은

(단위 : %)

국가	연금	주식	채권
일본	GPIF	20	75
노르웨이	Government Pension	76	18
미국	캘퍼스	61	25
캐나다	캐나다 연금	56	39
스웨덴	API	57	40

주요 국가 대표 연금의 주식, 채권 투자 비중

80%에 달했다. 2011년 주식은 23.6%로 증가했으며 채권은 68.4%로 줄었다. 사회간접투자를 비롯한 대체 투자가 가파르게 증가하는 것도 눈에 띄는 부분이다.

우리나라의 노령화 속도는 세계 최고의 노령화 나라인 일본조차 놀랍다고 할 정도로 빠르게 진행되고 있다. 이런 추세로 가다가는 천문학적 기금이 눈 깜짝할 사이에 사라지는 불행을 맛보게 될 것이다.

노령화는 비단 우리나라만의 고민은 아니다. OECD 등이 내놓은 전망에 따르면 향후 50년 동안 선진국의 평균 수명은 7년 이상 증가할 것으로 예상된다. 이에 비해 잦은 경제 위기로 인해 연금 가입자들의 경제 생활은 갈수록 불안감을 더해가고 있다.

이에 대한 대응으로 OECD 국가들은 연금 수급 연령의 상향과 자동

(단위 : 조원)

구분	2007	2011
채권	175	238
주식	38	82
대체투자	5.4	27
단기자금	0.4	1.3

우리나라 국민연금 금융 부문 기금 운용 현황

조정 장치의 도입 등 재정 안정화에 초점을 맞추어 연금 개혁을 서두르고 있다. '자동 조정 장치'란 인구의 변화와 경제성장률 그리고 소득의 변화를 연금제도에 자동적으로 반영하는 조정 장치다.

스웨덴과 폴란드는 자동으로 조정하기보다 연금 수령액을 직접 삭감하는 제도를 적용하고 있다. 연금 수급 연령은 이미 65세나 67세로 상향 조정되고 있으며, 덴마크와 이탈리아는 69세로 상향 조정됐다. 갈수록 연금 가입자들의 부담은 증가하고 연금을 수령할 나이는 높아만 가고 있는 셈이다.

국민연금 기금 관리의 중요성에 대해 아무리 강조해도 지나치지 않는 직접적인 이유는 여기에 있다. 연금의 역사가 긴 선진국들이 연금의 재정 안정화를 위해 온갖 지혜를 짜내고 있는 것도 마찬가지 이유이다.

하지만 우리의 현실은 어떠한가? 연금의 재정 안정화는 물론 지배 구조 개혁을 통한 독립성 확보라는 구시대적 과제마저 풀지 못하고 있는 실정이다. 2,600조 원이라는 천문학적 금액이 20년이 채 안 돼 사라질지도 모르는 악몽이 다가오고 있는 것이다. 그러니 5년 안에 반드시 그 해답을 찾아야 한다.

정치적 입김에 좀먹는 국민연금

국민연금은 2012년 7월 한라공조의 공개매수를 놓고 말 그대로 최악의 수를 두면서 연금 가입자들의 분노를 샀다(정확히 말하면 분노를 표출한 가입자는 많지 않았다. 자신이 가입한 연금이 어떤 투자 결정을 내리는지 관심 있게 지켜보는 이가 아직까지는 많지 않기 때문이다). 연금 운용이라고 해서 매번 수익을 낸다는 보장은 없다. 그러나 이번의 악수는 국민연금이 원칙을 지키지 않는 과정에서 돌발했다는 점에서 시사하는 바가 크다.

한라공조는 2012년 7월 5일 금융감독원 공시를 통해 자사주 25.01%인 2,670만 주를 2만 8,500원에 매수하겠다고 공식 선언했다. 이른바 공개 매수가 전격 결정된 것이다. 한라공조의 최대주주는 69.99%를 보유하고 있는 미국의 비스테온이다. 비스테온이 자신의 지분에다 25.01%를 더하면 최대주주 지분인 95%에 달하기 때문에 이를 통해 상장폐지 요건을 충족시킨다는 계획이었다. 여기에 투입되는 자금만 9,100억 원에 달했다. 비스테온은 상장이 폐지되고 나면 의사 결정을 비롯한 한라공조의 경영 효율성이 높아질 것이라는 이유를 제시했다. 5,000만 달러를 들여 한국 공장의 설비를 확충할 것이라는 계획도 덧붙였다.

국민연금은 오랜 기간에 걸친 한라공조 매매를 통해 공개매수 계획이 공개된 당시 8.1%의 지분을 보유하고 있었다. 국민연금이 비스테온의 공개매수 성패의 열쇠를 쥐고 있었던 것이다. 그러나 국민연금은 참여하지 않기로 결정했다. 투자위원회를 열면서까지 내세운 이유는 장기 투자 관점에서 수익률을 제고하기 위한 것이었다. 국민연금의 불참 결정으로 한라공조 주가는 2만 3,000원까지 급락했다.

여의도 증권가에선 "국민연금이 3,000억 원에 가까운 주식을 현금으로 바꿀 아까운 기회를 잃었다"는 탄성이 메아리쳤다. 장기 투자 관점에서 볼 때 한라공조 주식을 더 보유하는 게 유리하다고 판단했다고는 하지만 이미 국민연금은 2011년 9월부터 6개월 동안 111만 주를 매도해 지분율을 1.03% 포인트나 떨어뜨린 터였다. 2012년 매도 가격만 해도 2만

1,000 ~ 2만 2,000원이었다. 다시 말해 공개매수 가격보다 훨씬 낮은 시세에 비중을 줄여오면서도 비스테온의 고가 매입 제안에는 팔지 않겠다고 고집을 피운 꼴이 된 셈이다. 이 같은 대응은 장기 투자수익률에 어떤 긍정적인 영향을 미칠지 선뜻 이해되지 않는 대목이다.

증권 업계의 한 전문가는 "비중을 줄여오던 국민연금이 최고가의 차익 실현 기회를 포기하고 갑자기 장기 투자를 명분으로 내세워 공개매수에 참여하지 않았는데, 세계 경제의 한치 앞을 내다볼 수 없는 상황에서 매도에 따르는 비용조차 들이지 않고 팔 수 있는 기회를 포기하는 건 자본시장에 몸담고 있는 투자자로서 비상식적인 결정"이라고 말했다.

국민연금 투자위원회가 기금 관리자로서 주식 투자에 부합하는 기준이 아니라 외부의 입김에 따라 결정을 내린 것이 아니냐는 해석이 꼬리를 물었다. 실제 국민연금의 내부 실무 운용자들은 "공개매수가 이뤄질 것이라는 예상을 반영해 주가가 급등한 만큼 한라공조에 주식을 넘기는 게 낫다"는 의견을 제시한 것으로 전해졌다. 그러나 이런 의견은 결과적으로 공개매수를 앞두고 일었던 '국부유출', '외국인 대주주의 먹튀' 등의 논란에 묻히고 말았다. 이는 사모펀드인 론스타가 외환은행에서 보인 막대한 '먹튀'의 기억이 잊히지 않은 상황에서 한라공조의 노조가 정관계를 상대로 벌인 여론전이 기폭제가 된 것으로 보인다.

한라공조 노조는 2012년 7월 16일 국회 보건복지위원회 소속 국회의원과 국회에서 기자회견을 열었다. 회견의 내용은 국민연금의 공개매수 거부를 촉구하는 것이었다. 노조는 "한라공조가 상장을 폐지하면 공시 등을 하지 않아도 돼 향후 폐쇄적인 경영으로 비스테온이 투기 자본의 이익을 극대화하려 할 것"이라고 주장했다. "또 노조원의 구조조정으로 이어질 것"이라고 내다봤다. 노조 측은 비스테온 지분의 절반은 국제 투기자본이 투자한 헤지펀드가 소유하고 있고 그중에는 세계적 기업 사냥꾼인 조지 소로스도 있다고 감정을 자극했다(국제 투기자본의 먹잇감으로 내몰릴 수 있다고 말이다).

물론 구조조정을 막는 게 가장 큰 일인 노조의 이 같은 주장을 크게 탓할 수는 없다. 오히려 노조는 비스테온의 정체를 널리 알린다는 자신들의 목적을 위해 정치권과 언론을 잘(?) 활용한 측면이 있다.

문제는 이런 노조의 주장과 국민연금의 공개매수 결정은 사실상 다른 영역이라는 데 있다. 냉정히 말하면 노조의 걱정과 불안감은 국민연금이 해결해야 할 사안이 아니다. 바로 노동부, 지식경제부 같은 정부 부처가 풀어야 할 몫이다.

국민연금은 기금의 수익을 최대화하는 선택만 고민하면 된다. 대형 운용사의 한 펀드매니저는 "한라공조 노조에서 주장하는 고용 불안이나 대주주 비스테온의 한라공조 지분 매각 가능성 등에서 예상되는 문제는 정부가 담당해야 할 일이지 국민연금의 역할과는 거리가 멀다"고 말했다.

이번 결정으로 국민연금은 한라공조 주식을 2만 8,500원 이하에서 팔 수 없는 처지가 됐다. 기업 가치를 감안할 때 2만 8,500원이 적정한 가격이 아니라고 공시한 터라 한라공조 주가가 2만 8,500원 위로 오를 때까지 기다렸다가 팔아야 하는 지경까지 이르렀다. 이 기다림이 길고 지루하다면 국민연금은 주가를 올릴 묘수를 부려야 한다. 그런데 한라공조의 대주주는 비스테온으로 70%의 지분을 보유하고 있다. 이에 비해 8%의 지분을 보유한 국민연금은 너무 왜소하다. 공개매수를 무산시키는 데 성공했지만 "공개매수에 실패한 비스테온이 95% 지분 확보 후 상장폐지가 아니라 방침을 바꿔 90% 지분을 확보하고 상장폐지를 추진한다면 국민연금에겐 큰 낭패가 아닐 수 없다"는 얘기까지 은밀하게 나돌았다. 실제 최대주주 지분이 90% 이상이면 1년간 관리종목이 되고, 이 상태가 2년간 유지되면 상장폐지 되기 때문이다.

비스테온은 이후 그 어떤 패도 꺼내 보이지 않고 있다. 사실상 먼저 움직인 것은 궁지에 몰린 국민연금이었다. 한라공조와 같은 제품을 생산하는 만도에게 자신들이 보유하고 있는 한라공조 지분에 대한 우선 매수권을 넘기는 투자 협력에 합의한 것이다. 자동차 부품 회사인 만도와 국민연금이 내세운 명분은 글로벌 투자 파트너십을 위한 협력 강화(양해각서, MOU) 체결이었다.

공무를 처리하는 공무원이나 공공 기금을 관리하는 국민연금에게는 명분과 원칙이 매우 중요하다. 이게 흔들리면 모든 게 위태로워진다. 이에 따라 국민연금은 자신이 보유한 한라공조 주식의 전부 또는 일부를 만도가 매수해달라고 요청할 수 있게 됐다. 한라공조의 최대주주인 비스테온이 사상 최고가에 사준다고 할 때는 일언지하에 거절한 국민연금이 범 현대가의 하나인 한라그룹의 계열사인 만도에게는 먼저 손을 내민 격이다. 궁지에 몰린 국민연금의 히든카드는 만도였던 셈이다.

만도와 국민연금은 "만도는 한라공조를 세계적인 자동차 부품 전문기업으로 육성하고 국민연금은 투자 수익 극대화라는 윈-윈 전략 차원"이라고 강조했다. 한라그룹은 잃어버린 한라공조를 국민연금과 힘을 합쳐 되찾아온다는 구상도 숨기지 않았다. 한라그룹으로서는 잃을 게 없는 거래로 보인다.

그렇다면 투자 수익을 극대화해야 하는 국민연금 입장에서 주판알을

튕겨보자.

국민연금은 만도 지분 역시 8.6%를 보유하고 있다. 일단 초기 성과는 실패다. 한라공조 주가는 MOU 체결 소식이 전해지면서 하한가로 곤두박질쳤고, 만도 역시 한라공조를 인수할 때 부담해야 할 자금이 만만치 않다는 걱정으로 약세를 보였다. 국민연금 입장에서는 한라공조에서도, 만도에서도 손실을 키웠거나 수익을 줄이는 계약을 맺었을 따름이다.

장기 투자가 특기인 국민연금은 기다리다보면 한라그룹의 한라공조 인수가 구체화되고 이러저러한 과정을 밟다보면 수익을 극대화할 수 있다고 생각하는 듯하다. 그러나 이는 게임의 세계에서 자기 패만 보는 극히 좁은 시각이다. 막말로 비스테온이 바보란 말인가. 만도의 한라공조 인수는 만도와 국민연금이 아니라 전적으로 비스테온에게 달려 있다고 해도 과언이 아니다. 비스테온이 절대적 지분 70%를 고가에 사달라고 만도에게 요구한다면 국민연금은 마냥 반가워할 것인가. 이때의 국부유출은 누구의 책임으로 돌릴 것인가. 만도를 지원하기 위해 한라공조의 최대 수요처인 현대차그룹이 나서서 비스테온을 협박이라도 해주기를 기대한다면 이것이야말로 큰 오산이다.

한라공조에서 드러난 국민연금의 무능 또는 무책임은 국민 모두의 부담으로 고스란히 돌아갔다. 국민연금이 비스테온의 공개매수에 참여했다면 100%가 훌쩍 넘는 수익이 가능했다. 그런데 이제 국민연금이 기대할 수 있는 수익률은 70%를 갓 넘는다. 물론 앞날이 어떻게 될지는 아무도 모른다지만 분명한 것은 국민연금이 기금을 편하게 불릴 기회를 스스로 버렸다는 점이다. 다시 한 번 강조하는 바지만 연금의 독립성이 깨지게 될 경우 가입자들의 미래는 불행해진다.

국민연금의 사후 관리는 전문가에게

이쯤에서 연기금의 역사가 긴 외국은 어떻게 연금을 관리하고 있는지 들여다볼 필요가 있다.

최근의 추세는 수익성 제고를 위해 민간 방식의 운용 체계를 서둘러 구축하고 있다는 것이다. 민간 주도의 기금운용위원회를 설립해 정부기관으로부터 실질적으로 독립된 운용을 하도록 법제화하고 있으며 강화된 권한에 맞게 책임 역시 강화되고 있다. 국공채 중심의 투자에서 주식과 원자재, 도로를 비롯한 기간산업, 부동산 등으로 다변화되고 있다.

세계에서 가장 독립성과 보장이 뛰어나고 이에 따라 수익률도 우수한 것으로 평가받는 캘퍼스는 공무원들을 대상으로 한 연금이라는 점에서 우리나라의 국민연금과는 직접 비교가 어렵다는 한계는 있지만 본보기가 될 만한 좋은 사례이다. 캘퍼스의 운용 구조를 들여다보자.

1931년 설립된 캘퍼스는 주정부에 고용된 근로자에게 퇴직급여를 제공하기 위해 설립된 제도로 현재 미국 최대의 기관투자가 역할을 하고 있다. 현재 130만 명이 넘는 가입자를 두고 있으며, 이들에게 확정된 연금액을 지불하기 위해 적극적인 투자 활동을 펼치고 있다.

캘퍼스는 13명의 위원으로 구성된 이사회가 최고 의사결정 기구이다. 이들이 관리와 투자를 포함한 경영과 통제의 책임을 지고 있는데, 그 산하에 6개의 분과위원회를 설치해 이사회의 의사결정을 지원하고 있다. 분과위원회의 총 인원은 46명으로 재정, 보건, 투자, 급여, 감사 등 다양한 분야의 전문가로 구성되어 있다.

가장 눈에 띄는 점은 '독립성'이다. 1992년 캘리포니아 주 헌법의 개정

대분류	소분류	인원	소속분과위원회
가입자에 의한 선출 위원 6명	모든 가입자(All member)에 의한 선출	2명	집행성과분과위원회
	주정부 공무원 가입자(State member)에 의한 선출	1명	보건·의료분과위원회
	교원 가입자(School member)에 의한 선출	1명	부회장
	공공기관 가입자(Public agency member)에 의한 선출	1명	투자분과위원회
	퇴직 가입자(Retired member)에 의한 선출	1명	재정분과위원회
임명되는 위원 3명	주지사(Governor)에 의한 지명	2명	보건·의료분과위원회/ 투자분과위원회
	Speaker & Senate Rules Committee에 의한 지명	1명	투자분과위원회
법의 직권에 의하여 지명되는 당연 위원 4명	State Treasurer	1명	재정분과위원회/투자분과위원회
	State Controller	1명	재정분과위원회
	Director of Dept, of Personnel Administration	1명	급여프로그램관리분과위원회
	State Personnel Board가 지명하는 위원	1명	회장
	총원	13명	

캘퍼스(CalPERS) 이사회(Board of Administration)의 구성

으로 캘퍼스 이사회는 주의 다른 공적 연금 이사회들과 함께 기금 자산 운용과 예산 집행에 있어 절대적인 자율권을 부여받았다. 이 법이 제정되기 전, 주지사가 이사회를 임명하려는 노골적인 시도가 있긴 했다. 그러나 정치적 외압이나 정부의 판단대로 연금이 이용될 수 없다는 명분을 그 누구도 거부할 수는 없었다.

외부의 간섭으로부터 법적 독립성을 부여받은 캘퍼스는 이후 내부의 운영을 효율화하는 데 공을 들여 오늘날과 같은 지배 구조를 만들었다. 투자분과위원회에서 자산 배분과 투자 정책을 수립하고 실질적인 자산 운용은 투자분과위원회가 집행 기구에 실행 권한을 위임한다. 총괄은 최고투자결정자(CIO)가 담당한다. 전문가 집단에게 실질적인 권한을 위임하되, 사후 관리 감독을 확실하게 한다는 철학이 짙게 배어 있는 것이다.

그렇다면 우리나라의 국민연금은 어떤 구조로 되어 있는가?

(출처 : KDI 보고서 〈국민연금 기금운용의 평가와 정책과제(2007)〉)

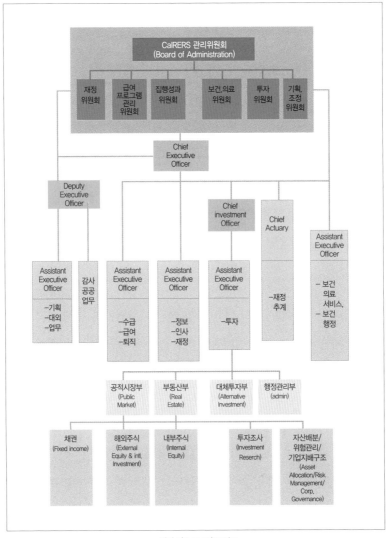

캘퍼스(CalPERS) 조직도

국민연금의 기금운용위원회는 과거 재정경제부 산하에 있었다. 그러다 1998년 제1차 국민연금법 개정 이후 보건복지부로 이관됐다. 국민연금의 지배 구조에 영향을 미치는 정부 조직은 한둘이 아니다. 법을 다루는 국회, 예산을 배정하는 기획예산처 그리고 주무 부처인 복지부 여기에 자산 운용에 대해 감독 권한을 지닌 금융위원회까지도 직간접적으로 영향을 미치고 있다.

공식화된 의사결정 루트만 열거하면 다음과 같다.

기획예산처는 기금 관련 정책을 총괄하는데, 3월 말까지 한해의 기금 운용 계획안을 보건복지부 장관에게 통보한다. 국민연금의 기금운용위원회 위원장은 보건복지부 장관이 예산처의 기준에 따라 연간 기금 운용 지침을 작성하면 기금운용위원회가 심의 의결한다. 여기서 확정된 연간 기금 운용 계획에 따라 국민연금관리공단의 기금운용본부는 운용 계획을 수립하고, 기금운용본부 내 각 팀과 협의해 분기별 월별 자금 운용 계획을 세워 실행한다.

전문가들은 국민연금의 독립성, 전문성이 부족하다고 이구동성으로 지적한다. 다수의 정부 부처가 복잡하게 얽혀 책임과 권한을 행사하는 과정에서 필연적으로 책임을 떠넘기는 행태가 반복되고 있기 때문이다.

기금운용위원회는 복지부 장관, 기획재정부 차관, 농림부 차관, 지식경제부 차관, 노동부 차관, 기획예산처 차관, 국민연금관리공단 이사장 등 당연직 공무원 7명이 주축이다. 국민연금에 영향을 미치는 모든 부처가 다 모여 있다. 각계각층에서 위촉받은 14명을 포함 위원회는 21명으로 구성되어 있다. 견제와 균형을 추구하겠다는 취지지만 실제에 있어서는 '구색 맞추기에 급급하다'라는 인상을 지울 수가 없다. 소속된 단체와

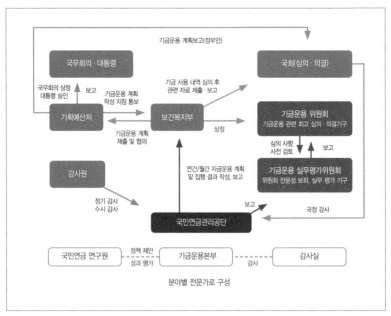

국민연금 기금 운용의 관리 체계

계층, 지역의 이익만 대변하다보니 중요한 결정은 번번이 무산되고, 연금 관리에 필요한 법안 개정은 지지부진하게 이루어지고 있는 것이다.

전문성도 취약하다. 수백조 원에 이르는 기금을 대부분 채권과 주식 등에 투자하고 있기에 의사 결정자들의 전문성은 객관적으로 미흡하다는 평가가 나오고 있다. 최근 전문성이 강화되어야 한다는 여론이 높아지면서 외부 전문가를 영입하는 모습이 나타나기도 했지만 궁여지책에 불과한 실정이다. 운용위원회를 구성하는 다음의 표를 보면 전문성과 거리가 멀다는 것을 피부로 느낄 수 있을 것이다.

또한 독립성, 전문성이 부족하다보니 자연스럽게 외풍이 개입될 틈새가 너무나 많아졌다. 단적으로 한라공조의 지분 매각 과정을 다시 떠올

당연직 7인	보건복지부 장관, 재정부 차관, 농림부 차관, 지경부 차관, 노동부 차관, 기획예산처 차관, 관리공단 이사장
사용자 대표	경총 부회장, 중기협 부회장, 전경련 부회장
근로자 대표	한국노총 부위원장, 민주노총 사무총장, 금융노련 위원장
지역가입자 대표	농협 대표, 수협 부회장, 공인회계사회 부회장, 음식업중앙회 회장, 소비자보호단체협의회 회장, 참여연대 공동대표
관계 전문가	보건사회연구 원장, KDI 원장

국민연금 운용위원회 구성

려보자. 노조는 국회의원과 국민 정서를 동원해 원하는 목표를 이뤘다. 국민연금은 여론에 휘둘렸지만, 최종 결정은 정치적으로 이뤄졌다고 볼 수밖에 없다.

국민연금 지배 구조 개혁은 연금에만 국한되는 사안이 아니다. 2,000조 원의 30%만 주식에 투자한다고 했을 때 600조 원이나 되는 돈이 국내외 기업의 주식에 투입되는 셈이다. 국내 대기업의 1, 2대 주주 자리를 국민연금이 꿰찰 수밖에 없고, 상장사의 지배 구조에 중대한 영향을 미치게 된다. 벌써부터 보유 주식에 대한 주주권 행사가 정도를 넘어, 기업의 경영권을 좌지우지하는 것을 일컫는 이른바 '연금 사회주의'를 걱정하는 목소리가 나오고 있다. 국민연금의 지배 구조는 다름 아닌 우리나라 자본시장의 건전성 내지는 투명성과 직결되는 문제다. 기금이 커지면 기업과의 연관성은 더욱 깊어지기 때문이다.

필자는 국민연금이 부여받은 임무를 제대로 완수하기 위해 시급한 게 '독립'이라는 점을 거듭 강조하고 싶다. 국민연금 기금의 운용은 복지부와 어울리지 않는다는 시각이 우세하다. 기획재정부나 금융위원회가 보다 적합하다는 것이다. 그렇지만 보건복지부는 이에 절대 반대하고 있다

(부처 이기주의의 대표적 사례로 꼽는다). 이는 부처 간 토론과 조율로 해결될 사안이 아니긴 하나 복지부가 기득권을 포기할 리 없다. 또한 금융위원회가 투철한 사명감으로 연금을 주도하겠다는 입장도 아닌 상황이다. 더욱이 인적·조직적 역량이 충분히 뒷받침되고 있다는 평가를 받는 부처도 없다.

따라서 앞으로는 2,600조 원이라는 세계 최대의 연금을 관리할 '연금청'이나 '연금부'를 별도로 세워 국민연금뿐 아니라 국내에 존재하는 여러 공적 연금의 운용과 관리 감독을 총괄하는 시스템을 갖춰나가야 한다. 공무원 연금, 군인 연금의 재정 건전성도 더 이상 미룰 일이 아니다.

가입자가 기하급수적으로 증가한 퇴직연금은 사실상 공적 연금으로 접근해야 한다는 시각이 대두될 정도로 전 국민적인 관심 분야가 됐다. 눈덩이처럼 불어나고 있는 국민연금의 자산, 한 치 앞을 내다볼 수 없는 자본시장의 미래 등을 감안할 때 지금의 지배 구조로서는 국민연금 운용에 있어 현명한 답을 내놓을 수 없다. 연금청장(혹은 연금장관)은 정부 내 부총리 이상의 서열을 갖는 독립 부처로 설치되어야 한다. 밖으로는 국회, 정부, 시민단체 등 다양한 이해관계자들의 압박에서 자유롭고, 안으로는 운용의 전문성을 세계 최고로 키우는 데 매진해야 한다.

국민연금의 독립성과 전문성을 키우는 데 대한 논의는 여전히 뜨겁다. 문제는 시간이 별로 없다는 데 있다. 세계 최대의 단일 연금에 딱 맞는 연금청(혹은 연금부)의 설치를 서둘러야 한다. 빠르면 빠를수록 좋다.

05
주주를 위해 싸우지 않는
자산운용사

고객(투자자)이 맡기 돈을 대신 관리해주는 자산운용사, 투자자문사, 보험사 등 기관투자들 역시 하루빨리 구태의 탈을 벗어야 한다. 그래야 고객과 자본시장, 금융회사 모두가 윈윈할 수 있다. 남은 시간이 별로 없는데 누구도 행동하지 않고 있어 안타깝기 그지없다.

앞장에서 국민연금의 가장 큰 문제는 독립성이라고 이야기했다. 이는 운용사에도 동일하게 적용되는 문제이다. 먼저 운용사의 독립을 막는 구조적인 원인에 대해 분석해보자.

첫 번째로 대주주의 구성을 들 수 있다. 일례로 삼성자산운용의 대주주는 삼성그룹 계열 금융회사와 이재용 삼성전자 사장 등이다. 공식적으로 대주주가 경영에 관여하지 않는다고 항변하지만 운용사가 대주주를

주주	소유 주식 수	지분율(%)
삼성증권	12,193,549	65.25
삼성생명	1,024,000	5.48
이재용	1,438,115	7.70
기타	4,030,336	21.57
합계	18,686,000	100.00

삼성자산운용 소유 구조

주주	소유 주식 수	지분율(%)
(주)신한금융지주	9,798,586	65
BNP파리바인베스트먼트 파트너스	5,276,161	35
합 계	15,074,747	100

신한BNP파리바자산운용 소유 구조

뛰어넘어 적극적으로 의사결정을 하고, 주주로서 삼성그룹의 상장사와 대립하기란 쉽지 않다.

KB자산운용이나 신한BNP자산운용 등 대주주가 금융지주회사인 운용사 역시 완전한 독립을 보장받기는 어려운 게 현실이다. 대기업은 예외 없이 KB국민은행이나 신한은행의 VVIP이고, 이들 운용사는 은행의 눈치를 봐야 하는 힘없는 관계사일 뿐이다.

대주주로부터의 독립이 중요한 이유는 바로 운용사가 회사의 주주보다 펀드 주주(고객, 투자자)의 이익에 충실해야 하는 데 있다. 운용사는 고객이 맡긴 자금을 대신 운용하고 관리해 수익을 되돌려주는 일을 한다. 운용사는 고객에게 더 많은 수익을 돌려주기 위해 최선을 다해야 하는 선의의 의무를 지닌다. 더 높은 수익률을 위해 운용사는 실력이 뛰어난 전문 운용자(펀드매니저)를 고용하고, 우량한 상장사나 상품을 발굴하고 투자해야 한다. 문제 기업이 있다면 고객을 대신해 주주 이익을 극대화하는 행동도 마다하지 않아야 한다. 운용사는 이런 수고의 대가로 이런저런 보수를 받을 뿐이다. 그렇다면 운용사들이 고객의 이익을 위해 최선의 노력을 다하고 있는지 들여다보자.

상장사의 해바라기로 전락한 운용사

우리가 통상 기관투자가라고 일컫는 집합투자업자에게는 의결권 행사라는 권한이 있다. '의결권 행사'란 고객의 돈을 모아 대신 투자를 하는 운용사나 보험사가 주주총회 안건에 대해 찬성, 반대, 중립의 의사 표시를 하고 이를 주주총회 5일 전까지 공시하는 제도를 말한다. 기업 합병, 영업양수도뿐 아니라 임원의 임면, 정관의 변경 등 주주와 밀접한 이해관계가 있는 사안 모두가 의결권 행사의 대상이다.

자본시장법에서 애써 공시하도록 한 것은 집합투자업자, 다시 말해 기관투자가들의 의결권 행사를 어느 정도 의무화한 것으로 볼 수 있다. 동시에 의결권 행사의 내용을 시장 참여자 모두가 알게 함으로써 주주의 이익에 배치되는 의안을 상정한 상장사를 압박한다는 취지도 담겨 있다.

집합투자업자는 마땅히 1년에 한 번 있는 정기주주총회를 적극 활용해야 한다. 고객들의 이익 극대화를 위해 자신들이 투자한 상장사에 문제가 되는 안건이 올라와 있는지를 따져 의결권을 행사하고 공시해야 한다. 이게 집합투자자들의 기본적인 책무다.

그런데 2012년 3월 정기주총을 앞두고 운용사와 보험사 등이 의결권

행사 의견	2011		2012		증감
	안건 수	비율	안건 수	비율	안건 수 증감
찬성	10,866건	97.91%	9,711건	97.50%	▲1,155건
반대	26건	0.23%	39건	0.39%	13건
중립	117건	1.05%	152건	1.53%	35건
불행사	107건	0.96%	74건	0.74%	▲33건

의결권 행사 안건 수 현황

행사를 공시한 건수는 1,950건으로 일 년 전에 비해 15.3%인 352건이나 감소했다. 의결권이 행사된 상장사도 212개사로 대폭 줄었다. 의결권 행사 활동이 오히려 쇠퇴한 것이다. 그나마 행사된 의결권 중 찬성 비중이 97.5%에 달했다. 반대는 0.74%에 그쳤다.

운용사들의 공시를 그대로 읽는다면 상장사들이 주주의 이익에 완전히 부합하는 임원을 선임하고 정관도 주주의 이익에 맞게 고친다고 판단을 내렸기 때문에 압도적인 찬성표를 던졌다고 볼 수 있다. 물론 반대 의견 중에는 임원의 선임에 관한 게 대부분이었지만 건수로는 39건에 불과해 분석할 의미가 없는 수준이다.

메트라이프 생명보험의 경우 37개 상장사에 대해 의결권을 아예 행사하지 않는 행태를 보이기도 했다. 메트라이프 생명보험은 이에 대해 "외부 운용사에 위탁을 주기 때문에 의결권 행사에 일일이 관여하지 않는다"라고 설명했다.

하지만 전문가들의 생각은 전혀 달랐다. 기업지배구조를 전문 연구하는 한국기업지배구조원(CGS)은 상장사들의 2011년 회계연도 주주총회 안건을 분석했다. 고객의 이익을 극대화하기 위해 기관투자가들이 의결권을 어떻게 행사하는 게 바람직한지 돕기 위해서다. 조사 결과는 충격

집합투자업자	대상 법인
교보생명보험	삼성SDI
대한생명보험	삼성엔지니어링, 한국타이어, KB금융
메트라이프생명보험	고려아연, 대교, 대림산업, 롯데쇼핑, 삼성SDI, 삼성물산, 삼성전자, 삼성정밀화학, 삼성중공업, 웅진코웨이, 제일기획, 제일모직, 케이티, 케이티앤지, 포스코, 풍산, 하이닉스반도체, 하이마트, 하이트진로, 한국타이어, 한국항공우주, 한샘, 현대건설, 현대글로비스, 현대모비스, 호남석유화학, 호텔신라, GS, GS건설, LG화학, NHN, SKC&C, SK가스, SK이노베이션, SK케미칼, SK텔레콤, S-Oil
하나생명보험	대한항공, 삼성전자, 이마트, SKC, SK이노베이션, SK텔레콤

주요 보험사별 의결권 불행사 법인

적이었다. CGS가 코스피200지수에 속하는 상장사의 안건을 분석한 결과, 하나 이상의 안건에 대해 반대표를 던지라고 권고한 회사가 121개로 조사 대상 기업 190개의 63.7%에 달했다. 10개 중 6개 이상의 상장사가 부적합한 안건을 주총에 올렸기 때문에 기관투자가는 마땅히 고객의 이익을 위해 주주로서 반대표를 던지라는 당부였다.

개별 안건으로 봐도 상장사들의 주총 안건은 큰 문제가 있었다. 감사 선임은 48.2%, 정관 변경은 43.4%, 사외이사 선임은 32.3%의 비율로 부적격한 것으로 CGS는 결론 내렸다. 공정거래법상 상호출자 제한 기업 집단으로 불리는 대기업의 임원 선임 안건은 더 높은 비율로 반대해야 한다는 결과가 나왔다. 대기업이 사내이사와 감사 등을 선임하는 안건의 23.7%가 부적격으로 조사됐는데, 이는 일반 기업의 부적격 비율인

(단위 : %)

	정관변경	이사선임	감사위원선임	감사선임	이사보수한도	기타	전체
회사 수 기준	44.0	44.6	46.2	52.2	3.2	6.8	63.7
안건 수 기준	43.4	16.4	31.1	48.2	3.2	4.3	17.3

안건별 반대율

16.8%를 크게 웃돌았다.

사외이사, 감사위원 후보의 반대 사유는 장기 연임, 회사와 밀접한 거래자, 낮은 이사회 출석률, 최대주주 등의 특수관계인 순으로 나타났다. 이는 경영진을 감시해야 할 사외이사와 감사가 오히려 경영진과 특수한 관계에 있는 인물로 선임되고 있는 실태를 보여준다. 경영진에 대한 감시 소홀과 이로 인한 경영 불투명성은 주주의 이익 침해로 이어질 위험을 안고 있다.

보다 강화된 지배 구조 규제를 받고 있는 금융회사의 상황은 더욱 심했다. 상장된 53개 금융회사(지주, 은행, 증권, 보험 포함) 중 76.6%가 주주의 이익과 배치되는 임원을 후보로 추천했다. CGS뿐만 아니다. 기업 지배 구조와 주주 이익을 연구하는 대부분 전문가들이 상장사들의 임원 선임과 정관 변경이 소액주주보다는 대주주와 경영진의 이해관계에 초점이 맞춰진 채 진행되고 있다고 한목소리로 우려하는 실정이다. 그런데 정작 운용사와 보험사 같은 기관투자가는 주총 안건에 사실상 100%에 가까운 찬성표를 던지고 있다.

운용사의 펀드나 보험사의 상품에 가입하는 순간 투자자들은 일종의 계약을 맺게 된다. 본인 대신 투자 수익을 극대화해달라고. 개인이 직접 하는 것보다 더 능력 있는 회사나 전문가가 하면 나을 것이라는 신뢰에서 비롯된 계약 행위다. 의결권 행사가 존재해야 하는 이유가 바로 거기에 있다. 개인 혼자서는 회사가 주주의 이익을 무시하고 배제하는 안건을 상정해도 어찌해볼 힘이 없다. 하지만 개인들의 모임인 펀드는 다르다. 얼마든지 의미 있는 투표를 행사할 수 있고, 회사를 바꾸기 위한 다양한 활동을 펼칠 수 있다.

그렇다면 우리의 기관투자가들은 어떠한가? 개인보다 못한 행태를 보이는 게 현실이다. 기관투자가를 두고 주총장의 거수기라고 비난한다. 필자가 볼 때 거수기를 지나 지금의 기관투자가는 상장사의 경영진과 대주주만 바라보고 사는 '해바라기' 같은 존재로 전락한 듯하다. 운용사들은 이에 대해 "안건을 일일이 분석할 인원이 부족하고, 또 적극적으로 의결권을 행사해도 상장사가 바뀔 것 같지 않다"는 핑계만 대고 있다. 그 결과는 어떠한가. 펀드 시장의 극심한 침체요, 몰락이다. 보험 상품에 대한 투자자들의 불신이 팽배해질 따름이다.

운용사, 살고 싶다면 대주주가 아니라 고객에게 충성하라

금융투자협회에 따르면 2012년 들어 8월까지 신규로 설정된 국내 공모형 펀드는 전체 74개로 2002년 펀드 통계를 집계한 이후 10년 만에 최저치다. 2011년만 해도 179개였지만 다시 극심한 돈가뭄을 타고 있다. 신규 펀드의 전체 설정액이 2조 39억 원에 그쳤는데 이는 일 년 전의 3분의 1 수준에 불과했다. 아무리 좋은 조건으로 마케팅을 해도 돈이 들어오지 않는다. 유행 상품이 언제 나왔는지 기억조차 가물가물하다.

운용 업계는 주식시장의 침체 때문이라고 애써 해명한다. 그러나 이는 현실을 외면한 착각이다. 주식시장이 그렇게 침체기는 아니다. 투자자들이 펀드 시장을 외면하고 있다는 게 보다 더 정확한 진단일 것이다.

그렇다면 왜 투자자들이 펀드와 펀드매니저, 운용사를 외면하겠는가. 신뢰하지 않는 탓이다. 전문성을 지닌 대리인으로서 개인들을 대변해 투자 수익을 극대화할 수 있는 노력을 하지 않는데, 비싼 수수료를 지불하고 펀드에 돈을 넣을 이유가 없는 것이다. 필자 역시 간접투자를 선호하는 투자자에게 당부한다. 운용 업계의 환골탈태가 없다면, 펀드에 가입하지 말고 상장지수펀드(ETF)를 사라고 말이다.

또한 운용사와 펀드매니저는 대주주와 상장사의 경영진이 아닌 고객의 이익에 충실해야 한다. 그래야만 자산 운용 업계가 다시 살아날 것이다. 삼성자산운용이 삼성 계열사의 부적합한 임원 추천에 대해 적극 반대하고 나설 수 있도록, KB자산운용이 KB금융의 경영진을 제대로 감시하지 못하는 사외이사를 솔직하게 비판할 수 있도록 변혁이 필요하다. 길게 보면 이런 문화가 삼성이나 KB 계열사에게도 좋다. 운용사는 반드시 그렇게 해야 한다. 그들에겐 돈을 맡긴 고객이 최우선이기 때문이다.

상장지수펀드(ETF)란? ✎

2000년 이후 국내 시장에 소개된 상품 중 지금까지도 영향력을 유지하거나 투자자들의 관심을 받는 대표적인 상품이 적립식 펀드와 상장지수펀드(ETF)다. 오늘의 미래에셋금융그룹을 만든 장본인이 적립식 펀드라면 ETF는 이제야 본격적으로 성장 궤도에 진입했다. 2002년 10월 처음 등장한 ETF는 2010년 이후 판매와 투자, 매매가 큰 폭으로 증가하면서 현재 130개가 넘는 종목에 상장액은 12조 원에 이른다.

⊙ ETF의 장점
– 저렴한 매매 수수료
– 뛰어난 현금 확보성
– 저위험의 수익성 추구
– 거래세 면제 혜택
– 다양한 투자 상품(금융 상품, 실물 상품, 혼합 ETF)

⊙ ETF의 단점
– 레버리지 ETF(단기간, 고수익)에 집중된 투기 거래
– 기관투자가들의 관심 저조

(단위 : 백만USD)

순위	국가	순자산총액	일평균 거래대금	비중	상장종목 수	비중
1	미국	1,061,800	18,429.4	81.0%	1,500	19.7%
2	영국	94,000	883.6	3.9%	1,802	23.6%
3	독일	106,200	645.1	2.8%	1,004	13.2%
4	대한민국	8,600	600.9	2.6%	129	1.7%
5	멕시코	8,100	372.2	1.6%	448	5.9%
6	스위스	47,300	352.9	1.6%	720	9.4%
7	캐나다	42,300	275.0	1.2%	364	4.8%
8	NYSE Euronext(Europe)	44,200	273.2	1.2%	684	9.0%
9	중국	11,800	259.0	1.1%	43	0.6%
10	홍콩	23,300	193.0	0.8%	95	1.2%
11	일본	35,500	166.8	0.7%	139	1.8%
12	브라질	1,500	54.5	0.2%	14	0.2%

세계 ETF 시장의 국가별 거래대금 순위(2011년 말 기준)

06
전자투표를 외면한
그들만의 리그, 주주총회

앞서 기관투자가가 주주로서 주주총
회에서 기본적인 권한 행사를 하지 않음에 따라 결과적으로 기관에게 돈
을 위탁한 투자자들에 대한 책임을 다하지 않는 불편한 진실에 대해 알
아봤다. 그렇다면 주식 투자를 직접 하는 개인투자자의 경우는 어떠한가
(참고로 외국인 투자자는 본인들이 원하는 배당과 지배 구조 개선 등의 요구사항을 필
요할 때마다 훨씬 우월한 지위에서 관철시킨다고 볼 수 있다. 언론들도 외국인이 요구
하면 좀 더 적극적으로 다뤄주는 경향이 짙다).

한마디로 개인투자자는 그야말로 여전히 '개미'의 지위에 머물고 있
는 실정이다. 개미라는 말에서 풍기는 느낌이 어떠한가. 물론 극소수 큰
손으로 불리는 개인들은 상장사의 오너와 경영진에 맞서 갈등을 빚고 타
협을 하면서 원하는 것을 획득하곤 한다. 그러나 이는 1년에 한두 번 등

장할까 말까 할 정도로 그 수가 적다. 대다수 개미들은 먹고사는 게 바쁘다는 이유로, 힘이 없다는 이유로, 그리고 투자한 기업에 대해 잘 알지 못한다는 핑계로 주총장에 참석하지 않는다.

주총이란 무엇인가? 기업들이 한 해 동안의 경영한 성과를 주주들과 함께 점검하고 그 이듬해 어떤 계획을 세워 원하는 경영 성과를 낼 것인지에 대해 준비하는 가장 중요한 행사다. 주주가 주총에 참석하는 것은 정말로 당연한 권한이자 책임이다. 만약 주총장에 참석하지도 않으면서 회사와 경영진에 대해 이런저런 불만을 갖고 욕하는 주주가 있다면 ABCD가 제대로 갖춰지지 않은 사람이라 비판받아 마땅하다.

스스로에게 솔직하게 물어보자. 주총장에 참석해 주주로서 권한과 책임을 다하는 주주가 우리 주변에 몇이나 되는지, 그냥 아무런 노력도 하지 않고 주가만 오르길 바라는 해바라기 같은 주주는 아닌지에 대해서 말이다. 정당한 사유 없이 국회의원을 뽑는 총선은 물론 대통령을 뽑는 대선에조차 참여하지 않으면서도 제대로 된 시민과 국민의 자질을 갖추고 있다고 볼 수 있을까. 어떤 일이든 책임을 다한 후에 권한을 누릴 수 있는 것이다. 이는 역사가 보여주는 진리다.

물론 기관이나 개인들 입장에서도 할 말은 있다. 그들이 주총장에 가지 않거나 못 하는 이유를 알아보자. 먼저 주주총회 개최일이 집중되어 있는 반면 개최지는 분산되어 있다는 문제점을 들 수 있겠다.

한국예탁결제원이 2010 회계연도 정기주총 실태를 분석했더니 12월 결산법인의 주총 2,187회 가운데 95%인 2,068회가 2011년 3월에 열렸다. 그런데 3월 중에서도 집중이 심했다. 18일에 전체의 20%나 되는 437개사가 주총을 열었고, 일주일 뒤인 25일에는 669개사가 주총을 개최

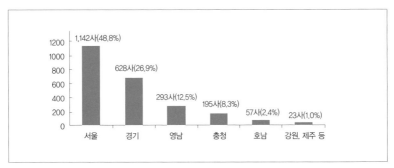

12월 결산 법인들의 2010 회계연도 주총 개최지 현황(2011년 3월 기준)

했다. 하나같이 금요일 오전이다. 그렇다면 주총 개최지는 어떠한가? 약
49%인 1,142개사가 서울이었고 경기도는 27%, 영남은 12.5%, 충청도는
8.3%였다. 그리고 호남에서도 57개사가 주총을 열었다.

주총이 열리는 시간대는 열에 아홉은 오전 9시로 통일되어 있다. 이
정도면 지방은 고사하고 서울에서 열리는 주총장 두 곳도 참석하기 어렵
다. 이런 현실을 외면한 채 주주로서 너무 주총에 관심이 없다고 욕하는
것도 좀 그렇다(열심히 주총에 참석하고자 하는 주주에겐 '참 안되었다'는 말을 해
주고 싶은 마음이다).

가뜩이나 대부분의 개인투자자들은 생업을 따로 두고 있다. 주식 투
자로 먹고사는 전업 투자자라면 조금 더 시간을 낼 수 있겠지만 우리의
개미들은 관심이 있어도 시간이 없고, 더구나 주총장은 멀어도 너무 멀
다(투자를 대행해서 월급을 받는 기관투자가가 주총을 방치하는 건 그래서 더더욱 화
가 나는 일이다).

그렇다면 가장 현실성 있는 대안은 무엇인가? 필자는 전자투표 제도
를 강력 추천하는 바이다. '전자투표'란 주주가 주주총회에 직접 참여하

2006.01	전자투표 인프라 구축 모델 연구
2008.01	전자투표 비즈니스 절차 등 마련
2009.02	전자투표 제도 도입 설문 조사
2009.07	한국상사법학회 및 국회 정책 세미나 개최
2010.04	전자투표 관리 업무 수행 근거(정관) 마련(금융위원회 승인)
2010.07	전자투표 시스템 개발(2010년 1~7월)
2010.08	전자투표 관리 업무 개시(2010년 8월 23일)

전자투표 인프라 구축 추진 경과

지 않고도 인터넷을 통해 전자투표 시스템에 접속해 의결권을 행사하는 제도다. 상법(제368조의 4)이 2009년 4월 국회를 통과하면서 마침내 전자투표의 길이 열렸다. 늦어도 한참 늦었지만 일단 반길 일이다.

홍콩이나 싱가포르 같은 극히 일부의 잘사는 도시 국가를 제외하면 우리나라는 세계 최고 수준의 인터넷 보급률을 자랑한다. 주총장에 직접 가지 않고, 집에서 또는 사무실에서 며칠간의 시간적 여유를 갖고 주총에 올라온 안건을 고민한 후 몇 번의 인터넷 클릭을 통해 의결권을 행사하는 전자투표는 우리나라의 현실에 딱 맞는 혁신적인 주총 시스템이 아닐 수 없다.

상장사를 기선 제압하는 빅카드, 전자투표

그런데 참으로 개탄할 만한 일이 벌어지고 있다. 아직까지 전자투표를 도입해 주총을 연 상장사가 사실상 나타나지 않고 있다. 전자투표를 도입하기 위해서는 이사회가 결의하기만 하면 된다. 이런 손쉬운 상황에서도 전자투표를 도입하려는 상장사가 하나도 없다는 것이 말이 되는가? 이는 상장사가 주주들의 참여를 얼마나 싫어하는지를 단번에 알 수 있는 대목이다.

버크셔 해서웨이의 대주주이자 세계 최대의 기부자인 워런 버핏은 주총을 축제의 장으로 만들어 전 세계에 그 위용을 자랑하고 있다. 반면 우리나라의 상장사들은 어떻게 하면 주주들의 참여를 막을까를 고민하는 것 같아 너무도 안타깝다. 전자투표를 채택한 상장사가 여태 하나도 없다니 이건 해도 해도 너무하다는 생각이 든다.

그런데 다행히도 2012년 말, 이 책의 원고를 마감한 후 수정 작업을 하고 있는데 반가운 소식이 들려왔다. 전자주총을 도입하는 최초의 상장사가 탄생했다는 온라인 기사들이 쏟아졌다. 주인공은 다름 아닌 중국에서 건강식품을 만들어 파는 차이나킹. 한국 기업이 아닌 중국 기업이었다. 차이나킹은 주주총회 운영 편의성을 높이고 전체 주주의 의견을 회사 경영에 반영하기 위해 도입했다고 밝혔다. 중국 기업들의 투명성에 의심이 해소되지 않으면서 주가가 약세를 지속하자 궁여지책의 신뢰 회복 방안으로 전자투표 도입을 들고 나온 상황이다. 차이나킹이 설명한 대로 전자 주총은 전체 주주가 참여할 수 없는 주주총회의 한계를 극복할 수 있는 획기적인 방안임에 틀림없다.

물론 상장사 입장에서도 할 말은 있다고 한다. 전자투표를 도입하지 않아도 주총은 열리고 있고, 안건을 결의하여 필요한 주주들을 확보하는데 큰 어려움이 없다는 것이다. 그러나 이는 너무 나쁜 생각이다.

그들에게 있어 기업의 주인은 누구인가? 바로 주주이다. 기업의 주인을 오너 일가라고 생각하는 건 정답이 아니다. 가급적 더 많은 주주들의

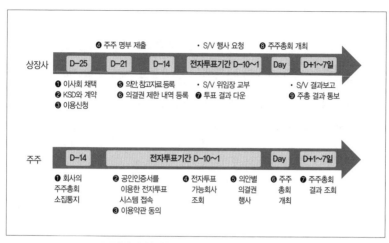

주주총회 개최일 전후 상장사와 주주들이 점검해야 할 일들

참석을 유도하고, 주주들을 위해 할 수 있는 편의를 베푸는 게 맞다.

전자투표를 도입하려면 시스템을 제공하는 한국예탁결제원에 얼마만큼의 돈을 내야 한다. 필자가 알아보니 매출액, 자본금에 따라 금액이 다르긴 하지만 그 비용이 부담스러운 수준은 아니다. 이게 상장사들이 전자투표를 도입하지 않는 결정적인 이유라면 한국예탁결제원이 대폭 할인 행사를 해보는 것도 검토해볼 일이다. 더 나아가 예탁원은 얼마 되

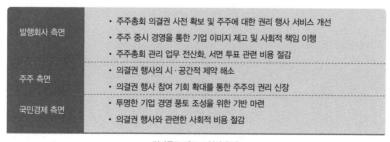

전자투표 제도 도입의 효과

지 않는 신규 수익원을 확보하겠다는 일념보다 주주들의 주주총회 참석과 이를 통한 상장사들의 책임 경영을 강화하고 자본시장 활성화를 위해 앞장선다는 선구자적인 관점에서 전자투표 제도 시스템의 '사실상 무료 제공'을 전향적으로 검토하길 바란다. 주총이 활성화돼 주식시장이 발전한다면 궁극적으로 예탁원에도 매우 좋은 일이 아니겠는가.

더불어 정부는 상장사들의 전자투표 제도 도입을 사실상 의무화하는 규정 정비를 서둘러야 한다. 이러한 기본적인 준비만 갖춘다면 전자투표 실행을 위해 상장사와 주주들이 따로 준비해야 할 것은 많지 않다. 우리나라 성인들 대부분은 인터넷을 통한 은행과 증권거래에 이미 많은 경험을 갖고 있기 때문이다.

전자투표는 인터넷을 통한 주식 투자 정도의 번거로움만 감내하면 누구나 참여할 수 있다. 만약 상장사의 주주로서 이 정도조차 귀찮다고 한다면 필자는 더 이상 할 말이 없다.

전자투표 도입은 우리가 늦어도 한참 늦었다. 일본은 2001년에 전자투표를 도입했다. 일본을 대표하는 지수로 닛케이225지수가 꼽힌다. 이 지수에는 일본의 업종 대표 기업 225개사가 포함되어 있다. 이 기업 가운데 80%가 전자투표를 도입했다(일본 전체 상장사에서 채택한 비율은 18.3%로 떨어진다. 그렇지만 웬만한 대표 기업은 모두 전자투표 제도를 도입한 상황이다). 미국, 영국, 일본 등의 기업들은 2000년대 초부터(스위스 2003년 9월, 중국 2004년 12월, 덴마크 2009년 4월 등) 주주 중시 경영, 기업 경영의 IT화 등을 위해 도입했다.

전자투표를 채택한 회사 중 55%가 전자투표로 20% 이상의 의결권 주식 수를 확보하고 있다. 이런 통계가 이미 2010년에 나온 터다. 금융 후

구분	미국	영국	일본
도입 시기	2000.06	2000.12	2001.11
근거 법률		회사법	
운영 기관	Broadridge	Euroclear UK&Ireland	ICJ, 신탁은행
이용 회사	2,947사(44.8%)	645사(21.4%)	612사(18.3%)
기타	주주 약 800만 명 이용	–	시가총액의 75% 차지

해외의 전자투표 제도 도입 사례

진국이라는 일본에서 왜 전자투표는 조기에 정착이 됐을까. 이유는 너무
나 상식적이다. 상장사와 주주를 위해 당연히 필요하다고 판단했기 때문
이다. 미국은 3,000개 가까운 상장사에서 전자투표를 도입했다. 절반 가
까운 기업들이 채택한 것이다.

섀도보팅은 악법이다

전자투표 활성화를 위해 먼저 폐지되어야 할 악법이 하나 있다. 바로
'그림자 투표'라는 이름의 섀도보팅(Shadow Voting) 제도다. '섀도보팅'이
란 주총 성립이나 의결을 위한 정족수가 부족할 때 상장사들이 가장 즐
겨쓰는 편법이다. 섀도보팅을 통해 많은 상장사들이 소액주주들의 이익
을 침해하는 안건을 통과시키고 임원을 선임해왔다.

상장사가 요청만 하면 예탁원이 주총에 참석한 주주들의 찬반 투표
비율 그대로, 주총장에 참석하지 않은 주주들 대신 투표해주는 방식인
데, 숱한 문제 제기에도 불구하고 관행적으로 유지되고 있다.

예컨대 발행주식의 10%만이 주총에 참석해 6대 4의 찬반 비율로 특정 안건에 대한 표결이 이루어졌다고 치자. 참석자 중 절반이 넘는 찬성을 얻었지만 참석 주주가 절반에 미치지 못했다면 안건은 기각되는 게 맞다. 그러나 상장사가 이를 예상하고 미리 예탁원에 섀도보팅을 요청했다면 어떻게 될까? 바로 이렇다 할 의사 표시가 없는 나머지 지분도 6대 4의 비율로 대리 투표하게 되고 결국 안건은 통과된다.

섀도보팅은 우호 지분이 극히 적은 코스닥시장의 '문제 기업'들이 자신들의 의도대로 안건을 통과시키기 위해 즐겨 사용하는 방법이다. 그러나 적지 않은 대기업들도 섀도보팅을 애용하고 있다(우리나라 상장사의 3분의 1 정도가 섀도보팅을 사용하고 있는 실정이다).

섀도보팅이 활성화되면 소액주주는 설 자리가 사라진다. 이 제도의 폐지를 위한 자본시장법 개정안이 2011년 11월 국무회의를 통과한 상태다. 그나마 다행이다. 하루빨리 폐지 법안이 국회를 통과해야 한다.

전자투표 이용 수수료 ✎

납부자	위탁 회사
납부 방법	계좌 입금
징수 대상	위탁 회사
징수 시기	전자투표 이용 신청일
요율	

⊙ 자본금 구간
- 5,000억 원 이상: 500만 원
- 1,000억 원 이상 5,000억 원 미만 : 450만 원
- 500억 원 이상 1,000억 원 미만 : 400만 원
- 300억 원 이상 500억 원 미만 : 350만 원
- 200억 원 이상 300억 원 미만 : 300만 원
- 100억 원 이상 200억 원 미만 : 250만 원
- 50억 원 이상 100억 원 미만 : 200만 원
- 50억 원 미만 : 10만 원

⊙ 주주 수 구간
- 10,000명 이상 : 100%
- 5,000명 이상 10,000명 미만 : 90%
- 3,000명 이상 5,000명 미만 : 80%
- 2,000명 이상 3,000명 미만 : 70%
- 1,000명 이상 2,000명 미만 : 60%
- 1,000명 미만 : 50%

⊙ 임시주주총회 수수료 부과 기준
- 정기주주총회 부과 기준에 따라 산정된 금액의 30%를 부과

* 자본금이 5,000억 원 이상이면서 주주 수가 8,000명이면 500만 원의 90%, 즉 450만 원을 수수료로 지급하면 됨(단, 도입 첫해는 무료)

07
누구를 위한
파생상품 마녀사냥인가

우리나라가 선진 자본시장으로 나아가기 위해서 또 하나 해결해야 할 과제는 바로 파생상품의 기능을 서둘러 정상화시키는 것이다. 이 같은 주장의 바탕에는 파생상품 시장이 제 기능을 잃었다는 평가가 깔려 있다.

우리나라의 경우 파생상품은 이를 도입하게 된 본연의 명분에서 벗어나 지나치게 머니게임, 즉 투기시장으로 변질되었다는 측면이 매우 강하다. 어느 정도인지 알아보기 위해 우선 파생상품의 역할에 대해 잠시 알아보자.

파생상품은 말 그대로 특정한 주체로부터 파생된 상품이다. 여기서 주체에 해당하는 사물에 대한 개념이 기초자산이다. 다시 말해 파생상품은 부모 격인 기초자산에서 파생된 자식으로 비유할 수 있겠다. 우리나라를 대표하는 금융 파생상품에 '코스피200지수'를 기초자산으로 하는 선물과 옵션 상품이 있다.

선물거래를 알기 위해서는 먼저 '선도거래(forward)'라는 개념을 이해할 필요가 있다. 말이 다소 어렵긴 하지만 앞서 얘기한 기초자산을 미래 특정 시점에 특정 가격으로 매입(long)하거나 매도(short) 하기로 약정하는 계약이다.

예를 들어 아들과 딸의 학비 때문에 갑자기 목돈이 필요한 농부가 있다고 하자. 선도거래란 벼가 한참 자라는 6월에, 11월 추수가 끝나면 쌀 50Kg을 20만 원에 팔겠다고 계약을 맺고 현금을 미리 확보하는 것을 말한다. 이 거래의 장점은 농부는 벼가 다 자라지도 않은 시기에 쌀을 팔아 필요한 자금의 유동성을 확보할 수 있고 상대방은 보다 싼 가격에 쌀을 매입할 수 있다는 것이다. 그런데 이런 수의계약(경쟁이나 입찰에 의하지 않고 상대편을 임의로 선택하여 체결하는 계약)은 약속의 이행을 강제할 수단이 마땅치 않다는 단점이 있다. 그래서 선도거래가 지닌 당사자 위험(Counterparty Risk) 등을 없애기 위해 일일 정산 방식 등을 이용해 거래소에서 매매가 이뤄지도록 장내화한 상품이 '선물(Futures)거래'다.

좀 더 실전에 가까운 설명을 해보자. 만약 코스피200지수가 6월 현재 100인데 12월에 150까지 오를 것으로 예상하는 투자자 갑이 있다고 하자. 갑은 100에서 150까지 오르는 상승의 기회를 현 시점에서 효율적으로 확보하기 위해 어떻게 하면 될까. 인덱스펀드에 가입해도 된다. 그런데 이 경우 수수료도 비싸고 레버리지 효과를 기대할 수도 없다. 그러나 6월 현재 거래되는 코스피200지수를 기초자산으로 하는 선물 12월물(12월 둘째 주에 만기가 돌아와 청산되는 종목)을 사면 상황은 달라진다. 이때 선물

매수에 드는 돈을 증거금이라고 하는데 거래대금의 15%만 내면 된다.

그렇게 되면 선물은 코스피200지수를 따라 움직이니까 6월 현재 12월물은 100 전후에서 거래될 것이다. 12월물을 100 전후에 산 갑은 6개월이 지난 12월 만기일에 코스피200지수로 팔 수 있게 된다. 12월 만기일에 코스피200지수가 예상대로 150까지 오르면 약 50포인트의 수익을 얻게 된다. 갑에게 12월물을 판 을은 갑이 수익을 얻은 만큼 손해를 본다. 선물거래에서는 계약을 연장하는 게 불가능하기 때문에 12월이면 갑과 을의 성적표는 반드시 확정되어 공개되기 마련이다.

그런데 선물거래 계약 중인 9월에 갑이 갑자기 사정이 생겨 급하게 돈이 필요해졌다면? 중도에 계약을 파기해야 할 것이고, 이렇게 되면 금전의 손실은 물론 을과의 신뢰 관계도 훼손될 수 있다. 이러한 위험을 없애기 위해 거래소는 사실상 시장이 열리는 시간이면 언제든지 계약을 맺고 계약을 이행할 수 있도록 했다. 거래소에는 수천, 수만의 갑과 을이 존재하기 때문에 투자자들이 마음만 먹는다면 하루에도 수십, 수백 번의 거래를 할 수 있다.

'옵션(options)'은 기초자산을 미래의 특정 시점에 특정 행사 가격으로 매입(call)하거나 매도(put)할 수 있는 권리를 의미한다. '옵션거래'는 바로 이 권리를 사고파는 행위다.

증권사의 홈트레이딩 시스템에서 코스피200옵션을 나타내는 화면을 보면 상품의 이름이 'P201209 250.0'식으로 되어 있다. 암호 같아서 처음 보는 투자자라면 매우 당황할지도 모른다. 그런데 눈치 빠른 투자자라면 수분간의 두뇌 회전만으로도 알 수 있을 것이다. 이 상품은 2012년 9월에 코스피200지수를 250.0에 팔(P) 권리를 말한다는 것을 말이다. 다시

구분	장내 파생상품(15)	장외 파생상품
통화	통화 선물(달러, 유로, 엔) 통화 옵션(달러)	통화 선물환(currency forward) 통화 스왑 통화 옵션
금리	금리 선물(3년,5년,10년 국채 선물)	선도 금리 계약(forward rate agreement) 금리 스왑 금리 옵션 스왑션(swaption)
주식	주가지수 선물(코스피200,스타) 주가지수 옵션(코스피200) 개별 주식 선물 개별 주식 옵션	주식 옵션 주식 스왑 배당 스왑
신용	–	신용 파산 스왑(credit default swap) 총 수익 스왑(total return swap) 신용 연계 증권(credit linked notes) 합성 담보 부채권(synthetic collateral debt obligation)
일반상품	상품 선물 (농·축산물,귀금속,비철금속)	에너지 스왑

우리나라 파생상품의 종류

말해 풋옵션이다. 권리를 사고파는 게 옵션거래이기 때문에 권리의 가격에 해당하는 별도의 개념이 필요하다. 이것이 바로 옵션 가격 또는 옵션 프리미엄이다.

예를 들어 코스피200지수가 6월 현재 100인데, 나라 안팎의 호재가 많아 상승세가 강하다고 하자. 이런 상황에서 3개월 뒤인 9월 만기에 150에 팔 수 있는 권리는 시간이 갈수록 값어치가 떨어질 게 뻔하다. 코스피200지수가 110, 120, 130으로 오를수록 150에 팔아서 얻을 이익은 줄어들기 때문이다. 지수가 150을 넘기라도 한다면 150에 팔 권리는 손실을 보게 된다. 이런 상황이라면 9월물 풋옵션 150에 대한 프리미엄은 줄어든다. 다시 말해 풋옵션 가격이 하락한다. 다소 어려운 손실 관계지만 조금만 신경 쓰면 알 수 있다. 문제는 선물이나 옵션은 갑과 을의 손익을 더

하면 언젠가 제로(0)가 된다는 점에 있다. 갑이 50의 이익을 보면 을은 50의 손실을 입는다. 계약자인 상대방을 눌러야 투자자 자신이 이익을 본다. 그래서 선물, 옵션 시장은 증거금을 따로 지정해 진입 문턱을 주식시장보다 한층 높게 됐다.

증권사와 거래소는 이처럼 투자자와 상장사 간의 거래가 성사되는 걸 돕는 역할을 한다. 그리고 중간에서 매매 수수료와 거래 수수료를 떼어간다. 수수료와 세금을 떼고 최종적으로 갑과 을의 손익을 더 하면 제로(0)가 아니라 중개회사와 정부가 떼어간 만큼 마이너스다. 그래서 항상 이익인 곳은 증권사와 정부다. 파생상품 시장의 문턱을 함부로 넘어서는 안 되는 이유가 바로 여기에 있다. 투자자들은 결국 손해를 보고 증권회사와 정부만 언제나 이익이라니, 살 떨리지 않는가.

다시 본론으로 돌아오면 부모와 자식 격인 기초자산과 파생상품은 말 그대로 매우 긴밀한 영향을 주고받는다. 이를 활용해 전 세계 금융시장에는 복잡한 거래 기법이 등장했고, 파생상품 시장 규모는 기초자산 시장(또는 현물 시장)을 압도할 정도로 성장했다.

파생상품 시장의 기능 : 투기거래, 차익거래, 헤지거래

파생상품 시장의 기능은 크게 세 가지로 볼 수 있다.

먼저 방향성 거래를 제공한다. 말 그대로 방향성이 위인지 아래인지, 다시 말해 기초자산 가격이 오를지 내릴지를 결정하고 파생상품 시장에서 이에 맞는 거래를 해 이익을 얻을 수 있다. 이런 거래를 '투기거래(스펙,

speculation)'라고도 한다(카드를 치면서 자신의 패가 상대방보다 좋을지 나쁠지 심사숙고한 뒤 과감히 베팅하는 투기꾼을 연상하면 된다).

우리나라 주식시장에는 코스피, 코스닥을 합쳐 1,800개 정도의 상장사가 있다. 투자자들이 1,800개 종목에 분산 투자하고 있는 셈이다. 그런데 선물 시장에는 4개 종목이, 옵션 시장에는 100여 개 남짓한 종목이 있다. 그러나 거래가 활발하게 이뤄지는 종목은 선물 시장이 2개, 옵션 시장은 30개 정도다. 하지만 이들 선물이나 옵션 종목이 단 하나의 기초 자산인 코스피200지수에 따라 거래가 성사된다는 것에 주목할 필요가 있다.

수천, 수만 명의 파생 시장 참가자들은 코스피200지수에 영향을 미칠 수 있는 온갖 변수를 다 분석하고 매수, 매도를 결정한다. 이때 정보 전달의 속도, 정확성, 집중도는 가히 상상을 초월한다. 기초자산인 코스피200지수는 지수를 구성하는 200개 종목의 등락을 취합해 계산된다. 그런데 코스피200지수를 기초로 하는 선물, 옵션 시장의 가격은 200개 종목이 아니라 바로 단 하나의 종목을 사고파는 투자자들이 결정한다. 200개 상장사의 시가총액을 다 더한 후 움직이는 코스피200지수와 단 하나의 종목을 두고 다수 대중이 경합해 결정되는 선물 가격 중 누가 더 빨리 시장의 호재와 악재를 반영하겠는가. 답은 뻔하다. 속도에 따른 가격 결정의 기능, 다시 말해 시장의 효율성은 파생시장이 훨씬 클 수밖에 없다. 정보의 파급력 역시 선물 시장이 훨씬 강하다.

두 번째는 '차익거래'를 들 수 있다. 주가 변동 요인(정보)은 선물 가격 변동에 먼저 영향을 받고, 이후 옵션이나 주식 가격에 동시에 또는 순차적으로 파급된다. 다시 한 번 말하지만 선물 시장은 단 하나의 투자 상품으로 방향성이 결정되며, 현물 시장은 최소 200개의 방향성을 조합하는 과정을 거쳐야 한다.

　바로 여기에서 가격의 차이가 발생한다. 즉 정보가 먼저 반영되는 선물 시장이 먼저 위 또는 아래로 움직이게 되고, 한발 늦은 현물 시장은 후행적으로 방향성을 보이기 마련인 것이다. 그러다 현물 시장에까지 정보가 다 전파되고 나면 두 시장 가격의 차이는 정상의(과거의) 균형 가격으로 돌아가는 속성을 보인다.

　이때 일시적인 정보의 비대칭성으로 발생한 가격의 차이가 곧 투자의 기회가 된다. 바로 차익거래가 발생할 수 있는 여건이 마련되는 셈이다. 선물 가격이 200, 현물 가격이 199 정도의 차이를 보이다 갑자기 선물 가격이 먼저 위로 튀어 205가 되었다고 하자(1포인트의 괴리가 6포인트로 확대된 것이다). 시간이 지나면 궁극적으로 다시 1포인트로 회귀할 것을 아는 투자자라면 선물 가격을 팔고, 현물 가격은 사는 차익거래를 실행할 수

(출처: 한국거래소)

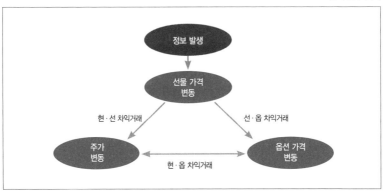

현물 시장과 파생 시장의 정보 파급 과정과 차익거래

있다. 괴리가 1포인트로 좁혀졌을 때 앞선 포지션을 정리하는 선물 매수, 현물 매도의 거래를 하면 안정적으로 5포인트의 수익을 낼 수 있다.

이러한 차익거래는 선물·옵션 시장과 현물 시장이 균형 가격으로 돌아가는 정상화 과정의 효율성을 높인다. 차익거래 자체가 두 상품 간 괴리가 정상화되는 것을 겨냥한 매매이기 때문이다. 상대적으로 비싼 선물을 팔고, 싼 현물을 사는 투자자가 많아진다면 비싼 선물은 내려가고 싼 현물은 올라가기 마련이다.

마지막이 위험 관리 기능이다. 위험 관리 즉 '헤지(hedge)거래'는 투자자가 보유하고 있는 자산 가격이 자신의 의도와 달리 움직여 손실이 발생할 수 있는 위험을 줄이는 것을 말한다. 투자자가 정보를 수집하고 자료를 분석해 주식 투자 비중을 늘렸다고 하자. 그러나 주식시장의 움직임을 예측하는 데는 한계가 있다. 100% 정확한 방향성 예측은 불가능하다는 게 전문가들의 견해다. 투자자는 이처럼 불완전한 예측에서 발생하는 투자 위험을 최소화하려 할 것이고 바로 이때 파생상품을 이용한 헤지를 하면 된다.

주식 가격의 하락에 대비해 투자자는 선물을 매도하면 된다. 100만 원어치의 주식에 대해 100% 헤지를 원한다면 100만 원어치의 선물을 매도하면 된다. 50% 부분 헤지를 하고 싶다면 50만 원어치를 매도하면 된다. 반대로 주식 가격이 오를 것에 대비한다면 선물을 사면 되는 것이다.

파생상품 시장이 없다면 어떻게 될까? 주식 투자자는 이 같은 헤지를 하는 데 있어 매우 많은 시간, 즉 금전상의 비용을 들여야 한다. 그러나 우리나라에는 세계적인 유동성을 자랑하는 선물·옵션 시장이 있다. 언제든지 저렴한 비용으로 또 쉽게 투자자 자신의 위험을 통제할 수 있다.

선물·옵션 시장의 헤지 기능이 없다면 주식 투자자는 불안에 떨 수밖에 없다. 주가가 오르면 좋겠지만 하락한다면? 하락으로 인한 손실을 방어할 만한 수단은 마땅치 않다. 선물과 옵션이 사실상 거의 유일하다.

주식시장을 두 번 죽이는 파생상품 거래세

선물·옵션 시장은 이렇듯 투기거래, 차익거래, 헤지거래 수단을 제공해 투자자들이 수익을 내고 위험을 줄일 수 있는 소중한 역할을 한다. 그러나 정말 아쉽게도 우리나라 선물·옵션 시장은 이러한 본연의 기능을 잃었다.

가령 100명의 투자자가 있다고 하자. 정확한 통계가 없어 확정적으로 구분하기 어렵지만 이 중 90명은 투기 거래자, 7명은 차익 거래자, 헤지 거래자는 3명 정도로 보면 된다. 이마저도 순화해서 정리한 표현이다. 정말 사실 대로 말하면 95대 4대 1 정도가 되지 않을까 싶다. 다시 말해 투자자 모두가 투기거래에 매달리고 있는 실정이다. 차익거래는 외국인과 일부 기관투자가가, 헤지거래는 외국인이 대부분 참여하고 있다.

투기거래 역시 필요하다. 이익의 기회도 제공하고 또 유동성을 제공한다는 측면에서 말이다. 하지만 상품 시장이 도입된 취지가 외면된 상태에서 시장 자체가 투기판으로 변질됐다면 이는 심각한 왜곡이 아닐 수 없다.

아쉽게도 한국거래소와 금융위원회 등 파생 시장의 제도를 정비하고 시장의 건전한 운영을 담당해야 할 주체들은 이러한 파생 시장의 파행을 외면해왔다. 급기야 주식워런트증권(ELW)이라는 투기성이 훨씬 강한 상품을 거래소에 상장시켜 머니게임을 부추기기도 했다.

ELW는 발행하는 기관투자가들의 경우 비싸게 매도를 할 수 있지만 개인투자자는 애초부터 매도를 할 수 없는 상품으로, 공정한 경쟁을 할 수 없는 심각한 결함을 안고 있었다. 그럼에도 투기거래에 현혹된 개인들이 몰리면서 국내 ELW 시장은 세계 최대의 규모를 자랑하는 고성장을 달성했다. 하지만 고성장의 이면에는 불공정한 경쟁으로 인한 개인투자자들의 천문학적인 손실이 있었다. 이에 대한 비난 여론이 커지자 ELW 시장은 2011년 대대적인 수술을 거치면서 급하게 위축됐다. 정치권 일각에서는 파생상품 시장에 대한 비난 여론을 등에 업고 선물 · 옵션 시장마저 '필요 없는 문제아'로 치부하고 대수술에 나설 태세다. 그러나 이는 '오버'다.

새누리당과 기획재정부는 선물 · 옵션 시장을 제한하겠다는 취지 아래 2012년 8월 초 당정협의회를 열고 파생상품 거래세를 도입하겠다고 결론지었다. 코스피200지수 선물에 대해서는 0.001%, 코스피200지수 옵션에 대해서는 0.01%의 거래세를 따로 걷겠다는 계획이다. 3년이라는 유예기간을 두고 구체적인 세율은 시행령에서 정부가 따로 정하기로 했다. 파생상품 거래세를 도입해 투자자들의 거래 비용을 키워 매매 자체를 줄이겠다는 입법 취지다. 그러나 파생상품 거래세 도입은 파생상품의 특성을 이해한다면 섣불리 꺼낼 수 없는 카드다.

세계에서 파생상품 거래세를 부과하는 나라는 대만이 유일하다. 그런데 대만지수 선물거래의 46%는 싱가포르에서 거래되고 있는 실정이다. 거래세를 피해 투자자들이 해외의 경쟁 시장으로 무대를 옮긴 탓이다.

대만 정부는 뒤늦게 이를 인지하고 거래 세율을 초기 0.05%에서 2000년 5월엔 0.025%, 2006년 1월엔 0.01%, 그리고 2008년 8월엔 0.004%로 인하했다. 그러나 떠난 투자자들이 돌아올 조짐이 없자 과세 방식을 자본이득세로 전환하는 쪽으로 정책 방향을 바꿨다. 이렇듯, 대만 정부가 저지른 오류를 굳이 우리가 따라할 이유는 없다.

타산지석의 예는 한 가지 더 있다. 인도는 2008년 파생상품 거래세 관련 법안이 국회를 통과했지만 시장의 침체를 우려해 결국 시행되지 못했고 2009년 7월 이 법안은 폐기됐다.

앞서 미국에서도 1990년대 파생상품 거래세에 대한 논의가 있었다. 한두 번이 아니라 해를 달리하며 세수 증대를 본능적으로 꾀하는 관료들의 집요한 노력이 있었다. 그러나 1960년대 유로본드 파생상품 거래세 도입 이후 이 상품의 거래가 런던거래소로 대거 이동했다는 아픈 경험이 적용되면서 입법이 무산됐다.

스웨덴은 어떤가? 1984년 파생상품 거래세 과세 이후 절반 정도의 거래가 런던으로 이동함에 따라 1991년 폐지했다.

이렇듯 한 나라를 빼고는 이처럼 파생상품 거래세를 버리고 있는 실정이다. 대신 미국, 영국, 프랑스, 독일, 스위스, 일본 등 대부분의 나라에서 양도차익세를 부과하고 있다.

나라 살림을 위임받은 정부는 세금을 되도록 많이 걷어 재정을 튼실하게 하려고 한다. 그런데 왜 다른 나라 정부는 파생상품 거래세를 도입하는 걸 포기했을까. 파생 시장의 속성을 조금만 더 알면 파생상품 거래세 부과의 유혹을 극복한 이유를 알 수 있을 것이다.

'주식거래 활동계좌'라는 개념이 있다. 계좌의 수는 금융투자협회가

(출처: 한국거래소)

국가	유가증권		파생상품	
	거래세	자본이득세	거래세	자본이득세
한국	○(매도 시 0.3%)	×	×	×
미국	×	○	×	○
일본	×	○	×	○
영국	○(매수 시 0.5%)	○	×	○
프랑스	×	○	×	○
스페인	×	○	×	○
독일	×	○	×	○
스위스	○(매매 시 0.15%)	×	×	×
네덜란드	×	×	×	×
룩셈부르크	×	×	×	×
그리스	○(매매 시 0.15%)	×	×	×
벨기에	×	×	×	×
호주	×	○	×	○
뉴질랜드	×	×	×	×
브라질	×	○	×	○
멕시코	×	○	×	○
중국	○(매도 시 0.1%)	×	×	×
대만	○(매도 시 0.3%)	×	○	×
싱가포르	○(청산 수수료의 7%)	×	×	×
홍콩	○(매매 시 0.1%)	×	×	×
태국	○(매매 시 0.1%)	×	×	×
말레이시아	○(매매 시 0.1%)	×	×	×

세계 주요 국가의 금융 상품 과세 방식

회원사인 증권사들로부터 자료를 취합해 계산한다. 기준은 계좌에 들어 있는 예탁 자산의 합계가 10만 원 이상이고, 최근 6개월간 한 건 이상의 매매가 있어야 한다. 그래야 살아 있는 계좌라고 볼 수 있다는 뜻이다.

2012년 8월 현재 주식거래 활동계좌는 1,963만 9,239개에 이른다. 우리나라 인구의 40%에 해당하는 수치다. 이에 비해 선물·옵션 시장의 활동계좌는 42만 95개다. 공식 통계만 해도 이처럼 엄청난 차이가 난다. 그 만큼 파생 시장 참여자는 그 수가 적으며, 적은 인원이 많은 거래를 반복하는 구조다. 전문가들은 매일매일 매매에 참여하는 실질적인 활동계좌라고 볼 수 있는 주식은 130만 개, 선물·옵션은 7,000~8,000개 정도로 본다.

증거금 인상, 옵션 승수, 단위 상향조정 등에 따라 개인들의 참여는 갈수록 줄어들고 있다. 한때 세계 1위의 선물·옵션 시장이라고 하지만 속을 들여다보면 1만 개 미만의 계좌에서 일어나는 엄청난 회전율이 겉으로 드러나는 규모의 실체일 뿐이다.

거래세는 매매가 이뤄질 때마다 매겨진다. 소수 투자자의 '단타 거래' 위주인 파생 시장은 거래세의 충격에 취약할 수밖에 없다. 거래세 부과는 곧 시장 참여자들의 이탈로 직결되고, 소수의 투자자로 구성된 시장은 금세 양적인 침체로 이어진다. 유동성의 감소는 질적 발전을 가로막는다.

파생 거래는 곧 계약이다. 기초자산인 현물(코스피200지수)을 미래의 특정한 시점에 사고파는 계약을 맺는 행위다. 물건을 사고파는 계약에 세금을 매기는 법은 없다. 세금은 물건을 사고팔 때 이익이 발생하면 매긴다. 매매 계약을 체결할 때 세금을 떼고, 또 실제 물건을 매매할 때 세금을 떼는 건 이중과세다.

기획재정부는 부족한 세수를 보충하기 위해 파생상품 거래세를 매겨야 한다는 명분을 내세운다. 금융위원회도 속내가 어떤지 모르겠지만 겉으론 동조한다. 그러나 얼마나 많은 세금이 걷힐지는 장담할 수 없다. 당장 파생 시장 거래가 형편없이 줄 것이기 때문이다. 또 파생 시장이 위축되면 이와 연관된 현물 시장 거래도 큰 영향을 받는다. 파생 시장 유동성이 줄어 원활한 헤지가 이뤄지지 않는다면(미미한 헤지거래마저 여의치 않게 된다면) 국내외 주식형 펀드, 헤지펀드의 주식거래뿐 아니라 차익거래도 줄어들 수밖에 없다. 현물(주식)과 파생상품 간의 가격 차이를 이용해 비싼 쪽을 팔고 싼 쪽을 사는 차익거래자에게 파생거래세 부과는 그만큼의 비용 증가를 의미하기 때문이다.

차익거래가 줄면 더불어 현물거래도 줄게 된다. 주식을 팔 때 매도 금액의 0.3%를 거래세로 내야 한다. 정부가 도입을 추진하고 있는 파생거래세보다 훨씬 높은 세율이다. 결국 파생거래세가 도입되면 주식 매매까지 위축돼 증가하는 파생거래세보다 주식 매도에 따르는 주식 거래세의 감소 금액이 훨씬 더 클 수밖에 없다. 정부로서도 손해 보는 장사를 굳이 하겠다고 벼르는 양상이다.

박문서 KTB투자증권 연구위원은 "연이은 파생시장 규제에 파생거래세까지 부과된다면 거래가 치명적으로 감소할 것"이라고 단언했다. 국내 자본시장에서 실무와 이론을 겸비한 몇 안 되는 전문가로 꼽히는 하태형 수원대 금융공학대학원장 역시 "우리보다 자본시장의 경험이 많은 대부분의 나라에서 파생 거래세를 도입하지 않은 이유를 솔직하게 인정해야 한다"며 "시장을 위축시키는 파생상품 거래세가 아닌 자본이득세가 옳은 방향"이라고 말했다.

이미 파생상품 시장은 시장의 생리와 질서를 외면한 규제로 크게 타격을 입은 상태다. 2012년 3월 코스피200지수 옵션에 대한 승수(거래 단위)가 10만 원에서 50만 원으로 5배 인상된 뒤 옵션 거래량은 5분의 1이 아니라 10분의 1로 감소했다.

최창규 우리투자증권 파생 분석가는 "투기거래를 줄이겠다는 목표만으로 규제가 도입되고 있는데, 이로 인해 파생 시장 유동성이 줄어들면 헤지거래의 비용이 증가할 수밖에 없다. 현물 시장과 선물 시장의 과도한 괴리를 줄이는 데 공이 큰 차익거래도 크게 위축될 것"이라고 지적했다. 사실 파생 거래세 등을 도입해 문제가 많은 파생상품 시장을 '죽이는' 정책은 쉽다. 이는 너무도 평면적인 해결책이다.

주식시장은 현물과 파생의 날개로 난다

애써 세계 최대시장으로 키워놓은 파생상품 시장이 몇몇 국회의원과 경제 관료의 잘못된 판단으로 한번에 망가질 수 있다. 이에 대해 몰랐다면 배워야 할 것이고 알면서 그랬다면 무책임하기 이를 데 없다.

투자자들은 세금을 무척 꺼린다. 돈을 거래하는 사람들은 세금을 피하거나 줄이기 위해 별짓을 다 한다. 세금을 피하기 위해 투자자들이 떠나버려 결국은 유동성 부족에 시달리는 파생상품 시장을 껴안은 채 '금융허브(다국적 기업과 금융 기관들이 기업 및 금융 활동을 자유롭고 편하게 할 수 있도록 금융 환경이나 투자 인센티브 등을 제공하는 장소이다. 가깝게는 홍콩이 아시아(동북아시아)의 오랜 금융허브로 자리 잡은 상황이며, 중국 상하이에 많은 글로벌 기업들을 유치했다. 또한 멀게는 싱가포르 역시 화교와 이슬람 그리고 서구 자금들이 자유롭게 이동할 수 있는 허브 도시 국가로 발돋움한 상황이다)'와 같은 얘기를 할 수는 없다. 이때의 책임을 누가 질 수 있다는 말인가.

국내 파생 시장의 본질적인 문제는 거래세가 없다는 데 있지 않다. 앞서 말했지만 지나치게 높은 투기 비중과 '헤지'라는 본연의 기능을 상실했다는 것이 더 큰 문제다. 극소수의 외국인을 제외하면 선물·옵션 시장은 개인, 기관, 외국인들의 '합법적인 머니게임 하우스'이다. 다시 말해 도박장이라고 보아도 크게 다르지 않다.

중장기 주식 투자자들이 포트폴리오 가치의 하락 위험을 줄이는 헤지 기능을 활용하지 않은 지는 오래되었다. 더욱이 주식형 펀드의 펀드매니저들마저 헤지를 하지 않는 실정이지 않은가. 또한 활발하게 헤지를 할 경우 규정에 걸리게 된다.

국민연금을 비롯한 연기금도 돈이 들어오는 대로 주식을 사기만 할 뿐 하락 위험에 대처하는 기술은 매우 원시적이라고 지적받는 실정이다. 정책 당국자들이 보다 치밀하게 신경을 써야 할 부분이 바로 이런 것이다.

파생 시장이 지닌 이런저런 결함들은 쉽게 해소되지 않을 것이다. 적절한 처방이 필요한데, 이는 현물 시장 다시 말해 자본시장의 모체인 주식시장의 발전을 고민하는 방향에서 같이 논의되어야 한다. 새가 좌우의 날개가 있어야 자유롭게 날 수 있듯 주식시장은 선물·옵션 시장 없이 균형 있게 성장·발전할 수 없다. 이를 위해서는 선물·옵션거래를 통해 헤지를 능숙하게 하는 투자자와 이런 투자자를 필요로 하는 상품, 그런 상품을 활발하게 개발하는 금융회사를 육성해야 한다. 이는 투자자와의 장기적 이해관계를 위해서도 바람직하다.

파생거래세 도입을 두고 2012년 내내 국회와 정부, 증권 업계 간 공방이 뜨거웠다. 국회예산정책처는 2012년 8월 말 〈파생금융상품에 대한 거래세 도입에 관한 연구〉를 발간, 자신들의 입장을 정리했다. 자료에는 세법 개정안으로 거래세가 부과되더라도 시장 경쟁력이 유지되면서 1,437억 원의 세수 효과가 나타난다는 내용이 실려 있다. 또 거래세 부과에 따른 시장 영향이 크지 않아 과세 유예기간(3년)을 줄일 필요가 있다고도 제안했다. 세율은 초기에 낮게 그리고 이후에 점진적으로 높게 매겨 시장 충격을 최소화해야 한다고 보았다. 또 옵션 거래세 부과시 상품 성격이 유사한 주식워런트증권(ELW)으로 거래가 이동할 것을 감안해 같이 과세해야 한다고 주문했다. 나아가 주식양도차익의 양도소득세 부과를 소액주주 차원까지 전면적으로 실시할 때, 증권시장과 파생 시장의 거래세를 양도소득세로 전환하는 방안도 고려할 수 있다고 덧붙였다.

이러한 국회예산처의 입장과 달리 국내시장에서 내로라하는 파생 거래량을 갖고 있는 '큰손'들은 다른 생각을 갖고 있는 듯하다. 그들은 필자에게 망설임 없이 말했다. "3년간의 유예기간이 지나 실제로 거래세가 부과된다면 그때부터 거래를 그만하고 다른 일을 찾아봐야 하지 않겠느냐"라고 말이다. 세금을 무서워하는 투자자들이 한국 시장을 떠날 수 있다는 우려 탓인지 국회나 정부 측의 파생 시장 거래세 도입 의지는 2012년 말로 접어들며 많이 약해졌다. 그래도 불씨는 남아 있다. 씁쓸한 현실이다.

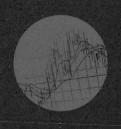

PART 3

개미들이 이기는
주식시장을 위한 전략

01
착한 개미는
주식시장에서 살아남을 수 없다

제일약품이라는 제약사가 있다. 펭귄이 그려져 있는 파스로 유명한 회사다. 화이자 같은 다국적 제약사가 개발한 제품을 직수입해 국내 시장에 판매하는 일이 주력이다. 막대한 로열티를 주고 수입해 국내 소비자에게 판다. 화이자 제품의 매출 비중이 회사 매출 비중의 절반에 육박할 정도다.

이런 제일약품에 따라붙는 별명이 바로 '보따리상'이다. 상당히 치욕스런 말이 아닐 수 없다. 연구개발(R&D) 같은 투자가 미미하다보니 '땅짚고 헤엄치기' 장사만 한다고 비난을 받는다.

하지만 제일약품은 오랜 시간 이런 장사를 통해 많은 돈을 회사에 쌓았다. 이익잉여금만 2,000억 원을 훌쩍 넘는다. 한해 매출액이 4,500억 원이 넘지만 회사의 크기를 나타낸다고 할 수 있는 자본금은 고작 74억 원에 불과하다. 매출액에 비해 자본금이 현격히 적은 편이다. 따라서 무상증자를 해서 회사의 매출에 맞게 자본금을 조절할 때가 됐다. 또한 주주들에게 그간의 경영 성과에 대한 보답을 해줘야 할 필요성도 절실하다. 이는 필자의 주관적인 해석이 아니다.

그러나 회사 측은 묵묵부답으로 일관하고 있다. 이런 상황이다보니 누구 하나 제일약품의 경영진과 오너의 편에 서서 주주 정책이나 회사의 경영 방침을 옹호해주는 이가 없다. 주주조차 같은 편으로 만들지 못하는 형편이니 제3자는 오죽할까. 제약 업계는 물론 언론계에서도 평판이 좋지 않다. 심지어 정부 정책에서조차 '왕따'되는 조짐이 나타나고 있는 실정이다.

2012년 6월, 정부는 43개 혁신형 제약 기업을 선정 발표했다. 하지만 우리나라의 10대 제약사 중 제일약품만이 유일하게 제외됐다. 우수한 약품을 개발하려고 노력하는 회사를 선정해 정부가 일정한 지원을 해주는 프로젝트에서 빠진 것이다. 바이로메드, 이수앱지스, 크리스탈디지노믹스 등 연매출 100억 원이 채 안 되는 제약사가 선정된 것을 감안하면 굴욕에 가까운 일이라고 할 수 있다.

객관적인 탈락 이유로는 수입되는 약 판매 비중이 과도하게 높고 R&D가 미미하다는 점을 꼽는다. 외국계 제약사의 도매상이라는 오명이 붙은 회사를 정부가 나서서 지원하고 싶다는 생각이 들지 않았을지도 모른다.

하지만 만약 제일약품의 주주들이 하나같이 회사를 위하고, 회사의 가치를 올리기 위해 일치단결했다면? 정부는 어쩌면 마지못해서라도 제일약품을 혁신형 제약사에서 탈락시키지 않았을 것이다. 오래오래 주주를 무시하고 서운하게 한 결과가 이 같은 형태로 나타났다고 생각한다면 지나친 억측일까.

대대적인 약가 인하, 혹독한 리베이트 규제 속에서 국내 제약 산업이 요동치고 있다. 이런 때 주주조차 회사의 편이 되지 못한다면 어떻게 한단 말인가. 이처럼 회사가 소액주주를 배려하는 정책을 단순히 비용적인 측면으로만 접근하다보면, 언젠가 회사 자체를 구렁텅이에 빠뜨리는 오류를 범할 수도 있다.

증권부 기자를 오래하면서 우리나라 투자자들은 '착하다'는 느낌을 많이 받았다. 눈치를 챘겠지만 착한 투자자라는 말은 긍정보다는 부정에 가까운 뜻을 담고 있다. 그렇다. 우리나라 투자자들은 부정적 의미에서 착하다. 그래서 정당한 권리를 행사할 줄 모르고, 부당한 대우를 받아도 싸우려 하지 않는다. 자기 몫을 빼앗겨도 찾지 않는다. 주총장에 가서 주주로서의 권리를 행사하는 투자자가 전체의 몇 %나 될까를 생각하면 자연스레 소름이 돋는다.

부도덕한 경영진과 오너, 회사의 가치를 훼손하는 경영진의 판단에 정색하고 싸우는 주주가 없다. 그냥 소리 없이 침묵한다(개인투자자만 이럴 것이라고 생각한다면 오산이다. 앞서 지적했지만 의결권 행사를 하지 않는 기관도 착하기는(?) 마찬가지다).

이렇게 된 데는 여러 이유가 있을 것이다. 먹고사는 데 바쁜 처지에 주주권 행사는 엄두가 나지 않는 사람이 적지 않은 현실도 무시할 수 없다. '나 혼자 나선다고 회사가 달라질까' 하는 생각에 체념하는 투자자도 있을 것이다.

가장 큰 원인은 우리나라 대부분의 투자자들이 '주식을 사서 주주가 되는 행위'를 '회사의 주인이 된다'는 쪽으로 연결 짓지 못하는 데 있다. 단지 매매를 하는 투자자, 투기꾼일 뿐이지 회사의 주인이라는 인식은 별로 없어 보인다. 단기 투자에 길들여진 탓이다. 하루 이틀, 길어야 한두 달이면 치고 빠져나가는 투자자들이 많기 때문에 투자자 자신조차 상장사의 품격 있는 주인으로 격상되지 못한다.

이번 파트에서는 무상증자, 액면분할, 배당금 등 투자자들의 이익과 직접 연결된 주제들을 다룰 예정이다. 이에 앞서 당부하고픈 한 가지가 있다. 바로 투자자 스스로의 노력 없이는 무엇 하나 얻을 수 없다는 것이다. 너무 대결구도로 몰아가는 게 아닌지 하는 생각도 들겠지만, 상장사의 오너와 경영진은 착한 사람들이 아니다. 소액주주가 아무런 요구를 하지 않는데, 배당을 올려주고 무상증자를 하려고 절대 나서지 않는다. 때문에 정당한 권리를 지닌 주주가 합당한 근거를 제시하면서 요구를 할 때 액면분할이든 무상증자든 그 어떤 변화가 일어나기 마련이다.

이러한 문제를 해결하기 위해서는 우량한 기업을 오래오래 투자한다는 투자 문화가 바탕이 되어야 한다. 고루하고 낡은, 그래서 소액주주들을 무시하는 상장사가 곧잘 즐겨 사용하는 핑계가 "주주들은 상장사가 어떻게 되든 관심이 없다. 며칠 지나지 않아 팔고 나갈 사람들 아닌가. 그러나 오너와 경영진은 다르다. 평생 회사와 같이 가는 사람들 아닌가" 하는 말이다. 회사는 오래 머물지 않는 나그네에게 많은 걸 기대할 수 없는 노릇이다.

펀드 투자자 역시 마찬가지다. 펀드에 돈을 넣는 것으로 본인의 역할을 다했다고 생각할 것이 아니라 운용사와 펀드매니저가 내 돈을 제대로 관리하고 있는지 항상 감시해야 한다. 늘 감시하는 고객이 많지 않기에, 지금 상당수 운용사와 펀드매니저는 고객의 수익이 아니라 회사의 수익을 위해 일하고 있는 것이다. 현실은 펀드매니저들의 양심만을 믿기엔 그렇게 호락호락하지 않다.

소액주주 운동을 오랫동안 해온 한 지인은 "과객(過客)은 화를 내지 않는다. 그럴 필요가 없다. 그냥 한때 머물다 가면 그만이다. 화를 내는 것은 주인(主人)이다. 화를 내는 투자자가 진정 회사를 생각한다고 볼 수 있다"고 말했다. 증오보다 무서운 게 무관심이라고 했던가.

기업의 오너와 경영진도 생각을 바꿔야 한다. 주주의 가치를 올리기 위해 투명한 경영을 하고 지배 구조를 혁신하는 길이 바로 오너와 회사가 발전하는 지름길임을 명심해야 한다. 또한 여건이 되는 상장사는 액면분할이나 무상증자 등의 주주 중시 정책을 전격적으로 단행해야 한다. 그래야만 장기적으로 주식시장에 많은 변화가 생겨날 것이다.

02
소액주주의 권리, 무상증자

자본금을 늘린다는 의미의 증자에는
두 가지가 포함되어 있다. 우선 기존 주주와 제3자를 대상으로 현재의 시
가에서 일정한 비율을 할인(할증)한 가격에 주식을 팔아 자본금을 늘리
는 유상증자와 기존의 주주에게 단 한 푼의 자금도 요구하지 않고 자본
금을 늘리는 무상증자가 그것이다.

무상증자의 재원은 상장사가 보유하고 있는 현금이다. 상장사의 현금
은 증자나 유가증권 매매 등을 통해 확보한 자본잉여금과 영업을 통해
벌어들인 이익잉여금의 합으로 볼 수 있다. 상법상 누적된 이익잉여금이
플러스면 일정한 규모의 무상증자를 할 수 있다. 자산 재평가 등을 통해
확보한 적립금도 무상증자의 재원이 될 수 있다.

여기에서 주목할 만한 대목은 무상증자로 거둘 수 있는 효과다. 우리

나라 자본시장의 현 여건을 감안할 때 무상증자가 갖는 유·무형의 파급
효과는 생각보다 클 것으로 예상된다. 그렇다면 무상증자는 자본시장
활성화에 어느 정도 기여할 수 있을까?

삼성전자가 무상증자를 한다면?

우리나라를 대표하는 삼성전자의 자본금은 8,975억 원이다. 대략
9,000억 원으로 잡자. 자본잉여금으로 분리할 수 있는 주식 발행 초과금
이 4조 4,000억 원에 이르고 이익잉여금은 97조 5,400억 원에 이른다. 합
치면 약 100조 원에 이른다. 2012년 연결 기준으로 매출이 165조 원, 영
업이익과 순이익은 각각 16조 원, 14조 원에 이른다. 그런데 매출이 165
조 원인 회사의 자본금이 1조 원이 안 된다. 사업적 외형(매출)에 비춰볼

(단위 : 백만원)

	2011년	2010년	2009년
자본금	897,514	897,514	897,514
주식 발행 초과금	4,403,893	4,403,893	4,403,893
이익잉여금	97,542,525	85,014,550	71,065,247
기타 자본 항목	△5,244,167	△4,726,398	△6,801,601
비지배지분	4,245,558	3,759,532	3,480,149
자본총계	101,845,323	89,349,091	73,045,202
	2011년	2010년	2009년
매출액	165,001,771	154,630,328	136,323,670
영업이익	16,249,717	17,296,536	10,925,259
연결 총 당기순이익	13,734,067	16,146,525	9,760,550

삼성전자의 요약 재무구조

때 지극히 작은 수준이라고 볼 수 있다.

무상증자는 회사의 재무적인 외형이라고 할 수 있는 자본금을 늘리는 것이다. 자본금도 매출에 따라 균형에 맞도록 조절하는 게 필요하다. 아무리 돈이 많다고 해서 매출이 100억 원에 자본금이 50억 원인 회사의 무상증자를 바라는 것은 합리적이지 않다.

어쨌거나 삼성전자는 100조 원 전후의 무상증자 실탄을 사내에 쌓아두고 있다. 현재가를 130만 원(시가총액 200조 원)으로 가정하고 삼성전자가 100% 무상증자를 했을 때 어떤 변화가 일어나는지 따라가보자.

먼저 자본금은 9,000억 원이 늘어나 1조 8,000억 원이 된다. 회사의 돈이 외부로 유출되는 건 아니다. 잉여금이 자본금으로 전환된다. 다시 말해 자본 총계(자기자본)는 조금도 변화가 없다. 회사의 가치는 무상증자로 변하지 않는다는 말이다.

그렇다면 주가는 어떻게 될까. 이론적으로 주식 수가 100% 증가했으니 주가는 불어나는 주식 수만큼 할인되는 게 맞다. 절반인 65만 원으로 조정되는 것이다. 그런데 실제로도 그럴까. 삼성전자 주가가 무상증자 이후에 절반 가격으로 유지될까. 현실에선 절대 그렇지 않다.

우선 130만 원에 이르는 주가와 65만 원인 주가의 접근성이 다르다. 삼성전자를 비싸다는 이유로 외면하는 개인투자자가 얼마나 되는지 파악하는 건 어렵지만 가격 하락으로 인한 관심도는 훨씬 증가할 것이다. 유통주식 수가 2배로 불어나는 만큼 거래도 이전보다 활성화될 것이다.

장기 투자를 하는 외국인과 기관의 매집으로 인해 삼성전자의 거래는 갈수록 위축되고 있는 실정이다. 가장 강도 높은 소액주주 배려 정책인 무상증자를 단행했다는 것만으로 삼성전자가 얻게 되는 이미지 제고 효과는 만만치 않다.

이를 통해 주가가 65만 원이 아니라 80만 원이 된다고 치면 시가총액이 무상증자 이전보다 23%(46조 원)나 증가한다. 주주들의 부가 그만큼 증가하는 셈이다. 회사가 무상증자를 위해 주주들에게 지급한 비용(엄밀히 말하면 잉여금의 자본금 전환)은 주당 5,000원이고 전체적으로는 9,000억 원에 불과하다. 이 돈은 자본금으로 묶이기 때문에 당장 투자 등의 재원으로 쓸 수 없다는 점까지 감안해야 한다. 그러나 잉여금이 100조 원인 회사의 재무 상태에서 큰 부담은 아니라고 보는 게 타당하다. 9,000억 원을 자본금으로 전환해서 주주들에게 46조 원에 이르는 부를 제공하게 되는 막대한 효과가 발생할 수 있다.

그리고 무상증자는 회사가 보유하고 있는 자사주에는 주식을 지급하지 않는다. 삼성전자의 자사주는 1,691만 주(10.7%)에 이른다. 즉 10% 정도가 아닌 나머지 90%에 대해서만 100% 무상증자를 하면 최대주주와 특수관계인 지분율은 증가하게 된다. 그렇다면 최대주주가 보유하고 있는 지분(17.6%)보다 더 많은 경영권을 행사한다는 지적을 받는 삼성전자로서는 무상증자가 약이 될 수 있다. 삼성전자의 대주주 구성을 보면 자사주가 많은 기업의 무상증자로 인한 대주주의 지분율 변화를 파악할 수 있다.

전체 발행 주식 수 1억 5,500만 주에, 이건희 삼성전자 회장을 비롯한 특수관계인 지분이 2,590만 주(17.6%), 자사주를 1,691만 주(10%)라고 조금 단순화시켜보자.

100% 무상증자를 한다고 할 때 발행 주식 수는 자사주 때문에 100%가 아니라 90%가 증가해 2억 9,450만 주가 된다. 최대주주 및 특수관계

최대주주(특수관계인)	주식 수	지분율(%)
이건희	4,985,464	3.38
삼성물산	5,976,362	4.06
삼성복지재단	89,683	0.06
삼성문화재단	37,615	0.03
홍라희	1,083,072	0.74
이재용	840,403	0.57
삼성생명	11,012,814	7.51
삼성화재	1,856,370	1.26
제일모직	9,679	0.01
합계	25,891,462	17.62

삼성전자 최대주주 및 특수관계인 지분

인 보유 지분은 5,180만 주로 두 배가 된다. 그런데 지분율은 17.6%가 아니라 20.8%가 된다. 자사주가 무상증자의 대상이었다면 최대주주와 그 특수관계인 지분율은 17.6%로 변함이 없다. 자사주가 무상증자에서 배제되면 지분율이 20%를 넘게 되는 것이다.

자사주를 뺀 대주주 지분이 20%가 넘는다는 것은 상징적인 의미가 크다. 다시 말해 절대적인 수치에서도 경영권을 방어할 수 있는 수준으로 대주주의 지분율이 증가하는 지배 구조의 변화를 뜻한다.

무상증자가 주주에게 미치는 영향

경영진 입장에서는 무상증자를 다소 불편하게 여길 측면도 있다. 보유 중인 자사주의 경우 그 수가 증가하지 않은 채 주가 하락이 어느 정도는 불가피하기 때문이다.

삼성그룹은 창업 2세대에서 3세대로의 경영권 승계를 앞두고 있다. 더불어 2012년 대선에서 제기되었던 순환 출자 구조 해소에도 대비를 해야 한다. 삼성전자와 삼성생명을 정점으로 해서 전자와 금융 부문을 분리해 수십 년간 괴롭혀온 금산법('금융산업의 구조개선에 관한 법률'의 줄임말. 금융기관의 합병·전환 또는 정리 등 금융산업의 구조 개선을 지원하여 금융기관 간의 건전한 경쟁을 촉진하고 금융 업무의 효율성을 높임으로써 금융산업의 균형 있는 발전에 이바지함을 목적으로 하는 법률) 규제도 구조적으로 벗어나야 할 필요가 있다. 이때 삼성전자의 자사주가 핵심 역할을 할 것으로 보는 시각이 많다.

물론 그 가치가 하락하면 무게가 달라질 것을 우려할 수 있다. 그러나 다른 시각도 있다. 대주주 지분이 늘어나면 자사주 취득과 처분이 한결 수월해질 수 있다. 자사주가 경영권 방어에 동원된다는 따가운 시선도 피할 수 있게 되는 것이다.

대주주가 돈을 들이지 않고 사측의 자사주 매입으로 경영권을 강화하고 있다는 비판이 제기된 것은 어제 오늘의 일이 아니다. 그렇다고 삼성전자가 자사주를 금지옥엽처럼만 여긴 것은 아니다. 상장 후 2012년까지 보통주 830만 주를 이익 소각했으며, 2011년에만 임원들의 스톡옵션 행사로 48만 주 이상을 처분했다.

이처럼 자사주를 주주와 임직원 성과를 위해 활용해온 것을 고려할 때 대주주의 지분이 증가하면 그 효능은 배가될 것으로 보인다. 지배 구조의 변화 과정에서 자사주는 매입, 소각 그리고 교환 등을 통해 그 존재감을 더할 가능성이 크다.

현대자동차의 경우 현대모비스(20.8%)와 정몽구 회장(5.2%)의 개인 지분으로 지배되고 있다. 최태원 회장이 38% 보유하고 있는 SKC&C는 SK

그룹의 지주회사인 SK를 31.8% 확보하고 있다. 무상증자는 오너들의 입장에서 볼 때도 무시할 수 없는 유혹이다.

다시 한 번 강조하지만 지나친 무상증자가 바람직한 것은 아니다. 필요 이상으로 유통주식 수가 늘어날 수 있고, 사업적 외형에 맞지 않게 자본금만 키우는 우를 범할 수도 있다. 무엇보다 사내에 유보한 잉여금은 설비 투자 등 경영 본연의 기능 강화를 위해 투입되는 게 우선이다. 그럼에도 불구하고 적절한 무상증자를 통해 부족한 유통주식 수를 보충하고, 주가 수준을 낮춰 더 많은 주주들에게 문호를 개방하는 정책은 고무적이라고 할 수 있다. 그런 면에서 무상증자는 우리나라 주식시장을 대표하는 삼성전자와 현대차에만 해당하는 이슈가 아니다.

핸드백, 신발, 자동차 등에 쓰이는 가죽을 제조하는 조광피혁이 있다. 이 회사의 자사주는 44.5%에 이른다. 발행 주식 685만 주의 절반 가까운 305만 주를 회사가 사들여 보관하고 있다. 지길순 회장을 비롯한 최대주주 및 특수관계인 지분 역시 25.9%나 된다. 절대다수의 지분이 이렇게 잠겨 있다보니 월간 거래량이 10만 주 안팎으로 극히 적다. 주식 투자자들에게는 인기가 없을 수밖에 없다. 당연히 주가의 움직임도 미미하다.

이런 상황에서 자사주 매입과 무상증자를 병행한다면 회사가 어떻게 바뀔까. 자사주가 매우 많아 100% 증자를 한다고 해도 자본금은 50% 밖에 증가하지 않고, 대주주와 소액주주의 지분은 두 배가 된다. 당장 거래가 증가하게 될 것이다. 대주주 지분율의 증가로 인해 경영권이 강화돼 책임 경영의 명분도 확보할 수 있다.

더욱이 소액주주들은 배당이 쥐꼬리만 하고, 배당에 비해 경영진의 보수는 크며, 사측이 장기간에 걸쳐 소액주주를 배제한 상태에서 대주주의 이익만 제고하는 정책을 펴왔다고 주장하는 터다. 배당금을 늘리는 것도 소액주주들과 대주주가 화해하는 길이 될 수 있다. 그런데 무상증자를 전격 단행하면 어떻게 될까. 무상증자는 배당금을 늘리는 것과 성격이 다르다. 그러나 그 파급력은 훨씬 클 것으로 예상된다. 무엇보다 대주주의 입장에서 마다할 일이 아니다.

제약 업종은 사내 유보금이 많은 대표적인 산업이다. 그중 앞서 언급한 제일약품의 자본금 대비 매출액이나 이익잉여금 비중이 상대적으로 높다. 일동제약 등도 정도의 차이가 있을 뿐 대규모 잉여금을 회사 창고에 쌓아두고 있다. 무상증자를 해서 오래 투자해온 주주들에게 경영 성과의 일부를 환원해줄 여건이 마련됐다고 평가받는다. 그런데도 사측은 "무상증자를 한다고 해서 회사의 기업 가치가 바뀌는 것은 아니다"는 입장이다. 한마디로 회사의 가치가 증가하는 것도 아닌데 굳이 무상증자를 할 이유가 없다는 것이다.

대부분의 회사가 무상증자를 꺼리는 이유가 이렇다. 필자는 이를 평계라고 본다. 무상증자를 하는 것이 오히려 회사에 손해를 입히지 않으면서 대주주와 소액주주 모두에게 좋고 나아가 주식시장 전반의 활성화에 크게 기여할 대업(大業)이라고 본다.

무상증자는 여건이 무르익은 상장사의 소액주주가 얻어야 할 권리다. 가만히 있으면 주어지는 게 없다. 열심히 싸워서 쟁취해야 한다.

유·무상증자와 자사주

유상증자와 무상증자를 실시할 때 상장사가 보유하고 있는 자사주에는 신주가 배정될까, 배정되지 않을까. 결론부터 말하면 신주는 배정되지 않는다. 그래서 삼성전자가 유·무상증자를 실시하면 대주주의 지분율이 높아진다.

상법에는 이와 관련한 구체적인 언급이 없다. '자사주는 의결권이 없다(상법 제369조 2항)'라는 조항만 있다. 하지만 한국거래소 등은 유럽의 대륙법 체계와 법무부의 유권해석 등을 참고해 통상 유·무상증자의 신주를 자사주에 배정하지 않도록 해석하고 지도하고 있다. 유럽의 대륙법 체계에서 의결권이 소멸되는 자사주는 당연히 자익권까지 사라진다고 보고 있다.

자익권이란 '스스로 이익을 얻을 권리'를 말하는데, 주식회사의 투자자인 주주의 재산적 이익을 위하여 인정한 모든 권리를 말한다. 여기에는 이익배당청구권, 잔여재산분배청구권, 신주인수권, 전환사채인수권 등을 두루 포함하고 있다.

거래소는 법무부에 유·무상증자 신주의 자사주 배정 여부를 질의했고, 그 결과 배정하지 않는 것이 맞다는 유권해석을 얻기도 했다. 그러나 상장사가 보유한 자사주를 제3자에게 양도하면 자익권은 저절로 부활한다.

03
자본시장 선진화를 위한
액면분할

무상증자와 이어지는 얘기를 계속 해 보겠다. 만약 삼성전자가 100% 무상증자를 하면 이론적으로 130만 원 짜리 주가가 65만 원이 된다. 여기에 액면가를 5,000원에서 500원으로 쪼갠다고 가정해보자. 주당 가격이 6만 5,000원으로 뚝 떨어진다. 초고가 주가 중간 정도의 가격으로 떨어지는 셈이다. 투자자들의 접근성은 아마 몰라보게 달라질 것이다.

삼성전자 주식을 들고 있는 소액주주는 17만 명이 조금 넘는다. 돈 잘 버는 우량한 기업이라고 다들 인정한다. 전 세계적으로도 가장 유명하다. 그런데 너무 비싼 게 흠이어서 삼성전자를 들고 있는 개인투자자는 많지 않다. 때문에 주가가 10분의 1 가격으로 떨어지면 소액주주의 투자 율은 크게 증가할 것으로 보인다.

무상증자에 액면분할을 거쳐 소액주주가 17만 명이 아니라 170만 명이 된다면 어떻게 될까. 전 세계적인 이목이 집중되는 이른바 스타 주식이 될 것이다. 삼성전자의 경영진 역시도 마찬가지다. 170만 명의 주주는 소비자이자 국민(시민)이 될 것이다. 이로 인해 사회적인 인식까지도 바뀔 수 있다고 본다.

　거래량이 대폭 증가하면서 주식시장은 크게 활기를 띨 가능성이 높다. 무상증자는 잉여금의 일부가 자본금으로 전환되어 회사 입장에서 볼 때 돈이 잠기는 측면이 있지만, 액면분할은 이런 기회비용마저도 들지 않는다. 물론 무상증자와 액면분할을 꼭 한꺼번에 실시해야 한다고 주장하는 것은 아니다. 필요에 따라 회사와 주주의 이해관계를 고려해 결정하면 된다. 이렇듯 피해는커녕 오히려 긍정적인 '파장'이 클 것으로 예상되는 일을 명분도 없이 회피만 하는 것은 바람직하지 않다.

　삼성전자를 비롯한 대장주들의 가격이 무상증자와 액면분할로 크게 낮아지면 투자 문화도 변화될 것이다. 현재 우리나라의 개인투자자들이 테마주나 저가주만 쳐다보는 행태를 감안할 때 삼성전자는 최고의 기피주로 전락하고 있는 상황이라고 보면 된다. 그런 점에서 액면분할은 이런 저급한 투자 문화를 바로잡는 데도 크게 이바지할 것이라고 확신한다.

　삼성전자를 액면분할해 13만 원으로, 현대차는 2만 5,000원으로, 포스코는 5만 원으로 낮추자. 수많은 사건·사고들이 일어나고, 우리나라 자본시장은 점점 더 국민들 속으로 파고들어가게 될 것이다. 이것만으로도 자본시장이 벌떡 일어나게 될 것이라고 본다. 기업의 오너, 경영진, 소액주주, 정부 부처 누구든 이 제도를 마다할 이유는 별로 없을 것이다.

액면분할은 투자자의 권리이자 책임

2012년 7월, 시가총액 전 세계 1위 기업인 애플의 다우지수 편입 가능성이 제기됐다. 미국의 한 애널리스트가 주장한 바지만 사실 IT 산업의 독재자인 애플의 다우지수 입성은 일각에서는 시간문제로 여겼던 사안이다.

그런데 실적, 브랜드, 지배 구조 등 여러 면에서 종합적으로 업종을 대표하면서 배당을 꾸준히 하는 초우량 기업 30개 사로 구성된 다우지수 편입 가능성이 불거지면서 병행된 이슈가 액면분할이었다. 우리처럼 시가총액이 아니라 30개 상장사의 주식 가격을 평균해 산출되는 다우지수의 속성을 감안할 때 600달러가 넘는 주가는 걸림돌이 된다는 게 전문가들의 대동소이한 의견이다. 주가가 절대적으로 높으면 변동 폭도 따라서 높아질 수밖에 없고, 이렇게 되면 다우지수 전체가 연동되어 흔들리기 때문에 접근성도 떨어지게 된다.

애플의 일평균 거래량은 1,300만 주를 넘는다. 우리나라의 대표 기업들은 거래가 많을 때 100만 주를 겨우 넘는 수준이다. 글로벌 대표 기업인 애플에 비하면 한참 미치지 못하고 있는 실정이다. 하지만 이런 세계적인 대표 기업 애플까지 액면분할을 검토하고 있는 상황이다. 자본시장을 바라보는 시각차가 확연히 드러나는 대목이 아닐 수 없다. 돈이 들지 않는 일을 이런저런 핑계를 대면서 시도조차 하지 않는 것은 상장 기업으로서의 기본이 안 된 처사라고밖에는 할 말이 없다.

유통주식 수가 절대적으로 부족해 주가가 제값을 받지 못하는 상장사가 우리 주식시장엔 너무나 많다. 어느 정도의 거래량이 있어야 주가

상장사명	2012.01.01 ~10.22	일평균 유통주식 수	상장사명	2012.01.01 ~10.22	일평균 유통주식 수	상장사명	2012.01.01 ~10.22	일평균 유통주식 수
영원무역홀딩스	2,012,170	10,011	화천기공	1,082,297	5,385	이화산업	453,381	2,256
삼양사	1,996,398	9,932	부산방직	1,055,040	5,249	KPX홀딩스	444,992	2,214
비엠티	1,988,693	9,894	화천기계	1,047,426	5,211	대성합동지주	441,881	2,198
방림	1,985,038	9,876	삼보산업	1,028,416	5,116	삼정펄프	422,742	2,103
케이티롤	1,948,409	9,694	동일산업	1,025,518	5,102	롯데칠성	395,421	1,967
대동전자	1,895,691	9,431	애경유화	1,024,169	5,095	사조대림	360,923	1,796
가온전선	1,847,085	9,189	근화제약	1,011,845	5,034	NICE	348,220	1,732
제일테크노스	1,845,309	9,181	풀무원홀딩스	983,882	4,895	다함이텍	348,165	1,732
삼지전자	1,812,111	9,015	아이디스	983,760	4,894	대한방직	328,612	1,635
풍국주정	1,802,224	8,966	퍼시스	980,424	4,878	한일철강	315,603	1,570
유유제약	1,802,142	8,966	GIIR	979,614	4,874	대한화섬	302,902	1,507
광희리츠	1,798,729	8,949	영풍제지	965,065	4,801	삼보판지	293,581	1,461
아비스타	1,761,322	8,763	태양금속	959,496	4,774	KISCO홀딩스	285,813	1,422
조광피혁	1,757,318	8,743	신화실업	946,074	4,707	대성미생물	282,784	1,407
KCC건설	1,731,414	8,614	동원산업	926,514	4,610	제주은행	275,333	1,370
한국개발금융	1,709,374	8,504	유신	913,672	4,546	롯데제과	264,282	1,315
SJM홀딩스	1,661,269	8,265	롯데삼강	911,381	4,534	인천도시가스	254,912	1,268
KT서브마린	1,658,293	8,250	샘표식품	901,620	4,486	신흥	251,599	1,252
동방아그로	1,648,760	8,203	풍산홀딩스	897,919	4,467	미창석유	246,032	1,224
에스텍	1,641,094	8,165	파캔OPC	897,058	4,463	태평양제약	243,571	1,212
삼광유리	1,613,830	8,029	제일연마	870,775	4,332	일신방직	243,229	1,210
세원정공	1,544,418	7,684	남영비비안	860,559	4,281	영풍	238,923	1,189
건설화학	1,533,846	7,631	원림	844,743	4,203	CS홀딩스	235,853	1,173
제일제강	1,530,358	7,614	도화엔지니어링	823,836	4,099	서울가스	232,673	1,158
KCTC	1,506,469	7,495	백광소재	788,868	3,925	성보화학	227,848	1,134
동일고무벨트	1,495,587	7,441	유화증권	774,452	3,853	중앙에너비스	207,003	1,030
한신공영	1,413,262	7,031	크라운제과	773,196	3,847	선진지주	206,081	1,025
비에스이	1,412,221	7,026	동양고속	760,531	3,784	서산	205,934	1,025
승일	1,407,398	7,002	F&F	745,225	3,708	조선내화	192,756	959
극동유화	1,392,745	6,929	부국증권	741,329	3,688	대구방송	188,218	936
아세아시멘트	1,367,819	6,805	대웅	740,349	3,683	삼화왕관	187,650	934
고려제강	1,364,763	6,790	신풍제지	737,724	3,670	경방	183,339	912
평화홀딩스	1,364,120	6,787	스타플렉스	731,987	3,642	남양유업	182,368	907
동일기연	1,361,333	6,773	국일제지	727,396	3,619	남성	181,488	903
유니온스틸	1,358,513	6,759	동원F&B	723,205	3,598	이테크건설	180,900	900
한익스프레스	1,354,270	6,738	삼보모터스	717,645	3,570	일성신약	179760	894
금화피에스시	1,341,687	6,675	KNN	674,521	3,356	세아홀딩스	180,285	897
포스코강판	1,312,042	6,528	넥센	667,796	3,322	아모레G우	152,830	760
하이트론	1,292,317	6,429	천일고속	656,053	3,264	광주신세계	151,995	756
한화투자증권우	1,285,695	6,396	신영증권	644,139	3,205	태광산업	151,687	755
한화타임월드	1,270,827	6,323	오뚜기	641,593	3,192	삼일기업공사	136,714	680
텔코웨어	1,269,922	6,318	한국공항	641,527	3,192	경인전자	132,360	659
태평양물산	1,226,069	6,100	오리온	616,856	3,069	한국특수형강	122,571	610
동화홀딩스	1,224,250	6,091	농심홀딩스	613,726	3,053	일정실업	118,676	590
E1	1,218,244	6,061	한국가구	610,342	3,037	전방	94,205	469
사조오양	1,192,760	5,934	삼양제넥스	607,678	3,023	미원에스씨	92,200	459
대양제지	1,187,496	5,908	경동가스	601,722	2,994	세기상사	88,654	441
한일화학	1,176,948	5,855	대한제분	555,801	2,765	금비	81,901	407
엠에스씨	1,168,419	5,813	KPX케미칼	553,444	2,753	대동기어	73,075	364
한독약품	1,162,145	5,782	한국석유	544,474	2,709	삼양엔텍	65,955	328
하나그린스팩	1,144,453	5,694	한화케미칼우	539,409	2,684	조흥	57,545	286
신세계건설	1,134,710	5,645	로케트전우	534,369	2,659	에이스침대	48,764	243
신세계푸드	1,126,488	5,604	미원화학	530,538	2,639	BYC	39,167	195
부산가스	1,118,411	5,564	세원물산	514,006	2,557	대동금속	37,216	185
예스코	1,088,312	5,414	한국기업평가	488,211	2,429	미원상사	33,977	169
			신세계 I&C	474,971	2,363	신영와코루	21,271	106
			아세아페이퍼텍	455,153	2,264			

가 제값을 받는데, 이에 대해 연구한 자료는 거의 전무하다. 다만 적어도 하루 5만 주 이상은 거래가 되어야 상장사로서의 의미가 있다고 보는 시각이 많다. 이마저도 거래가 안 되는 상장사가 있다면 그 상장사의 경영진과 오너의 자질을 의심해보아야 한다.

거래가 너무 없는 함량 부족의 상장사 주주로 등재되어 있다면 마땅히 경영진에게 항의해 적어도 액면분할 정도는 요구하는 게 투자자로서의 권리이자 책임이다.

소액주주는 안중에 없는 부자 기업들의 꼼수

거래량과 관련해서 필자가 지목하는 대표 상장사는 면방직 회사들이다. 동일방직, 일신방직, 경방, 전방, 대한방직 등이 대표적인데 하나같이 거래량이 부족하다. 면방직 산업이 갖는 굴뚝 기업 이미지, 다시 말해 성장성이 떨어진다는 이미지와 겹쳐 이들 기업은 주식시장에서 인기가 바닥이다.

해방 이후 50년 가까이 전성기를 구가한 면방직 회사들은 막대한 돈을 벌여들었으나, 이후 이런저런 사업에 손을 대다 투자에 실패하고 외환위기를 거치면서 많은 기업들이 사라졌다. 하지만 살아남은 상장사들은 지금도 높은 경쟁력과 시장 지배력을 바탕으로 돈을 잘 벌고 있다. 반세기 동안 벌어 쌓아둔 현금과 자산이 얼마나 많겠는가.

언젠가 서울 여의도에 있는 일신방직 본사 안에 들어가본 일이 있는데 사무실과 복도 벽 곳곳에 걸려 있는 고가의 미술품에 말 그대로 어안

절차	일정		대상처
	발행사	대행사	
1. 액면분할을 위한 이사회 결의 및 공시	D-16		거래소
2. 기준일 및 주주 명부 폐쇄 공고	D-15		주주
3. 주주총회 개최 통보	D-13		대행사
4. 주주 명부 확정 기준일	D		
5. 권리 주주 확정		D+8	
6. 주총 소집 통지서 발송(공고)		D+10	주주
7. 주주총회 결의 및 결과 통보	D+25		거래소
8. 주식 매매 거래 정지 공고	D+45		거래소
9. 액면분할의 효력 발생일	D+57		주주
10. 액면분할 등기	D+57		법원
11. 주권 교부 개시일		D+66	주주

액면분할을 위해 필요한 절차 및 일정

이 벙벙해졌다. '면화를 수입해 면직물을 짜서 의류 회사들에게 납품하는 면방직 회사에 이런 엄청난 미술품들이라니…' 필자의 눈은 한마디로 휘둥그레질 수밖에 없었다. 주가는 PBR이 0.5가 안 될 정도로 쌌지만 회사에 돈은 넘쳐나고 있었다. 오너의 취향이 미술품 수집이었다는 얘기까지 더해지니 부러운 마음마저 들었다. 유명한 소더비 경매에서 구입한 그림도 있다고 하니 회사의 부(富)를 쉽게 가늠하기 어려울 정도였다.

그런데 오너에게도 좋고 소액주주에게도 좋은 액면분할 정책을 하는게 어떻겠느냐고 질문했을 때 그들의 대답은 하나같이 '아니오'였다. '이전에도 여러 번 주주들의 요청이 들어와 검토를 해봤지만 실익이 없다는 판단을 내렸다'는 것이다. 이런 이유로 면방직 회사들은 담합이라도 한 것처럼 5,000원 액면가를 고집하고 있다. 일신방직은 그러면서 남아도는 돈으로 자사주만 열심히 사들이고 있다. 주주 가치 제고를 위해, 자사주

가격의 안정을 위해서란다.

2012년 6월에도 일신방직은 자사주 30억 원어치를 사겠다고 공시했다. 그러나 주주가치 제고라는 일신방직의 명분을 신뢰하는 소액주주는 거의 없다. 일부 소액주주들은 자사주 매입의 방식을 보면 주가 안정이 아니라 유통주식 수를 다 끌어모아 상장폐지라도 시키겠다는 태도라고 지적한다. 주주들이 바라는 주가 부양책은 철저히 외면한 채 고루한 자사주만 매입하는 전형적인 소액주주 배제 정책이 아닐 수 없다.

지금 일신방직에게 필요한 모멘텀은 자사주 매입이 아니라 그 반대다. 무상증자나 액면분할을 해서 유통주식 수를 늘려야 하는 게 더 시급하다. 돈 들여 자사주를 살 게 아니라 지금 필요한 건 돈이 들지 않는 액면분할 내지는 무상증자다.

자본금 120억 원인 일신방직의 이익잉여금은 무려 4,485억 원에 이른다. 익을 대로 익은 기업의 재무구조다. 일신방직의 최대주주와 그 특수관계인 지분을 다 합치면 60%에 육박한다. 경영권 강화 차원에서도 지금 필요한 건 자사주 매입이 아니다. 설령 주주 가치를 제고하기 위해 노력한다는 일신방직의 말을 믿어본다고 치자. 그렇다면 그들은 지금 액면분할을 거부할 명분이 없다. 돈 한 푼 들지 않은 액면분할마저 이대로 외면한다면 차라리 상장사이길 포기하는 게 낫다. 돈은 부족함이 없으니 외부에 나도는 주식을 다 사면 된다. 주식 매수 청구권을 주주들에게 부여하면 된다.

이는 일신방직에만 해당되는 말이 아니다. 2012년 '침대는 가구가 아냐(침대는 과학이다)'라고 외치는 걸그룹 광고로 에이스침대는 다시 한 번 세간의 관심을 받았다. 그러나 에이스침대가 상장사라는 걸 아는 투자자가 그리 많지 않을 정도로 주식시장에서는 인기라는 이름의 대중성과는 거리가 있다. 이는 침대가 필요한 소비자를 소액주주보다 더 중시 여기는 성향을 엿볼 수 있는 부분이다.

2012년 1월부터 11월까지 에이스침대가 금융감독원에 내보낸 공시는 고작 11건밖에 되지 않는다. 비싼 모델을 동원해 TV 등의 광고를 대대적으로 실었던 에이스침대지만 투자자들을 향한 공시 수는 상장사 최저 수준이다. 그나마 한 공시라고는 분기, 반기 사업보고서 외에 주총과 배당 지급에 관한 것들로 하나같이 의무사항에 지나지 않는다. 이렇게 공시에 소극적인 상장사는 소액주주 입장에선 둘 중 하나다. 십중팔구 버려야 할 기업이거나 아니면 꼭 오래오래 투자해야 할 기업이다. 그렇다면 에이스침대는 어디에 속할까.

아래 최대주주와 특수관계인의 지분 구조를 살펴보자. 1968년생인 안성호 사장이 75% 가까이 보유하고 있고, 부친인 안유수 회장은 5%를 보

명의	관계	주식의 종류	소유 주식 수 및 지분율				비고
			기초		기말		
			주식 수	지분율	주식 수	지분율	
안성호	본인	보통주	1,653,683	74.56	1,653,683	74.56	-
안유수	부	보통주	110,930	5	110,930	5	-
안정호	제	보통주	7,014	0.32	7,014	0.32	-
계		보통주	1,771,627	79.88	1,771,627	79.88	-
		우선주	0	0	0	0	-

에이스침대 최대주주 및 특수관계인 지분율

구분	주주		보유 주식		비고
	주주 수	비율	주식 수	비율	
소액주주	379	99.21%	446,373	20.12%	-

에이스침대 소액주주 현황

유하고 있다. 안 사장의 동생인 안정호 씨 지분이 0.32%에 불과한 것을 보면 매우 극단적인 형태의 장자 상속이 이뤄진 것을 알 수 있다. 80%의 회사 지분이 이들 세 부자에 귀속돼 있다. 나머지 20%는 소액주주에게 있을 것으로 생각하기 쉽다. 하지만 절대 그렇지가 않다. 30만 3,611주, 전체 지분의 13.7%가 자사주이기 때문이다. 다시 말해 93.58%는 회사의 오너와 회사가 보유하고 있는 셈이다. 소액주주는 그러니까 나머지인 고작 6.42%, 14만 2,000여 주만을 보유하고 있다.

상장사가 상장을 유지하기 위해서는 주식을 분산해야 하는 규정이 있다. 일단 코스피시장 기업과 마찬가지로 코스닥시장 기업도 소액주주가 200명 이상이어야 한다.

한국거래소 규정에 따르면 소액주주는 1% 미만의 지분을 보유하고 있는 주주를 말한다. 에이스침대의 소액주주 수는 379명이다. 일단 합격이다. 그런데 주주 수뿐만 아니라 소액주주의 지분이 유동주식 수의 20%를 넘어야 한다. 에이스침대의 소액주주 지분율은 20.12%에 이른다. 그런데 이 규정에 함정이 있다. 회사가 사서 보유하고 있는 자사주를 소액주주 지분에 넣도록 되어 있는 것이다. 이는 상장사에 유리하게 거래소 규정이 해석되고 변형된 탓이다. 13.7%의 자사주가 소액주주가 아니라 대주주 지분에 속했다면 에이스침대는 관리종목 지정을 거쳐 1년 뒤에도 변함이 없을 경우 상장폐지 된다. 상장폐지를 따질 정도로 에이스침대의 지분 분포는 상장사에 어울리지 않다고 보면 된다.

상장사는 또 매월 일정한 수준 이상의 거래량을 충족시켜야 한다. 에이스침대는 매월 1만 주 미만의 거래량을 형성하고 있다. 코스닥 기업은 매분기 월평균 거래량이 유동주식 수의 1%를 넘어야 한다. 에이스침대의 거래량은 기준을 충족하지 못한다. 온전히 자사주가 소액주주 지분에 포함되면서 거래량 기준을 면제받는 특혜를 얻고 있다. 그러고 보면 유동성 공급 계약도 소액주주를 배려한 것이라기보다 상장 요건을 어떻게든 충족시켜 상장사로서의 브랜드 이미지나 회사 이미지 프리미엄을 누리려는 꼼수가 아닐까 하는 생각이 든다.

이런 의심을 해소하기 위해서는 에이스침대 오너와 경영진 스스로 변화의 모습을 보여줘야 한다. 자사주를 실질적인 소액주주에게 매각하는 게 첫 번째 방법이다. 자사주가 너무 아까워 팔 마음이 내키지 않는다면 마지막 방법이 있다(소액주주와 담을 쌓고 있는 기업이 무상증자를 스스로 실시할 것으로 보이지 않기 때문이다). 거래량을 늘리기 위해, 거래가 원활하게 이뤄지는 것을 조금이나마 돕기 위해 액면분할은 단행할 수 있다고 본다. 이게 상장사로서의 최소한 해야 할 의무다. 이마저도 거부하고 자사주에 의지한 채 상장을 겨우겨우 유지한다는 것은 에이스침대라는 이름에 어울리지 않는다. 차라리 공개매수를 거쳐 상장폐지 하는 게 낫다. 그런데 에이스침대 측은 상장폐지 할 마음이 없다고 밝히고 있다.

액면분할은 사전에 많은 준비가 필요한 게 아니다. 실무자들이 조금만 수고를 하면 된다. 한국거래소나 증권예탁결제원에 전화 몇 번 하고 담당자들을 한두 번 만나 상의하면 된다. 회사에서 실시한다고 하면 하지 말라고 딴지를 걸 이유도 없다.

액면분할은 잘해야 본전이 아니라 못 해야 본전인 손해 안 보는 장사다. 단, 무분별한 액면분할은 유통주식 수만 늘려 회사의 이미지와 주가를 훼손하는 결과를 초래할 가능성이 높고 자본시장의 발전에도 도움이 안 된다는 것을 상기해야 한다.

액면분할뿐 아니라 유·무상증자, 액면병합(액면분할과 달리 10주를 1주로 합치는 것) 등을 위해서는 새로운 주권이 발행되어야 한다. 소액주주들의 액면분할이나 유·무상증자 등의 요구를 들어주지 않는 상장사들이 이구동성으로 얘기하는 게 바로 비용이다(필자가 보기엔 주주를 배려할 생각이 아예 없다는 게 솔직한 말 같다). 그러나 새로운 주권을 찍어내는 데 드는 비용은 미미하다. 조폐공사, 국세청, 증권예탁원 등에 1매당 합쳐서 1,000원 조금 넘는 돈이 든다고 보면 된다. 그런데 실물 주권의 비율이 전체의 20% 안팎에 그치고, 대부분 주권이 1매당 1만 주나 1,000주 등 고액의 주권으로 발행되는 것까지 감안하면 상장사가 부담하는 비용은 충분히 감당할 수준으로 보인다. 그래도 상장사들은 비용 탓을 한다.

앞서 보았지만 1년에 한 번 여는 정기주주총회를 전자투표 방식으로 여는데 드는 돈이 국내 최대 상장사인 삼성전자의 경우 500만 원에 불과하다. 대주주와 경영진에게 무슨 일이 생길 것을 두려워해 전자주총을 도입하지 않으면서 대다수 상장사들이 비용 탓을 하고 있는 셈이다. 따지고 보면 의미 없는 비용 때문에 전자주총이나 액면분할, 무상증자가 가로막히고 있는 실정이다. 문제는 비용이 아니라 기업의 주인인 주주를

⊙ 주권 조제 관련 비용

구분	내용	비용
용지대	조폐공사로부터 주권을 조제하는 비용	1매당 500원
용지관리수수료	용지구매 후 적체관리에 소요되는 비용	용지대금의 5%
인지세	주식증서에 부과되는 인지세금	1매당 400원
가쇄비용	발행사가 예비주권을 조제하기 위해 인쇄소(가쇄소)에 지불하는 비용	가쇄소마다 다름

⊙ 주권 발행 수수료(주권을 발행한 경우 명의개서대행사에 지불하는 수수료)
  - 1매당 90원

배척하고 적대시하는 대주주와 경영진의 태도이다.

2012년 말 삼성전자 주가가 150만 원을 넘어섰다. 사상 최고가 행진이다. 반면 같은 시기에 경쟁사인 애플의 주가는 고가 705달러에서 530달러 선으로 크게 후퇴했다. 스티브 잡스의 혁신 정신이 아이폰5 등의 신제품에서 잘 보이지 않는다는 이유에서였다. 삼성전자가 스마트폰뿐 아니라 디스플레이와 TV 등 다양한 분야에서 선전하고 있다는 평가도 한 몫했다. 그러나 애플이 그런 것처럼 언제 또 어떤 변화가, 어떤 반전이 일어날지 모른다. 그러니 삼성전자로선 잘 나갈 때 좋은 제품을 개발하는 데 더 많은 에너지를 투입해야 하겠다. 더불어 이렇게 주가가 잘 나갈 때 주주들을 위해 돈이 별로 안 드는 무상증자, 액면분할 같은 조치를 대대적으로 단행하길 바란다.

경제 민주화는 양극화 시대의 산물이다. 양극화가 쉽게 해소되지 않는다고 가정할 때 경제 민주화 요구 역시 오랜기간 우리 사회의 핵심 의제가 될 수밖에 없다. 삼성전자로선 경영진을 지지하는 주주들을 대거 만들어두면 두고두고 큰 도움이 될 것이다. 주가가 잘 나갈 때 이런 작업을 하면 힘도 돈도 덜 든다.

04
주식시장에는
스타가 필요하다

2008년 미국발 글로벌 금융위기와 2011년 유럽발 재정위기의 여파로 우리나라 자본시장이 장기 침체에 빠질 조짐을 보이고 있다. 때문에 자본이 매력적인 투자처를 찾아 활발히 이동하고, 투자자들이 수익을 얻기 위해 고군분투하며, 또 투자를 유치한 기업이나 금융회사들이 새로운 성장을 찾아가는 모습은 갈수록 찾기 어려운 게 사실이다.

전 세계 주요 중앙은행은 전례 없이 많은 돈을 풀고 있다. 그렇다면 주식시장, 채권시장, 인수합병시장, 상품시장, 부동산 시장 등을 어슬렁거리는 돈은 이전보다 많아야 한다. 하지만 우리 주식시장의 현실은 어떠한가?

'양적완화'라는 용어가 있다. 이는 정책 금리 인하마저도 모자라 중앙은행이 국공채나 심지어 모기지 채권까지 사주고 그 대신 돈을 시중에 푸는 것을 뜻하는 매우 추상적이고 어려운 단어이다.

벤 버냉키 미연방준비제도이사회(FRB) 의장이 내뱉기 시작한 이 용어는 이제 직장인들의 일상적인 대화 소재가 돼버렸다. 그 정도로 중앙은행 밖으로 풀린 돈이 많다는 뜻이 된다. 그렇다면 이렇게 풀린 돈은 은행이나 기업, 가계 등 돈이 필요한 곳으로 흘러들어가기 마련이다.

그런데 참으로 이상한 일이 벌어지고 있다. 이론적으론 유례없이 많은 돈이 풀려 있지만 그 많은 돈을 실감하는 곳은 드물기 때문이다. 주식시장에도 돈이 없다는 소리가 가득하고 부동산 시장은 더 말할 것도 없다. 2012년 주식시장의 거래대금은 1~2년 전의 절반을 조금 넘는 수준에 머물러 있다. 부동산 시장의 거래 침체는 위기라고 불러야 할 정도다.

전문가들은 이 같은 침체 현상을 '부동화'라는 전문 용어로 분석했다. 부동(浮動), 말 그대로 떠돈다는 말이 된다. 돈이 떠돈다, 돈이 갈 곳을 찾지 못해 정처 없이 떠돌고 있는 상태라는 지적이다. 주인을 찾지 못하고 떠도는 돈은 통제가 불가능해진다. 영영 주인을 찾지 못하면 돈 스스로가 주인인 것으로 착각하는 지경에 이르게 된다. 사람을 위해 일을 해야할 돈이 주인으로 군림하는 것보다 불행한 일이 또 있을까? 더욱이 최근 들어서는 돈이 인간의 위에 위치하려는 빈도가 많아지고 있는 추세다.

그렇게 많이 풀린 돈을 귀로만 들을 뿐, 눈으로 보지도 손으로 만져보지도 못한 사람들은 고민에 빠졌다. 왜 돈이 떠돌까. 이유는 크게 두 가지로 볼 수 있다. 첫 째는 돈이 정착할 곳이 마땅치 않고, 둘째는 돈을 종처럼 자유자재로 부릴 주인이 없기 때문이다. 쉽게 말해 돈이 정착할 곳을 만들어야 하고, 돈이 무서워하는 사람이 나타나야 한다.

그러나 매력적인 투자처가 하늘에서 갑자기 뚝 떨어질 리 없다. 시간이 필요한 일이다. 그렇지만 돈이 따르는 사람을 찾아내거나 키우는 것은 사람들이 마음만 먹으면 그리 오랜 시간이 걸리지 않는다. 가뜩이나 장시간 이어지는 증시 침체 속에서 투자자들이 이런 능력자를 애타게 찾고 있다. 돈을 호령하는 능력을 가진 사람, 다시 말해 '스타'를 갈망하고 있는 것이다. 한마디로 스타 탄생의 때가 무르익었다.

시장은 위기 대처에 능한 스타를 원한다

오늘날 전국에서 가장 많은 지점을 거느리고 있는 국민은행은 주택은행과 국민은행이 합쳐서 탄생했다. 여기서 주택은행장으로 통합을 주도했던 김정태 씨 얘기를 잠깐 해야 할 것 같다. 그는 통합 국민은행의 초대 행장을 맡았던 인물이다(지금 하나금융지주를 이끌고 있는 김정태 회장과는 동명이인이다).

2001년 9월 11일, 뉴욕의 무역센터를 알카에다에 납치된 비행기가 연이어 들이받았다. 거대한 빌딩이 무너지는 순간, 동시에 금융시장도 붕괴되고 말았다. 주식시장은 너나 할 것 없이 역사적인 폭락을 맛보았다.

전 세계인에게 공포의 감정이 팽배해지던 와중에 김정태 행장(2001년 11월 1일 주택은행과 합병한 국민은행이 출범했기 때문에 테러 당시 김 행장은 사실상 합병은행장 신분이었다)은 은행돈 5,000억 원을 펀드에 투자하라고 지시했다. 11년 전 은행이 그랬다. 물론 지금 은행과 그때 은행이 다른 생명체는 아니다. 하지만 김정태였기에 가능했다는 공감대가 있었다.

당시 코스피지수는 500이 채 안 되던 상황이었다. 결과는 너무 놀라웠다. 국민은행은 수천억 원의 이익을 냈다. 장사꾼은 돈을 벌어야 하며, 돈을 벌기 위해서는 위험을 감내하고 기회를 잡아야 한다는 소신이 빛을 발하는 순간이었다. 그의 소신 있는 투자를 뒷받침한 것은 그의 냉철하고도 날카로운 시장 분석에 있었다. 실력이 뛰어났기 때문에 전 세계인 모두가 공포에 떨던 그 시기에 막대한 돈을 주식시장에 투자할 수 있었다. 만약 손실이 나기라도 했다면 그의 자리는 보장받을 수 없는 과감한 모험이었다.

김 행장은 초대 통합 국민은행장 취임사에서 "경영의 최우선 목표를 주주 가치 극대화에 두고 국민은행 주식을 가진 투자자들이 높은 투자 수익을 올리는 성공 사례를 만들어나가겠다"고 선언하기도 했다.

만일 2012년 흉흉한 재정위기의 와중에 시중 은행장이 똑같은 투자를 지시하고 똑같은 식의 경영 목표를 공개했다고 치자. 금융 당국의 고위 경제 관료들은 바로 전화를 할 것이라고 확신한다. 지금이 어느 때인데, 제정신으로 그런 말을 하는 것이냐며 화를 낼 테고 그래도 말을 듣지 않는다면 건전성과 고객 보호를 내세워 협박도 마다하지 않을 것이다. 고객 보호에 미흡하다는 으름장 뒤엔 으레 현장 검사가 뒤따르기 마련이다. 그리고 최후엔 인사권(시중 은행장의 인사권은 당시에는 주주가 아니라 금융 당국에 있었다. 하지만 2012년 시중 은행장의 인사권은 금융 당국이 아닌 청와대 권력과 친한 금융 지주 회장이 쥐고 있다는 시각이 많다)을 들먹이며 주식 투자 철회를 강제할 것이다.

김 행장은 시장이 지지하는, 시장을 믿는, 시장을 아는 스타였다. 실력까지 널리 알려지면서 많은 추종자가 생겼다. 국민은행은 당시 김 행장을 따라 주식형 펀드를 널리 팔았고, 펀드에 가입한 고객들은 많은 수익을 냈다.

김 행장의 주식 투자를 누구나 편안하게 생각한 것은 아니다. 금융 당국에선 그때도 불쾌하다는 반응을 내보였다. 그러나 시장이 인정하는 스타를 억지로 막을 방법은 없었다.

김 행장은 1998년 주택은행이 자신에게 부여한 스톡옵션에서도 대박을 냈다. 2000년께 액면가인 5,000원에 받은 주식을 2004년 6만 원에 처분했다. 40만 주 중 절반을 팔아 100억 원이 넘는 차익을 거뒀다(이중 대부분의 돈은 기부를 했다고 한다). 한동안 주식시장에서는 김정태 행장의 말 한마디 한마디를 주목하는 기현상이 펼쳐졌다.

시중 은행들은 주식 투자자와 투자 행위를 무슨 괴물 보듯 한다. 주식은 곧 위험하니 안전한 채권과 예금 내지는 적금에 돈을 넣어야 한다는 게 은행들의 한결같은 주장이다. 지금의 상황도 변함은 없다. 그런 우리 풍토에서 은행장이 주식 투자를 해서 대박을 냈다는 사실을 보여주었으니, 시장과 투자자들이 받은 충격은 짐작하고도 남는다.

당시 기자들도 김 행장을 만나면 은행의 경영 전략과 예대율 관리, 건전성 등을 묻지 않았다. 대신 주식시장이 어떻게 될 것인지를 묻는 일이 더 많았다. 은행장이 갑자기 이코노미스트나 스트래티지스트로 신분이 격하된 것이었다. 말하자면 위기에 주눅 들지 않고 시장의 생리와 속성 그리고 기업과 경기를 통찰한 바탕에서 내려진 과감한 투자에 투자자와 시장은 높은 점수를 주었다. 김정태는 그야말로 빅스타였다. 은행장이 애널리스트나 투자전략가로 스스로의 신분은 낮추었지만 세간에서 바라보는 그의 위상은 크게 높아졌다.

그러나 매우 유감스럽게도 그런 빅스타의 영예는 오래가지 않았다. 기억을 더듬어보자면 스톡옵션, 분식회계, 그리고 이헌재(전 재정경제부 장관 겸 부총리) 사단 등의 말들이 오가는 와중에 김 행장의 연임은 이뤄지지 않았다. 또한 취임할 때부터 은행의 경영이 어려우니 월급을 받지 않고 대신 경영 성과에 따라 차액이 달라지는 스톡옵션을 선택한 김 행장의 대박은 나중에 '과도한 성과 챙기기'로 둔갑해버리고 말았다.

이외에도 국민카드 합병 때 발생한 회계 처리는 3~4년이 지나 김 행장에게 감독 당국의 중징계라는 철퇴로 다가왔다. 국민카드와의 합병 과정에서 발생한 대손충당금 설정 시기가 문제였는데, 합병에서 발생한 손실(대손충당금)을 합병 후 반영한 것은 규정 위반이라는 금융 당국의 판단이 옳기는 했지만, 악의가 없는 경미한 분식에 대해 행장의 연임을 가로막는 중징계 결정을 내린 것은 지나치다는 게 중론이었다.

2003년 김 행장은 우리 경제를 옥죄었던 카드 사태 등 크고 굵직한 이슈가 발생할 때마다 금융 당국과 마찰을 빚었다. 물론 나라 경제를 생각해야 한다는 당국의 입장과 국민은행과 국민은행 주주가 먼저라는 김 행장의 소신이 언제나 '평화'일 수는 없다. 하지만 정상적인, 바람직한 시장이라면 이런 최고경영자(CEO)와 금융 당국이 공존해야 한다. 공존하면서 서로의 강점을 인정하고 약점을 보완해가면서 나라 경제와 금융시장의 발전을 모색해야 한다. 그러나 우리의 수준에서 공존은 없었다. 김 행장은 중징계의 철퇴를 맞고 2004년 10월 일선에서 물러났다. 그리고 그의 모습은 주식시장에서 더 이상 찾아볼 수 없게 되었다.

후임에 선임된 강정원 은행장은 임기 내내 강렬한 색깔이 없다는 평가를 받았고, 실제로 시장과 호흡하기보다는 신비주의를 고수했다.

김정태 행장 이후 지금까지 국민은행이 리딩뱅크로서 우리나라 금융산업에 어떤 전향적인 발자취를 남겼는지 평가해보자. 정부의 지분이 하나도 없는 순수한 민간 시중 은행인 국민은행조차 시간이 지날수록 관치의 늪으로 빠져들고 있다. 정부와 금융 당국은 위기를 늘 강조한다. 그러면서 민간의 창의성과 민간 전문가의 역할을 철저하게 배제하고 있다. 그 결과 우리나라 은행은 아직도 변방의 마이너로서 촌티를 벗지 못하고 있다. 삼성전자, 현대차, 포스코, 현대중공업 등 대기업들이 세계시장에서 큰소리 치고 있는 지금, 우리 은행들의 모습은 어떠한가. 이것은 누구의 책임인가.

준비된 시장만이 스타를 발굴한다

2004년이 그렇게 저물어가던 즈음, 시장은 또 하나의 스타 탄생을 예고했다. 바로 박현주 미래에셋 회장이다. 2004년은 공교롭게도 우리나라에 적립식 펀드가 선보였던 해로, 이때부터 엄청난 시중 자금이 적립식 펀드로 이동했다. 말 그대로 밀물처럼 밀려왔다. 적립식 펀드는 운용사인 미래에셋자산운용과 판매사인 미래에셋증권이 단연 두각을 나타냈다(지금은 아득한 추억이 되고만 일이기에 소개하는 마음이 허탈할 수밖에 없다).

2007년 강남의 한 증권사 지점에서 근무하던 김 모 과장. 그가 일한 곳은 미래에셋증권 지점은 아니었기에 손님들이 적립식 펀드를 들기 위해 바로 옆에 있던 미래에셋증권에만 찾아가는 모습을 부러운 듯 바라보아야 했다. '적립식 펀드 = 미래에셋'이라는 말처럼 손님들은 미래에셋으

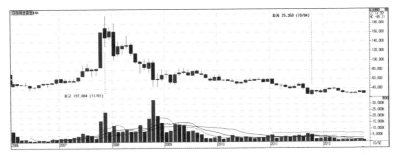

2006 ~ 2012년 미래에셋증권 주가 추이

로만 몰려들었다.

　그러던 어느 날 미래에셋증권에 너무 길게 줄이 늘어서자 일부 손님들이 김 모 과장이 일하던 지점을 찾아오는 일이 발생했다. "우리 지점에서도 미래에셋과 똑같은 상품을 그대로 판매한다"는 말 한마디로 모든 게 일사천리였다. 번호를 받지 못한 손님들, 오래 기다리는 걸 싫어했던 손님들이 김 모 과장의 지점으로 찾아왔다.

　그렇게 달콤한 나날이 몇 달간 이어졌다. 국내 펀드뿐 아니라 브릭스펀드(브라질, 러시아, 인도, 중국에 집중 투자하는 펀드), 친디아펀드(중국과 인도에 집중 투자하는 펀드) 등 해외 시장에 투자하는 펀드까지 하루 수천억 원씩 팔리던 때였다.

　이런 열풍을 주도한 게 바로 미래에셋자산운용이었고 미래에셋증권이었다. 그 열풍에 수혜를 입고 미래에셋증권의 주가가 연일 폭등했다. 2007년 10월 말 출범한 인사이트펀드에는 순식간에 5조 원에 육박하는 거액의 뭉칫돈이 들어왔다. 회사 스스로도 놀랄 만한 일이었다. 미래에셋 임직원과 주주 모두 한마디로 또 하나의 대박이 난 것이다. 적립식 펀드의 이 같은 성공은 어쩌면 예견된 일이었는지도 모른다. 남들보다 먼저

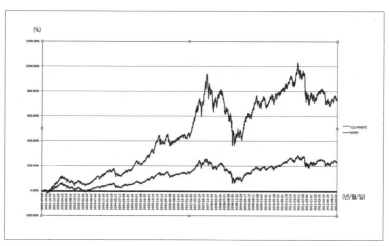

2001 ~ 2012년 미래에셋 디스커버리펀드 VS 코스피 설정 이후 수익률

뮤추얼펀드의 성장을 예견하고, 박현주 펀드 시리즈에 이어 디스커버리
펀드 시리즈를 장기간 운용하며 투자자들에게 깊은 인상을 심어준 게 결
정적이었다. 펀드는 미래에셋이라는 고정관념이 형성됐고 이는 돈으로
살 수 없는 자산이 됐다. 박 회장은 일약 스타덤에 올랐다. 박 회장뿐 아니
라 그의 후배 격인 임원들의 한마디 한마디에 주식시장은 흥분했고, 때로
는 실망하기를 반복했다. 2008년 봄까지는 그랬다.

적립식 펀드로 대표되는 미래에셋과 박현주 회장의 영광 역시 오래
가지 못했다. 2008년 글로벌 금융위기를 재촉한 리먼브러더스의 파산과
함께 팔아놓은 적립식 펀드가 대거 손실을 냈다. 금융시장이 최고의 호
황일 때 설정된 인사이트펀드는 더 많은 손실이 불가피했다.

최초 출범 후 만 5년이 지난 현재 인사이트펀드의 자산은 1조 5,000억
원을 조금 넘는다. 이 펀드는 미래에셋의 어제와 오늘을 대변하며 어떤

때는 중국 비중을 늘렸다가 또 어떤 때는 미국 비중을 늘렸다가 하면서 수익률을 만회하기 위해 안간힘을 다하고 있다. 선진 시장, 신흥 시장 할 것 없이 해외 시장에서 원하는 대로 많은 돈을 투자해봤다는 경험만을 미래에셋의 펀드매니저들에게 남긴 채 이 펀드의 고객들은 고개를 떨구어야 했다.

적립식 펀드를 버블 국면에서 대거 팔아 대박을 낸 박 회장과 미래에셋은 지금까지 숱한 비판에 시달리고 있다. 고객이 많은 돈을 잃은 상황에서 회사와 대주주만 큰돈을 챙겼다는 원성부터 수익률을 비롯한 다양한 측면에서 어떤 공로를 세웠는지에 대해 다양한 검증도 진행되고 있다.

박 회장과 미래에셋의 성공은 일면 시장이 좋았기 때문에 가능했다. 호황장이 오지 않았다면 절대 불가능한 일이었다. 운용 기법이나 철학, 위험 관리 측면에서 남달리 대단한 실력을 선보였다는 평가는 찾아보기 어려운 게 사실이다. 큰 호황을 앞두고 운 좋은 시점에 투자자들의 요구에 딱 들어맞는 상품을 팔아 성공을 거둔 것이다.

주식시장에는 '운칠기삼'이라는 말이 있다. 한 치 앞을 알 수 없는 불확실성을 안고 살아가는 투자자들에게 기(技)라는 실력도 중요하지만 운(運), 즉 행운도 그에 못지않게 중요하다는 뜻이다. 심지어는 기술보다 행운이 성과에 더 많은 영향을 미치는 때도 많다. 오죽하면 7대 3으로 운에 더 많은 비중을 뒀을까. 박 회장은 그런 점에서 행운이 따라주는 실력자가 아닌가 하는 생각이 든다.

박 회장에 대한 평가는 호불호가 확실하게 엇갈린다. 필자가 가장 많이 접한 평가는 기대만큼 실망도 크다는 내용이다. 펀드 투자자를 비롯한 많은 사람들이 그가 펀드 시장의 선구자로서, 적립식 펀드의 폭발적 성장

연도	적립식 펀드	주식형 펀드
2012년	55	96
2011년	57	104
2010년	54	101
2009년	70	126
2008년	76	140
2007년	58	116
2006년	28	46
2005년	14	26
2004년	0	8.6

2004 ~ 2012년 적립식, 주식형 펀드 설정액 추이(공모 및 사모펀드 합계)

을 바탕으로 펀드 산업을 세계 수준으로 끌어올려 줄 것이라고 믿었다.

그러나 2004년의 펀드 시장과 지금을 비교하면 어떤가. 달라진 게 거의 없지 않은가. 오히려 많은 부분에서 퇴보했다고 보는 게 맞다. 그런 퇴보의 결정판이 미래에셋 펀드의 바통을 이어받은 랩어카운트 시장의 단명이었다. 2011년 꽃을 피운 랩어카운트는 결국 일 년이 채 지나지 않아 침체의 길로 접어들었다.

이제 직장인들도 자산가들도 더 이상 적립식펀드와 랩어카운트를 노후 대비의 대안으로 보지 않는다. 수수료만 많이 떼어가는 운용사라는 인식과 펀드 역시 판매사만을 위한 이기적인 상품으로 취급하고 발길을 끊은 지 오래다.

그렇다고 미래에셋과 박현주 회장의 영광이 끝났다고 단정 짓기에는 이르다. 박 회장은 적립식 펀드의 성공에 안주하지 않았다. 끊임없이 영역 확장에 나섰는데, 종착역을 주요 해외 신흥 시장으로 잡았다.

그 결과 브라질과 중국에서 미래에셋은 국내 금융 회사 중 가장 높은 인지도를 확보했고, 법인도 다수 설립했다. 현지 자금도 유치해 운용하고 있다. 현대 자본주의의 최강자로 불리는 미국에도 진출해 있다. 주식시장의 위험성과 협소함을 알고 이제는 부동산과 자원 같은 곳으로 포트폴리오를 다변화했다. 박 회장에 대한 최종 판단은 나라 밖 성과에 좌우될 가능성이 높아졌다.

투자자들의 적립식 펀드에 대한 실망감과 함께 박 회장 역시 대중 앞에 나서기를 꺼리고 있다. 벌써 몇 해가 지났다. 주식시장에 스타가 사라지고 많은 시간이 지났다. 그렇다면 이제 어느 회사가, 누가 스타가 될 것인가.

많은 이들이 그 빈 자리를 대체할 것으로 헤지펀드를 꼽는다. 실력파 투자 자문사가 스타의 자격을 갖춰나가고 있다는 얘기도 심심치 않게 들린다. IT 강국에 걸맞게, 최첨단 금융 프로그램 개발자가 전 세계 시장을 누비는 때가 멀지 않았다는 기대감도 커지고 있다. 삼성과 같은 대기업이 글로벌 인수 합병(M&A)을 통해 시장의 스타가 될 것이라는 전망까지 나오고 있다.

어쨌든 중요한 것은 스타를 발굴하고 키우고 인정하고 존중하는 환경이고 문화가 아닐까 한다. 사돈이 땅을 사면 배가 아프다는 속담이 있다. 주식시장에서도 이런 일이 많다. 하지만 지금이 어떤 세상인가. 저 멀리 유럽, 남미의 투자자가 실시간 우리 시장과 호흡하고 있다. '우물 안의 개구리'가 되어서는 곤란하다. 우리의 경쟁 상대는 나라 밖에 있다. 절대 옆에 있는 금융회사나 투자가가 아니다.

어떤 회사가 정당하게 큰돈을 벌면 열심히 응원하고 박수를 쳐줄 일이다. 해외에서도 크게 성공하라고 응원할 일이다. 금융 당국 역시 민간의 스타가 탄생할 조짐이 보이면 적극 지원해주어야 한다. 자라나는 싹마저 자르는 규제 위주의 정책은 우리 모두에게 도움이 되지 않는다. 워런 버핏처럼 오래오래 인정받고 존경받는 스타 탄생을 기다린다. 이미 때는 무르익었다.

05
주식시장의 성장판,
코넥스시장

주식시장이 활기를 띠기 위해서는 시장에 들어오는 돈도 많아야 하지만 이 돈에 자신감을 갖고 투자할 만한 기업들이 많아져야 한다. 좋은 기업이란 보유하고 있는 현금과 부동산을 비롯한 자산이 많고 영업을 통해 돈을 잘 버는 기업이다.

경기가 안 좋을 때 투자자들이 주목하는 것은 기업의 미래다. 우울한 현재보다 밝은 미래의 청사진에 더 주목하고 투자 판단을 내리는 경향이 강해진다. 이런 관점에서 보면 경기 불황 시기에 성장주가 부각되는 것을 이해할 수 있다. 문제는 성장주의 가치를 따지기가 참 어렵다는 점이다.

과거와 현재의 자산과 영업 실적을 보고 기업의 가치를 따지는 것은 어렵지 않다. 하지만 우리나라 대부분의 투자자들은 매우 쉬운 이 작업도 하지 않고 맹목적인 투자를 즐기는 탓에 돈을 벌지 못한다. 이제는 익숙해진 PER, PBR 개념에다 약간의 분석 기법만 습득한다면 기업의 가치는 어렵지 않게 분석해낼 수 있을 것이다. 다만 눈으로 볼 수 있는 사실 분석보다 더 어려운 것은 투자자들이 분석한 방향에 따라 그대로 투자하고, 투자 자금을 회수하는 일련의 행동을 실제로 취하는 문제이다.

불안한 기업의 미래에 맹목적으로 투자하는 사람들

성장성은 미래의 영역에 속한다. 투자자들이 겪어보지 못한 시간이다. 그래서 따지고 분석하기가 어렵다. 성장성 평가란 과거를 지나 현재를 보내고 있는 기업이 과거와 현재를 토대로 미래에 어떤 성과를 이루어낼지 따지는 일이다. 그러나 세상사는 한 치 앞을 내다볼 수 없다는 말이 있다. 그 정도로 불확실하다는 뜻이다. 한 사람의 미래도 가늠하기가 불가능한 마당에 기업의 앞날을 예측하기란 참으로 힘든 일이다.

그렇다면 기업의 미래를 쉽게 예단할 수 없게 만드는 요인은 무엇인가?

외적으로는 환율, 금리, 해외 시장, 경쟁 회사, 정부 정책 등이 기업의 미래를 결정하는 주요 변수들이다. 어느 것 하나 자신 있게 예측하기 어렵다. 안으로는 기술력(특허, 맨 파워), 노사 관계, 경영진의 선택, 오너의 성향 등에 따라 기업의 진로가 결정된다. 만약 삼성전자의 경영진과 오너가 스마트폰 시장의 팽창에 두려움을 느끼지 않고 서둘러 모바일 시장에 뛰어들지 않았다면 삼성은 애플의 독주 속에서 크나큰 화를 면하지 못했을 것이다. 실제로 LG그룹이 이 때문에 오랜 기간 심하게 고생했다.

그뿐인가. 기업의 성장성을 평가하기 위해서는 앞에서 열거한 모든 것을 종합적으로 점검하고 분석해야 한다. 그러니 기업의 1년 뒤를 내다보는 것은 가능할지 모르지만, 3년, 5년, 10년 뒤를 내다보는 일은 생각만 해도 아찔하다.

증권사 애널리스트들의 주된 역할이 바로 기업의 가치를 평가하는 일이다. 비싼 몸값을 주고 애널리스트를 고용한 증권사에서 원하는 것은 기업의 과거와 현재보다는 미래를 예측하는 일이다. 투자자 역시 기업의 미래가 어떤지 알기를 원한다. 앞서 얘기했지만 불황 때는 이런 경향이 더 심해진다(2012년 하반기에 유행한 테마주였던 '놀자주'를 보라. 경기가 어려우니 사람들이 외출과 소비를 줄이고 집에서 스마트폰 게임에 몰입할 것이라는 얘기로 테마 주가 형성됐다. 불황 때 오히려 더 성장할 수 있다는 시나리오였던 셈이다).

미래를 내다보지 못하는 전문가들

스트래티지스트(투자전략가)에게는 미래의 주식시장을 전망해달라 하고 애널리스트에게는 미래의 기업 가치 변화를 미리 제시해달라고 한다. 그런데 금융위기, 재정위기를 거치면서 미래 예측은 더욱 어려워졌다. 전 세계 중앙은행과 정부들, 그리고 국회에 입성한 정치인들의 일거수일투족에 우리나라 경제와 기업 실적이 시시각각 영향을 받기 때문이다.

투자전략가들은 해마다 연말이 되면 이듬해 주식시장 전망 자료를 내놓는다. 예를 들어 '2013년 코스피지수가 1850~2200 사이를 오갈 것으로 예상되며, 상반기보다는 하반기에 주가가 더 좋은 흐름을 보일 것이다'는 식이다. 그런데 실제 주식시장은 2013년 1분기가 채 지나기도 전에 투자전략가들의 예측치를 벗어나곤 한다. 해가 갈수록 이런 현상은 더욱 뚜렷해지고 있으며, 1월이 지나기도 전에 투자전략가들의 항복을 받아내는 일을 목격하기도 한다. '전망무용론'이 등장한 배경이다.

1년 치의 예측도 의미가 없어졌다는 점을 뒤늦게 깨우친 기업분석가들은 꼼수를 부리고 있다. 분기별 실적에 몰두하기로 전략을 바꾼 것이다. 예를 들어 '엔씨소프트의 3분기 실적은 기대에 미치지 못했지만 4분기에는 이익이 다시 정상화될 것으로 보여 투자 의견은 매수를 유지한다'는 식이다. 이런 내용의 리포트가 다수다. '3분기 실적이 기대에 부합했다. 이런 추세라면 4분기에도 당사 추정치와 유사한 실적이 예상돼 매수 의견을 유지한다'는 식의 리포트보다 훨씬 많다. 분기별 실적 예측마저도 적중도가 떨어진다는 것을 확인할 수 있다.

전문성을 자랑하는 애널리스트조차 3개월 후의 실적을 알아맞히기에 급급하다. 기업의 회계 및 재무 담당자와 실시간 커뮤니케이션을 하는 애널리스트들이 이런 실정이다. 이에 대해서는 애널리스트의 실력 부족을 지적할 수도 있겠고, 실적 전망을 내는 데 외부의 입김이 작용했다고 의심할 수도 있을 것이다. 그러나 근본적으로 미래 예측이 그만큼 어려워졌음을 짐작하고도 남는 비화라고 보면 된다.

성장주의 분석이 이러한데 성장주 투자는 어떻겠는가. 더욱이 우리나라 주식시장은 성장주 투자가 다수를 이룬다. 바이오주부터 엔터테인먼트, 모바일 게임, 태양광에너지, 풍력에너지, 해외 자원 개발 등이 대표적이다. 2010년부터 불기 시작한 '차화정(자동차, 화학, 정유주)' 테마 역시 성장주 투자였다. 이웃나라 중국의 성장에 주목하고 차화정이 고속 성장할 것이라는 얘기에 흥분한 투자자들이 해당 업종의 주식들을 사느라 여념이 없었다. 그런데 차화정 투자 열기는 2년을 넘기지 못했다. 수많은 차화정 펀드들의 수익률이 주저앉으면서 펀드에 돈을 맡긴 고객들이 이탈했기 때문이다.

사실상 차화정 투자는 투자자문사가 주도했다. 자문사는 자산운용사의 더딘 수익에 실증을 느낀 펀드매니저들이 대거 이동하며 붐을 이룬 투자전문회사다. 전문가 중의 전문가들이 '차화정'이라는 성장주 투자에 맛을 들였다가 2년이 채 못 돼 실패했다. 여러 자문사들이 적자를 냈고, 시장에 매물로 나온 투자자문사들이 속출했다.

2012년을 강타한 정치투기주 열풍도 분류하자면 성장주 투자일 것이다. 대통령 유력 후보와 상장사의 경영진(오너)이 학연, 지연 등으로 개인적인 친분이 있기 때문에 후보가 대통령이 될 경우 상장사가 혜택을 입을 것이라는 매우 저질스런 성장 스토리가 뒷받침됐다. 하지만 정치투기주는 대부분 반토막 이상의 폭락을 면치 못했다. 10조 원을 넘어 20조 원에 육박하는 손실이 발생한 것으로 추정된다. 이처럼 투자자들의 손실이 막대한 상황에서 반성의 목소리는 모기 울음소리에도 미치지 못하고 있는 실정이다.

정치투기주의 성과가 끔찍한 것은 어찌 보면 당연하다. 그렇지 않아도 성장주 투자가 어려운데, 후진적인 투자 문화까지 가세한 마당에 무엇을 기대할 수 있을까. 이 같은 우리의 정치투기주 바람은 해외에서도 조명을 받았다. '참으로 어처구니없는 투자가 유행한다'는 비웃음과 함께.

성장성이 훼손된 주식시장

코스닥시장을 중심으로 말도 안 되는, 실체가 불분명한 성장주 투자가 2012년 한 해 동안 유행했다. 그러나 냉정하게 우리 증시에 상장된 기업들의 성장성을 들여다보면 무섭다는 생각이 들 정도다. 성장이 죽었다는 불안감을 떨칠 수 없다.

삼성전자는 애플과의 특허 소송에서 드러났듯 모바일 시장에서 주도권을 빼앗겼다. 최종 승부가 나지는 않았지만 스마트폰의 선두주자가 애플인 것만은 부인할 수 없다(급등한 애플 주가가 꺾이는 아래 그래프를 보노라면 애플의 앞날도 순탄하지 않을 것임을 암시하는 듯하다). 애플이 앞으로 계속 독주할 것인지 아닌지는 알 수 없지만 지금 삼성전자의 모습에서 성장성을 찾아내기란 쉽지 않다. 바이오, 태양광, 2차 전지 그리고 차세대 IT 제품에서 성장성(신수종 사업)을 찾고 있는 삼성그룹이지만 새로운 캐시카우로 부상할 후보군은 아직 등장하지 않은 상황이다. 스티브 잡스의 사망

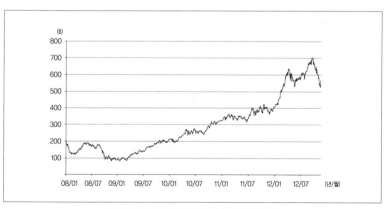

700달러를 찍고 600달러 아래로 주저앉은 애플의 주가

이후 애플이 내놓는 아이폰5나 아이패드, 그리고 TV 등이 소비자들의 기대를 담지 못하는 것으로 드러나면서 시간이 지날수록 삼성전자의 경쟁력은 상대적으로 부각되는 모습이다. 그러나 삼성 역시도 스마트한 세상을 선도하는 혁신을 주도하지는 못하고 있다. 애플이 저가 스마트폰이나 TV에서 새로운 혁신을 선보인다면 언제든지 상황은 반전될 수 있다.

현대기아차그룹은 재정위기 등의 여파로 원화 가치 하락의 수혜를 입었고, 이전과 다른 디자인과 품질 경쟁력으로 글로벌 브랜드로 도약했다. 그 결과 지금까지의 성장성은 인정받고 있다. 그런데 과연 앞으로는 어떻게 될까.

일본의 도요타자동차가 전의(戰意)를 가다듬고 있는 데다 미국의 포드와 GM은 국수주의와 애국심까지 등에 업고 절치부심하는 모습이다. 현대기아차그룹의 성장성이 도전받고 있는 것이다. 해외 시장은 점유율 확대가 직면한 과제지만 내수에선 해외 자동차의 브랜드와 싸움을 해야 한다. 옛날에는 쉬웠다. 벤츠나 BMW의 가격이 워낙 비쌌던 데다 A/S에서 차이를 보였고, 독과점을 눈감아주는 정부의 '지원'까지 더해져 현대기아차는 누워서 떡 먹는 식의 장사를 했다.

그런데 이제 달라졌다. 외국차의 가격이 점점 떨어지는 가운데 차종도 늘어나고 있다. 무엇보다 소비자들의 인식이 바뀌었다. 그동안 현대기아차의 수출 가격이 내수 가격보다 훨씬 낮다는 사실을 눈감아준 소비자들이 더 이상 '봉' 되기를 거부하면서 애국심의 발로에서 비롯된 '어쩔 수 없는 현대기아차 구매' 방식은 점차 완화되고 있다. 더욱이 현대기아차가 연비 과장으로 미국 소비자들에게 수천억 원의 보상금을 지불해야 하는 사실이 알려지며 소비자들의 냉대는 훨씬 강화되고 있다. 주변을 둘러보면 '조금만 돈을 더 내면 외제차를 몰 수 있다'는 부푼 꿈을 꾸고 있는 젊은 샐러리맨들도 적지 않다.

포스코는 중국의 성장에 힘입어 2007년까지 놀라운 성장의 가능성을 한 몸에 받았지만 이제 중국 철강사들의 도전에 부딪혀 성장성이 훼손되고 있다. 비주력 자산과 계열사를 매각하고, 해외의 철강사를 인수 합병(M&A)하고 있지만 후발 중국 업체들의 물량 공세, 가격 공세를 극복하기란 쉽지 않다. 성장성이 꺾였다는 분석이 나오는 주된 배경이다.

LG화학은 셰일가스의 개발이 구체화되면 자동차용 2차 전지의 수요가 기대에 미치지 못할 것이라는 우울한 전망에 갇혀 있고, 현대중공업은 장기간의 경기 침체로 전 세계 바다를 오가는 물동량이 줄고 있다는 소식이 끊이지 않는 가운데 해양플랜트 사업에서 기회를 찾으려 애쓰는 모습이다. SK이노베이션 같은 정유 회사들 역시 성장성이 높아질 것이라는 전망을 찾기 어렵다. 장기 불황에 기름 소비마저 줄어들고 있기 때문이다.

경제 민주화 바람이 2012년 대선과 또 향후 상당 기간 동안 정치권과 정부의 주요 국정 의제로 자리 잡을 가능성이 높은 만큼 이들 대기업의 성장성은 한동안 제한받을 가능성이 높다. 평등의 개념이 강조되는 '민주화' 요구 속에서 대기업은 일정 부분을 중소기업에 양보해야 하기 때문이다.

안방 시장에 머물고 있는 은행, 보험, 증권 산업의 성장성에 대한 기대치 역시 매우 낮다. '해외 시장에서는 경쟁력이 없다'는 자기비하적인 판정에 따라 이들 금융산업은 주가도 할인받고 있다. 그러나 성장 프리미엄이 제로(0)이기 때문에 주가가 쉽게 움직일 리 없다. 삼성생명, 삼성화

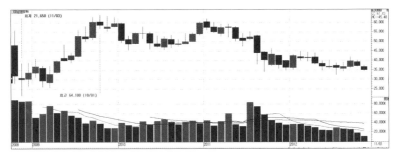

2008 ~ 2012년 KB금융지주 월봉

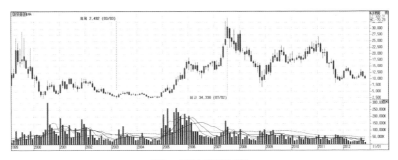

1999 ~ 2012년 대우증권 월봉

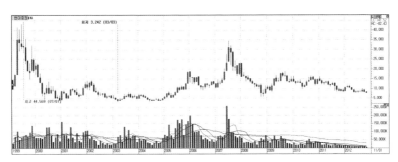

1999 ~ 2012년 현대증권 월봉

재, 신한지주, KB금융지주, 우리금융지주, 대우증권, 삼성증권 등 숱한 금융회사들의 주가는 순자산 가치를 밑돌고 있다. 금융회사들은 자본시장의 후퇴를 막지 못한 책임을 스스로 감당하고 있는 상황이다.

60여 개에 이르는 회사가 난립하고 있는 증권산업의 경우 업황 침체가 장기화될 경우 조만간 인수 합병(M&A)이 불가피해 보인다. 반 강제적인 인수 합병의 과정에서 초대형 증권사가 탄생하고, 혁신의 아이디어가 나온다면 성장을 기대할 만하다. 그렇지만 지금의 수준은 적자가 계속 나고 있는 몇몇 소형 증권사나 후발 증권사들이 영업권을 반납할 것이라는 전망이 고작이다. 성장의 자극제로 활용될 인수 합병이 활성화되려면 법인 매각 등에 따르는 세제 개선이 필요하다는 지적도 많다. 지금은 회사를 사는 쪽 파는 쪽 모두 실리가 많지 않다고 이구동성하는 상황이다.

벤처 버블의 태동과 종말

그럼에도 불구하고 성장이라는 막연한 기대감을 포기할 수는 없는 노릇이다. 성장을 잃은 가정의 가계부는 생각만 해도 끔찍하다. 가장을 비롯해 경제 활동 연령층의 수입(매출)이 늘지 않고 계속 줄어드는 상황에서, 싱싱하고 영양가 많은 가계 식단을 계획할 수는 없다. 이는 곧 재정 절벽(fiscal cliff)에 부딪힌 가계의 구성원, 즉 가족들의 얼굴에서 웃음을 찾기 어렵게 만들 것이다.

성장하지 않는 기업의 미래는 뻔하다. 성장성을 포기한 기업의 임직원이 어떤 태도로 일을 하겠는가. 매출과 이익이 줄어들면 기업은 직원들의 휴가비, 연말 보너스도 없애고 연봉마저 줄이려 할 것이다. 사주와 노사 간의 갈등과 대립의 싹이 자라는 것을 막을 방도도 달리 없다.

성장을 멈춘 정부(나라 살림)는 국민들을 피곤하게 할 뿐이다. 국민의 생명과 재산을 나라 안팎의 적으로부터 보호하는 역할을 하는 데 많은 부족함이 뒤따를 것이다. 오히려 생명과 재산을 보호한다는 명목으로 세금만 늘리려 들고, 국민들의 삶을 편하고 윤택하게 할 사회간접시설에 대한 투자는 대폭 삭감될 것이다.

1997년 말 찾아온 외환위기를 떠올리면 된다. 당시 온 나라가 비통에 잠겼다. 희망을 얘기하는 목소리는 찾아볼 수 없었다. 거리는 실업자로 넘쳐났고, 극복할 수 없는 생활고에 자살을 선택하는 가장들이 속출했다. 부동산 불패의 신화가 깨져 서울의 부동산 가격이 무섭게 하락했다. '오르는 것은 물가와 환율뿐이다'는 말이 유행했다. 공황을 연상하는 이가 적지 않았다.

1998년 그해의 겨울은 끝나지 않을 것처럼 보였다. 당시 김대중 대통령이 가장 높은 관심을 보인 문제 역시 '실업'이었다. 그는 실업 대란 얘기만 나오면 화도 자주 냈다고 한다. 그러던 늦은 봄날, 대통령에게 화끈한 실업 대책을 담은 서류 뭉치가 전달되었다. 서류 뭉치의 전달자가 정덕구 전 의원(당시 재정경제부 차관)과 이규성 당시 재정경제부 장관 라인이었다는 말도 있고, 권노갑 전 의원을 비롯한 동교동계라는 말도 있었다. 하지만 대통령의 호통에 놀란 경제 관료들이 서둘러 실업 대책을 쥐어짰고, 동교동계가 이를 강하고 빠르게, 그러면서도 포괄적으로 밀어붙였다는 게 정설이다.

어쨌든 그들이 내놓은 화끈한 실업 대책이란 바로 코스닥시장 활성화를 통한 벤처 육성 방안이었다. 벤처기업의 증시 상장을 수월하게 하고, 벤처기업들이 소위 말하는 대박을 터뜨리는 일이 자주 발생하면 벤처 창업의 붐이 일 테고, 자연스럽게 실업이 해소될 것이라는 아이디어가 현실화된 것이다.

정책의 초안은 화끈했다. 벤처기업에 대해 법인세를 50% 감면하고, 코스닥시장에 등록한 대기업 주식을 거래할 때 양도차익을 비과세하며 코스닥 주식은 증권거래세를 면제한다는 폭탄 같은 내용이었다. 지금으로선 상상할 수 없는 정책이 외환위기의 복구 과정에서 버젓하게 입안됐다. 1998년 6월의 일이었다(초안은 이후 조금 수정됐다. 하지만 당시에는 세제의 형평성을 깨뜨린다는 위헌 논란도 실업 대란이라는 국난 극복을 위해 무슨 일이든 해야 한다는 당위성 앞에서는 힘을 유지하지 못했다).

같은 시기 산업자원부, 정보통신부를 중심으로 벤처 산업의 진입 장벽을 낮추는 규제 개혁안이 마련되고 있었다. 대학 안에서 운영되고 있는 실험실이 법인의 이름을 달고 벤처로 변신할 때는 신고만 하면 되었다. 이는 무수한 학내 실험실 벤처가 탄생된 토대가 됐다. 웬만한 이공계의 박사들은 스톡옵션의 달콤함에 취했다. 대학 창업, 박사 스톡옵션 등은 고학력 실업자를 벤처로 흡수하기 위한 의도적인 조치였다는 평가가 오래지 않아 나왔다. 노골적인, 너무나 노골적이어서 삼척동자도 다 알만한 벤처 육성, 코스닥시장 활성화 대책은 탁월한 처방이었다.

벤처 기업 육성의 효과는 컸다. 벤처의 코스닥시장 상장이 수월해졌고, 상장만 했다 하면 그 벤처의 주가는 폭등했다. 벤처 기업가는 돈방석에 앉았다. 수많은 벤처기업이 강남 테헤란 밸리에 우후죽순으로 자리잡고 들어섰으며, 강남은 인파로 넘쳐났다. 사무실에 책상과 걸상만 갖추고 직원 서너 명이 모여앉아 인터넷으로 무슨 무슨 사업을 한다고 법인 등기를 마치고 나면 그 회사의 주식이 장외에서 액면가의 50배 전후로 팔렸다. 곧바로 강남의 음식점과 술집이 번성했다. 번창하는 강남은

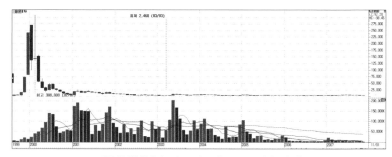

새롬기술(현 솔본)의 주가 폭등과 폭락(1999~2007년 솔본 월봉)

또 다른 고용 창출의 출구가 되었다.

초여름에 마련된 정부 대책을 뒤로하고 그해 가을 코스닥시장에서는 벤처 버블이라는 말이 나오기 시작했다. 1999년은 그렇게 벤처와 버블이라는 꿈과 희망 속에서 동이 텄다. 이후 2000년 초반까지 벤처 버블이 커졌다가 2000년 여름을 넘기지 못하고 결국 꺼졌다. 기성세대들이 지금도 복잡한 감정으로 회상하는 벤처 버블의 시작과 끝이 이러했다.

2007년 금융위기와 2011년의 재정위기 직후인 지금, 외환위기 극복의 전례를 본받아 다시 버블을 일으켜야 한다고 말하고 싶은 게 아니다. 침체의 시기라 하더라도 성장이라는 희망의 끈을 포기해서는 안 되며 사실상 침체의 중요한 돌파구는 방법과 철학이 다를 뿐 결국은 성장 정책이 될 수밖에 없다는 점을 강조하고 싶을 따름이다.

주식시장의 닫힌 성장판을 열어줄 코넥스시장

필자가 2013년 문을 여는 코넥스시장에 주목하는 이유가 바로 여기에 있다. 코넥스(Korea New Exchange)라는 용어의 뜻은 한국의 새로운 거래소이다. 이 거래소가 생기는 이유는 창업 및 초기 중소기업의 금융 환경 혁신에 있다. 창업을 하려는 기업가나 창업을 한 지 몇 해 되지 않은 기업들이 부딪히는 가장 중요한 문제가 바로 금융이다. 말 그대로 자금의 조달인데, 사실상 은행들은 담보 없이 돈을 빌려주지 않는다.

그런데 생긴 지 얼마 되지 않은 기업에 담보로 낼 유무형의 자산이 있을 리 없다. 특허 같은 무형자산은 담보 가치마저 뚝 떨어진다. 좋은 기술과 사업 아이디어를 지닌 초기 기업이 자본시장(코넥스시장)에서 필요한 자금을 조달해 성장을 하고, 이후 코스닥시장이나 코스피시장에 정식 상장하는 것을 지원하겠다는 취지다.

그렇다면 코넥스시장을 알아보기 이전에 이미 실행되고 있는 코스닥시장의 신성장기업 상장특례를 알아볼 필요가 있다. 매출이나 이익, 재무구조, 기술력 등을 종합적으로 고려할 때 코스닥시장에 상장할 여건이 안 된 기업이지만 기술력 하나만 제대로 갖추고 있으면 상장을 시켜 자본시장에서 필요한 자금을 조달할 수 있도록 한 제도이다. 코넥스시장과는 다른 면이 적지 않지만 자본시장의 기능을 활용해 중소기업의 자금 조달을 돕는다는 취지는 상당히 닮았다.

기술력이 좋아 성장성이 높은 초기 기업(설립된 지 보통 10년이 안 된 기업)의 원활한 자금 조달을 돕기 위해 도입된 제도가 '신성장동력기업 상장제도'다. 기업의 기술을 평가해 특별하게 상장을 허용한다는 의미에서

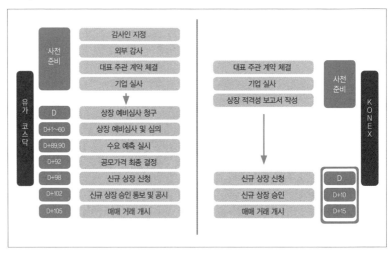

유가·코스닥 상장 절차와 코넥스 상장 절차 비교

'기술성평가 상장특례'라고도 불린다.

신성장기업 상장특례는 바이오, 신생에너지, 차세대 IT 분야에서 국제적인 특허를 보유하고 있거나 남다른 기술력을 공인받은 기업들이 대상이다. 담보 없이 절대 돈을 빌려주지 않는 은행의 대출 관행을 자본시장을 이용해 극복해보자는 목적에서 실행됐다. 성장성을 중시하는 투자자가 있기에 실행이 가능한 제도이기도 하다.

그런데 2005년 도입된 이 제도에 따라 지금까지 기술성 평가를 통해 상장된 기업은 겨우 9개에 불과하다. 1년에 한 회사가 겨우 상장의 문턱을 넘어선 셈이다. 나이벡, 디엔에이링크, 바이로메드, 바이오니아, 이수앱지스, 인트론바이오, 진매트릭스, 크리스탈지노믹스, 제넥신이 그 주인공이다.

2012년에는 이 제도로 상장에 성공한 기업이 없다. 상장 결과만 놓고

분야	신성장 동력 산업	주요 추진 사업
녹색 기술 산업	신재생 에너지	해양 바이오 연료, 연료전지 발전 시스템, 태양전지
	탄소 저감 에너지	원전 플랜트, CCS(이산화탄소 저장)
	고도 물처리	첨단 수처리(해수담수화 등), 친환경 대체 용수
	LED 응용	에코 LED, LED 스마트 모듈
	그린 수송 시스템	하이브리드카 핵심 원천 기술, 해양 플랜트, 빙해 선박
	첨단 그린도시	U-시티, ITS, 저에너지 친환경 주택
첨단 융합 산업	방송·통신·융합·산업	방송·통신·콘텐츠·성장 인프라, 차세대 IPTV
	IT 융합 시스템	자동차, 조선 등 IT 융합 응용 및 원천 기술 개발
	로봇 응용	지능형 로봇 핵심 기술 개발, 개인 서비스 전용 로봇
	신소재 및 나노 융합	신소재 및 나노 융합 선점 소재 핵심 기술개발
	바이오 제약, 의료 기기	유전자, 세포 치료제 등 바이오의약품
	고부가 식품 산업	기능성 발효유, 대체 식품
고부가 서비스 산업	글로벌 헬스 케어	U-헬스 장비(생체 신호 계측 기기, 바이오 센서)
	글로벌 교육 서비스	디지컬 교과서, 전자 칠판, 모바일 콘텐츠, 이-러닝
	녹색 금융	탄소 배출권 거래소 설립, 녹색 산업 전용 펀드
	콘텐츠, 소프트웨어	온라인 게임 지원, 다양한 장르의 OSMU 콘텐츠 지원
	MICE*, 관광	전시장 확충 등 MICE 인프라 구축

* MICE : 기업회의(meeting), 포상관광(incentives), 컨벤션(convention), 전시(exhibition)의 머리글자를 딴 것으로, 네 분야를 통틀어 말하는 서비스 산업 / 위 17개 업종 중 녹색금융과 MICE만 상장 특례 적용 불가

정부가 지정한 17개 신성장 동력 업종

보면, 지금 당장은 돈을 벌지 못하지만 보유하고 있거나 개발 중인 기술로 그리 멀지 않은 미래에 큰 성과를 낼 수 있다고 전문가들이 판단한 기업들이 갑자기 사라졌다는 말이 된다. 처음에는 바이오 기업에 한해 적용했던 상장 특례가 2011년 초 녹색기술 등 17개 분야로 확대됐지만 상장 혜택을 입은 기업의 수는 오히려 감소했다.

기술성 평가 상장을 주도하고 있는 한국거래소 측은 특혜를 입고 상장한 기업들이 자신들의 계획대로 실적을 내지 못하는 게 가장 큰 이유라고 설명하고 있다. 좋은 기술력을 갖고 있지만 이 기술을 활용해 수익을 내는 기업들이 많지 않다보니 주가가 당연히 공모가보다 크게 하락

하는 일이 많아졌고, 자연스럽게 투자자들의 관심도 덜 받고 있다는 것이다.

달라진 거래소의 입장도 논란이다. 이익을 내는 기업들이 탄생하지 않다 보니, 단기간에 이익을 낼 수 있는지를 따져 특례 상장 여부를 결정하는 경향이 강화되고 있기 때문이다. 이는 신성장기업 상장제도가 도입된 취지와 다르다. 물론 특혜를 입고 상장한 기업들이 거래소나 투자자들의 바람대로 상장 1~2년 안에 이익을 내는 재무적 성과를 내면서 거래소나 주주들의 기대에 부응하는 게 최상이다. 그렇다고 이익을 내지 못하는 기업들을 탓하면서 이익을 단기간에 낼 만한 기술을 지닌 기업들만 선별하는 게 바람직한가. 물론 상장만을 목적으로 기술력을 부풀리는 경영진까지 옹호할 생각은 없다. 특례 상장을 머니게임으로 활용하는 세력 역시 언제나 경계해야 할 대상이니까 말이다.

코넥스시장의 발전 전망

그렇다면 코넥스가 어떻게 운영되고 향후 어떤 전망을 가질 수 있을지 알아보자.

중소기업들의 자금 조달은 은행에 집중돼 있다. 금융위원회의 조사 결과 2011년 중소기업들은 대출의 83%를 은행에서 일으켰다. 은행이 중소기업들의 목숨을 쥐고 있다 해도 과언이 아니다. 그런데 경기 불황이 장기화되고, 수도권을 중심으로 주택 가격이 급락세를 이어가면서 은행들은 건전성 규제에 노출돼 있다. 이미 실행한 대출을 회수하고, 신규 대

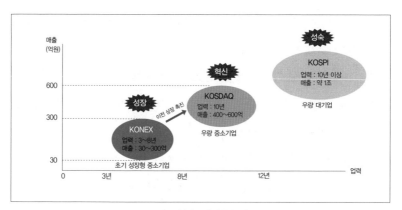

코넥스시장의 존재 위치와 역할

출은 최대한 줄이는 스탠스로 선회했다. 상당 기간 은행의 대출은 풀리지 않을 것이다. 반대로 경기가 안 좋아 중소기업들의 대출 수요는 갈수록 증가하는 실정이다. 돈이 필요한 기업과 돈을 쥐고 있는 은행 사이에 심각한 괴리가 존재한다.

이제 기업에게 돈을 제공하는 또 다른 축인 자본시장의 역할이 어느 때보다 절실해진 상황이다. 유례없는 저금리와 부동산 경기 침체 등에 따라 자본시장을 기웃거리는 시중 자금도 어느 때보다 풍부하다. 문제는 아쉽게도 기업이 자본시장을 이용하기 위해서는 상장이라는 관문을 통과해야 하는데, 코스닥 상장의 조건을 충족하는 중소기업이 그리 많지 않다는 사실이다. 이처럼 자금 조달의 기능(투자자와 기업을 연결해주는 역할)을 갖고 있는 자본시장과 자본시장에서 돈을 조달해야 하는 중소기업, 둘 사이에도 심한 괴리가 존재한다. 이 괴리가 사라지려면 자본시장이 상장의 문턱을 낮추는 수밖에 없다.

이런 취지로 기업 공개의 문턱을 대폭 낮춘 게 코넥스시장이다. 코넥스시장은 기술성 평가라는 조건을 달지 않고 기업을 받아들일 예정이다. 그렇지만 기술력이 우수해 높은 성장성을 지닌 기업이 코넥스시장을 구성하는 주인공이 될 가능성이 높다. 코넥스시장에서 자금을 조달해 체력이 대폭 보강되면 코스닥시장으로 도약해 안정성과 성장성을 겸비한 우량기업으로 변모할 것이다.

그런데 금융 당국과 한국거래소는 벌써부터 걱정이 참 많다. 지레 겁먹은 이 둘을 보니 필자는 코넥스의 출발과 앞날이 심히 우려된다. 코넥스시장 개설을 담고 있는 자본시장법 개정안이 아직 국회를 통과하지 못했는데, 경제 관료들과 거래소 임직원들은 벌써부터 시장이 잘될지의 여부를 두고 전전긍긍하고 있다. 불공정거래를 막아 투자자를 보호하겠다는 역사적 사명을 다하겠다는 비장감도 엿보인다. 그러면서 공시 강화는 물론 코스닥시장에 맞먹는 시장 감시를 하겠다고 한다. 물론 투자자 보호는 아무리 강조해도 지나치지 않는다. 다만 투자자 보호를 내세워 지나친 규제로 치우칠 때 코넥스시장의 싹이 제대로 자랄지는 의문이다.

코넥스시장의 가장 큰 특징은 전문 투자자, 즉 기관투자가 중심이라는 데 있다. 개인투자자는 공모펀드가 아닌 사모펀드나 헤지펀드 투자를 통해 코넥스시장에 참여할 수 있다. 연기금, 은행, 보험, 증권사, 벤처캐피탈, 헤지펀드, 사모펀드 등이 코넥스시장의 투자 주체다. 금융 당국은 코넥스에 유입되는 돈의 성격을 '기관투자가의 인내하는 모험 자본'이라고 규정했다. 초장기 투자도 감내할 수 있고, 웬만한 주가 하락도 감당할 수 있는 전문투자가들의 자금이 코넥스시장의 유동성을 결정지을 것이라는 전망이다.

또 다른 특징은 지정 자문인의 존재다. 기존 상장 제도에서 주관사에

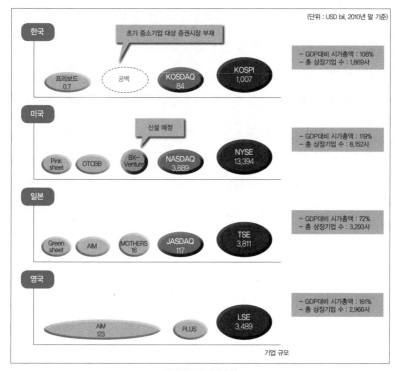

(단위 : USD bil, 2010년 말 기준)

한국

초기 중소기업 대상 증권시장 부재

프리보드
0.7

공백

KOSDAQ
84

KOSPI
1,007

– GDP대비 시가총액 : 108%
– 총 상장기업 수 : 1,869사

미국

신설 예정

Pink sheet

OTCBB

BX-Venture

NASDAQ
3,889

NYSE
13,394

– GDP대비 시가총액 : 119%
– 총 상장기업 수 : 8,152사

일본

Green sheet

AIM

MOTHERS
16

JASDAQ
117

TSE
3,811

– GDP대비 시가총액 : 72%
– 총 상장기업 수 : 3,293사

영국

AIM
123

PLUS

LSE
3,489

– GDP대비 시가총액 : 161%
– 총 상장기업 수 : 2,966사

기업 규모

국가별 증권 시장 유형

해당한다. 하지만 주관사보다 훨씬 많은 권한과 책임을 부여받았다. 한마디로 코넥스시장에 들어가려는 기업과 1대 1 멘토 관계라고 보면 된다.

코넥스시장의 정신을 필자는 '자율과 대박 그리고 책임'으로 규정짓는다. 증권사(지정자문인)가 자기 책임하에 우수한 기업을 발굴해 상장을 유도하고, 이 중 일부는 '대박'을 터뜨림으로써 기업과 투자자 그리고 자본시장 모두에게 도움이 되는 시장이 되어야 한다.

이를 위해 필자는 필요한 몇 가지를 제안하고 싶다.

먼저 전문 투자자의 능력을 믿고 감시와 규제는 최소화하라. 가격제한쪽 같은 거래 제한 장치는 가급적 빠른 시일 안에 없애야 한다. 폐지가 어렵다면 30% 확대부터 단행하라. 그래서 혁신의 역량을 최대화 해야 한다. 창의력이 넘칠 수 있도록 규제는 과감히 풀어야 한다. 그렇게 되면 코넥스시장에는 바이오나 에너지, IT 뿐만 아니라 일반 제조업에 속하는 벤처나 중소기업들도 다수 진입할 것이다. 문제를 일으키는 기업도 있겠지만 투자자나 시장이 놀랄 대박을 터트리는 기업도 적지 않을 것이다. 또한 정부와 금융 당국은 투자자 보호나 시장의 건전성 강화 등의 명분에 얽매이지 말고, 유년기를 지나고 있는 기업들의 성장과 발전을 지원해야 한다.

무엇보다 인수합병(M&A)이 활성화될 수 있도록 조세정책 등을 차별화해야 한다. 코넥스에 진입하게 될 주인공들은 극히 초기 국면의 기업이다. 해당 기업의 오너와 경영진은 성향이 제각각일 수밖에 없다. 코스닥, 코스피시장에 이를 때까지 회사를 끌고 가고 싶은 경영진이 있고, 반면 어느 정도 수준까지 성장했다고 판단이 서면 매각한 다음 다른 창업에 나서려는 경영진이 있을 수 있다. 선택은 각자의 마음에 달려 있다. M&A를 선입견을 갖고 접근하지 말고 코넥스시장에 활력을 불어넣는 매개체로 삼고 지원했으면 한다.

코넥스시장의 설립과 활성화가 결국은 성장성을 잃은 코스피시장, 불공정거래와 낙후된 투자 문화에 찌든 코스닥시장을 살릴 수 있을 것으로 믿는다. '성장성'이라는 꿈을 포기하지 않는다는 전제가 유효하다면 말이다.

06
쥐꼬리 배당 공화국 이미지 벗기

상장사는 한해 한해의 경영 성과에 대해 사내 유보(留保)를 한다. 이는 쓰지 않고 쌓아둔다는 의미로 해석하면 된다. 순이익의 일정 부분을 배당금으로 지급하고 나머지를 유보금으로 남겨두는 것이다. 상장사마다 배당성향(배당금/순이익×100)이 다르기 때문에 유보금을 쌓는 비율도 다를 것이고, 적당한 유보금이 얼마인지도 각각의 기업마다 다를 수밖에 없다.

기업이 돈을 유보하는 가장 큰 이유는 무엇인가? 바로 미래를 준비하기 위해서다. 경쟁에 뒤지지 않고 계속 성장하기 위해 설비 투자나 연구개발(R&D) 투자에 돈이 필요하다. 때에 따라서는 적당한 회사를 인수하기 위한 실탄도 준비해야 한다. 좋은 인재를 데려오는 데도 그만큼 돈이 든다. 기업에겐 배당보다 이런 데 쓸 돈을 마련하는 게 우선인지도 모른다(이 말은 물론 논란의 여지가 있다. 배당과 투자의 재원은 그 영역이 다르다고 보는 시각이 적지 않다).

한 세대만 잠깐 활동하다 말 기업이 아니라 영속 기업(Going concern)이라면 더욱더 만반의 준비가 필요하다. 대주주나 소액주주, 경영진과 직원 모두가 챙겨야 할 최우선 과제다. 그런데 투자도 하지 않으면서 배당도 주지 않는 상장사가 있다면? 설비 투자의 필요성을 못 느끼고, 배당은 쥐꼬리만큼 나눠주고 버는 돈의 대부분을 사내에 유보만 하고 있다면?

주식회사를 사실상 대주주 자신의 회사로 착각하는 오너라면 창고에 쌓이는 돈을 흐뭇하게 바라보는 데만 만족할 것이다. 막대한 현금을 지닌 회사를 아들에게, 아들은 또 그의 아들에게 대를 이어 물려주면 되니까. 그러나 이 같은 기업의 태도는 소액주주들에겐 조금도 반가운 일이 아니다. 주가라도 오른다면 모르겠지만 이런 성향의 기업들 주가가 오를 이유는 거의 없기 때문이다. 또한 투자를 하지 않기 때문에 고용 창출에도 기여하는 바가 미미할 것이다. 사회적으로도 존재할 가치를 찾을 수 없다. 돈을 쓰지 않기 때문에 세금도 적게 낼 것이다. 정부 입장에서도 환영할 만한 기업은 아니다. 이런 기업들이 우리 증시에는 적지 않다. 대주주 일가의 배만 불리는 구시대적인 기업은 우리 주식시장의 활성화 및 발전에 전혀 도움이 안 된다.

인색한 배당성향으로 알아본 우리 증시의 실상

이런 기업들의 실체에 접근하기 위해 먼저 우리 기업들의 배당성향부터 따져볼 필요가 있다. 우리나라 상장기업들의 배당 정책은 짜기로 유명하다. 쥐꼬리 배당 문제로 소액주주들과 충돌하는 기업들이 적지 않다. 해외 기업들에 비하면 얼마나 배당에 인색한지 알 수 있다.

우리나라 기업들의 배당성향은 20% 안팎에 불과하다. 이는 50%에 육박하는 선진국과 큰 차이를 보인다. 문제는 배당성향이 계속 악화되고 있다는 데 있다. 한 증권사가 2000년부터 2012년까지 주요 국가의 배당성향을 분석했다(아래 표 참고).

지난 12년 동안 일본 기업들의 이익은 2.5배 증가했다. 한국 기업들의 이익은 3.3배 증가했다. 최고 수준이다. 그런데 같은 기간 일본 기업의 배당성향이 74% 증가한 반면 한국 기업들의 배당성향은 59%나 퇴보하는 흐름이었다. 증권사의 애널리스트가 분석을 담당하는 주요 상장사들의 현실이 이렇다. 벌어들인 만큼 배당을 하지 않고 투자를 하거나 사내에 유보시킨 것이다. 이에 따라 배당 수익률은 한국이 1.1%, 일본은 2.5%로 큰 차이를 보였다.

연기금 같은 장기 투자자들에게 한국의 쥐꼬리 배당은 크나큰 걸림돌이다. 이는 곧바로 우리 증시의 낮은 주가로 연결되고 있다. 너무나 당연한 결과가 아닐 수 없다. 우리나라는 주가수익비율(PER)이 8배로 일본은

(출처: 현대증권)

지역	이익 증가율	이익 증가 대비 배당 증가 비율	2012년 배당 수익률	PER
한국	3.3배	−58.7%	1.1%	8배
이머징 아시아	2.9배	−28%	2.5%	9.6배
미국	1.9배	2.2%	2.6%	12.2배
일본	2.5배	73.7%	2.5%	10.8배

2000 ~ 2012년 사이의 주요 국가 배당 흐름

물론 아시아 신흥국보다도 크게 뒤진다. 우리 증시의 만년 저평가 이면에는 쥐꼬리 배당이 구조적으로 자리하는 상황이다.

주식 투자로 얻을 수 있는 수익은 주가 상승에 따른 시세 차익과 배당 수익이 전부다. 시세 차익은 투자자 마음대로 정할 수 있는 게 아니지만 배당 수익은 회사의 방침과 결정에 따라 결정되는 이른바 통제 가능한 수익이다. 배당이 많아지게 되면 투자자는 훨씬 덜 불안할 것이다. 그런데 우리 기업들이 워낙 쥐꼬리 배당을 많이 하다보니, 배당이 주식 투자의 수익에 기여하는 정도는 세계 최저 수준이다. 1998년부터 2012년까지 14년간의 전체 수익에서 배당이 차지한 비중은 한국이 13.1%인 반면 일본은 32.8%에 이르렀다. 참담한 숫자가 아닐 수 없다.

기업은 번 돈으로 세금을 내고 나머지는 장기 성장을 위한 유보를 충분히 한 다음 배당을 통해 주주들에게 나누어주어야 한다. 아무런 이유 없이 회사의 창고에 돈만 쌓아두면 자본의 효율성이 떨어지는 심각한 후유증을 낳는다.

그렇다면 우리 기업들의 적정한 배당성향은 얼마나 될까.

현대증권은 우리 기업들의 평균 자기자본이익률(ROE)이 13%가 유지되고, 해마다 5%의 성장을 한다고 가정할 때 적절한 배당성향은 60% 선

(출처: 현대증권)

지역	총수익률	주가 수익률	배당 수익률	배당 기여도
한국	35.2	33.2	1.9	13.1
이머징 아시아	34.2	32.2	2.1	20.5
미국	18.6	16.2	2.5	24.4
일본	11.8	10.6	1.1	32.8

각 나라의 배당 수익률(%)

이라고 분석했다. 20%만 배당으로 지급하는 우리 증시의 현실과 너무 큰 괴리를 보인다. 심지어 배당성향이 20%가 안 되는 상장사도 우리 증시에는 수두룩하다. 물론 아직 선진국에 진입하지 못한 우리나라의 현실을 고려할 때 기업들이 배당보다는 투자에 대비해 유보를 더 많이 해야 한다는 반론이 있다. 하지만 유보를 하지 말자는 게 아니다. 배당을 지나치게 하지 않는다는 게 문제라는 것이다.

부도덕한 오너가 쥐꼬리 배당을 조장한다

배당이 이처럼 적은 이유는 무엇일까. 전문가들은 먼저 절대 다수의 지분을 소유한 오너가 직접 경영을 하는 이른바 오너 경영의 비중이 다른 나라에 비해 크다는 점을 지적한다. 배당을 적극적으로 해 ROE를 높이고, 주가를 부양해 주주들의 평가를 받는 전문 경영인에 비해 오너들은 배당과 주가에 관심을 덜 갖는 게 사실이다. 배당금이 많으면 오너의 세금이 늘고, 주가가 오르면 상속세가 불어나기 때문이다. 그래서 돈이 꼭 필요한 오너가 아니라면 배당금이 늘고, 주가가 오르는 게 그렇게 반갑지 않다고 한다. 상장사의 오너들이 대부분 부자들이라는 점을 상기하면 된다. 그러나 오너가 큰돈이 필요한 상황에 처할 때 상장사의 배당금이 증가하는 모습을 자주 보게 된다. 오너의 필요에 따라 이처럼 배당이 결정되면 배당을 믿고 오래 안정적으로 투자할 수 없게 된다. 후진적인 지배구조의 전형이다.

그런데 한편으로는 장기 투자를 고집하는 기관과 개인투자자가 적다

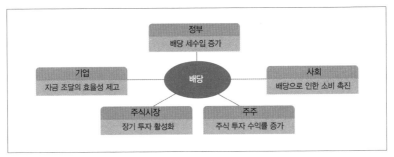

정부
배당 세수입 증가

기업
자금 조달의 효율성 제고

배당

사회
배당으로 인한 소비 촉진

주식시장
장기 투자 활성화

주주
주식 투자 수익률 증가

배당의 효과

보니 배당을 요구하는 목소리도 그렇게 크지 않다. 배당을 소극적으로 실시해도 주주들이 화를 내지 않는다. 정당한 권리를 주장하는 건 매우 당연한 일임에도 투자자들이 너무 착한 탓이다. 겉으로 표출된 불만이 없는데, 오너들이 애써 배당을 늘리려 할까?

배당금을 나누는 것은 비단 주식 투자의 수익률을 올리는 효과만 내는 게 아니다. 정부의 세수입 증대, 소비 촉진, 장기 투자 문화 정착 등 직·간접적인 영향이 매우 크다. 배당금을 주는 기업이 얻는 효과 역시 한두 가지가 아니다. 주주와 공생한다는 이미지는 돈으로 따질 수 없다. 일반 주주는 곧 기업의 소비자인 것이다.

워런 버핏은 전 세계 주주들을 주총장에 모아놓고, 투자 회사의 제품들을 주주에게 판매하는 행사를 벌인다. 주주들을 초청해 배당을 많이 해서 주가가 오르면 기업은 돈이 필요할 때 높은 가격의 증자를 통해 훨씬 수월하게 원하는 자금을 조달할 수 있다.

우리 증시에서는 적절한 배당 정책만큼 주주와 상장사, 경영인과 오너, 그리고 정부가 모두 윈-윈 하는 사례를 찾기가 어렵다. 거듭 강조하지만 그렇다고 배당을 지나치게 많이 하라는 게 아니다. 성장을 위한 유보를 감안해 적절하게 해야 한다.

돈맥경화, 꽉 막힌 유보금은 어디에?

그렇다면 세계적으로 낮은 수준의 배당성향을 적정한 수준으로 끌어올리려면 어떻게 해야 할까.

유보율이라는 말이 있었다. 국제회계기준(IFRS) 도입 이후 인기가 뚝 떨어진 용어인데, 자본잉여금과 이익잉여금을 자본금으로 나눠 100을 곱해 계산한다. 쉽게 말해 기업이 영업 활동을 통해 벌어들인 순이익에 해당하는 이익잉여금과 증자 등을 통해 쌓아둔 자본잉여금을 자본금으로 나눈 수치다.

IFRS 도입 이후 잉여금을 계산하는 항목을 기업들이 임의적으로 정하도록 바뀌면서 공식적인 유보율 통계는 나오지 않고 있다. 한국거래소(KRX)가 마지막으로 집계한 유보율 통계가 2008년 말이었다.

이 통계는 기업이 얼마나 많은 돈을 벌어들여 금고에 쌓아뒀는지를 한눈에 알 수 있는 의미 있는 지표였다. 하지만 IFRS가 중시하는 '자율성'의 철학에 따라 존재감을 잃게 되었다. IFRS의 자율성은 상당한 보완이 필요하다는 것을 시사하는 대목이다(참고로 유보율이 높다고 해서 자본금에 비해 쌓아둔 현금이 무조건 많다고 보는 건 다소 위험하다. 유보금의 일부가 설비 투자로 쓰였다 해도 재무적으로 유보율은 줄지 않기 때문이다).

한국거래소는 공공기관으로서 자본금이 1,000억 원인 비상장 주식회사다. 2011년 말을 기준으로 자기 자본이 2조 1,310억 원인 우량 회사이

(단위: 억원)

자본금	1,000
자본 총계	21,310
2011년 당기순이익	2,600
자본잉여금	3,900
이익잉여금	16,680
유보율(%)	2,058

한국거래소 재무 현황

기도 하다. 유보율은 2,058%. 대주주는 회원사인 증권회사를 비롯한 금융회사다. 주주인 증권사들이 배당을 해달라고 하지 않아서인지 전형적인 쥐꼬리 배당 정책을 고수한다. 몇 년에 한 번씩 이뤄지는 전산 장비 투자를 제외하면 이렇다 할 대규모 투자도 하지 않는다(정부가 대학교수 30여 명에 의뢰해 매년 실시하는 공공기관 평가를 보면 사회 공헌 활동이 높은 비중을 차지한다. 사내에 막대한 유보금을 쌓아두고 있는 거래소의 사회 공헌 활동은 이러한 평가를 의식하지 않을 수 없기에 어쩔 수 없이 강화되고 있다).

한국거래소는 2011년 말 'KRX 국민행복재단'에 485억 원을 출연했다. 사회 공헌을 하지 말라는 얘기가 절대 아니다. 많이 할수록 좋다. 문제는 거래소 자체의 성장과 발전을 위한 투자가 미미하다는 것이다. 해외 거래소들이 인수 합병(M&A)을 위해 큰돈을 쓰고 있는 움직임을 마냥 지켜봐야 하는 게 공공기관으로 지정된 거래소의 현실이다. 말 그대로 돈이 많아도 그 돈을 효율적으로 쓸 수 없는 '돈맥경화'를 앓고 있는 상황이다.

정부는 거래소 설립을 법으로 막고 있다. 진입 장벽이 높다보니 거래소로선 밥그릇을 빼앗길 수 있다는 걱정을 할 필요가 없다. 정해진 투자를 제외한 나머지 돈은 금고에 쌓여만 간다. 은행에 맡기거나 국공채에 투자해 안전하게 굴리는 데만 급급하다. 이런 여건에서 거래소의 경쟁력이 어떻게 되겠는가. 세계 주요 거래소 중 공익사업에 가장 많은 '투자'를 하는 착한 거래소는 아마 KRX가 아닐까 싶다.

기업만 이득 보는 구멍 뚫린 국세 행정

좀 오래된 제도이지만 적정유보초과소득세(이하 유보초과세)라는 게 있었다. '유보초과세'란 적정한 유보를 초과한 금액에 대해 소득세를 부과하는 제도였다. 이 제도는 2002년 1월 법인세법 개정으로 폐지됐다. 폐지된 이유는 기업 이익의 사내 유보를 통한 자기자본 확충을 가로막는다는 것이었다.

폐기 처분된 지 10년이 더 지난 유보초과세지만, 이 제도를 통해 얻을 수 있는 것은 매우 많다. 따라서 10여 년 세월 동안 우리 기업의 환경이 매우 많이 변했기 때문에 사라진 제도는 얼마든지 구원투수로 등장할 환경이 됐다고 판단한다.

법인세법 56조에 명시된 조항으로, 주요 내용은 내국법인으로서 각 사업 연도의 유보 소득이 적정유보소득을 초과하는 경우에는 그 초과하는 금액에 100분의 15를 곱해 산출한 세액을 적정유보초과소득에 대한 법인세로 해서 일반 법인세에 이를 가산한다는 것이었다. 다시 말해 적정한 유보액을 초과하는 부분의 15%를 법인세에 추가한다는 게 골자다. 유보초과세는 자기자본이 100억 원이 넘는, 대규모 기업 집단 소속 법인이 대상이었다. 이때 상장사와 비영리 내국법인은 제외되었다.

2000년 2월 국세청이 증권거래소(현 한국거래소)가 유보초과세를 낼 대상인지 유권해석을 내리는 사례가 있었다. 거래소는 증권거래법에 따라 설립된 사단법인으로서 유보초과세를 내지 않았다. 하지만 거래소 회원사에서 탈퇴한 증권사가 보유하고 있던 증권거래소 지분이 문제가 되었다. 거래소는 회원사의 지분 가치를 계산할 때 순자산을 장부가가 아닌 시가로 환산했다. 사실상 유보 이익을 주주에게 돌려주었던 것인데, 국세청은 이러한 거래소의 행위를 영리법인에 해당한다고 판단하고 유보초과세를 내야 한다고 해석했다.

당시 유보초과세는 대기업의 비상장 계열사에겐 매우 큰 부담이었다. 입법의 취지는 대기업들이 외부의 감시가 소홀한 비상장 계열사를 부당 지원하는 등의 방식으로 편법 증여하거나 비자금 같은 지하자금을 조성하는 것을 차단하겠다는 것이었다. 이러한 대의명분에도 불구하고 3년여 만에 폐지된 데는 비상장사의 자본 축적을 막는다는 반대 논리가 작용했다. 재계를 중심으로 가혹한 규제라는 다소 뻔한 반발이 있었는데 결정적으로 기업의 자율 활동을 막는다고 해서 국제통화기금(IMF)이 없앨 것을 요구했다는 게 정설이다.

당시 IMF는 정부보다 더 센 힘을 지니고 있었다 해도 과언이 아니다. 외환위기의 부채 때문에 IMF는 우리나라 경제정책의 곳곳을 자기네 식으로 뜯어고치고 있었다. DJ 정부 일각에서는 너무 권위적인 규제라는 시각도 있었다. 세금 징수라는 공권력을 동원해 비상장 대기업 계열사를 압박해 결국 기업 공개(IPO)를 유도한다는 지적이었다.

2012년 현재, 금융 투자 업계의 싱크 탱크로 불리는 자본시장연구원은 유보초과세가 이중과세의 논란이 있다고 보기 때문에 관심조차 갖지 않는 상태다. 그러고는 "상장사가 배당을 많이 주거나 내부 유보를 많이 해 기업 가치가 올라 주가가 오르면 주주 입장에서 손해될 게 없다"는 순진한 논리를 편다. 기업이 유보한 돈이 아무리 많아도 주주를 중시하지 않는 오너와 경영진이 있으면 주가는 절대 오르지 않는다. 이런 성향의 경영진이 배당을 적절하게 지급할 리 만무하다.

그렇다면 이런 상장사가 우리 주변에 한둘인가. 기업이 돈을 잘 벌어 유보를 많이 하면 자연스럽게 주가가 올라 주주 이해에 부합할 것이라는 논리는 박사논문에선 통하겠지만 상장사를 개인의 전유물로 착각하는 오너들에게는 절대 통하지 않는다.

법인세를 낸 기업이 또 유보초과세를 내야 하는 이중과세, 정부가 사기업이 소유한 현금에 과도하게 손을 댄다는 사유재산 침해 등의 논란은 나름 타당하다. 그러나 배당도, 설비 투자도 하지 않고, 현금만 쌓아두는 상당수 상장사의 행태는 개선되어야 한다. 돈만 움켜쥔 채 투자도 배당도 하지 않는 요지부동의 기업은 변화시켜야 한다.

그렇다면 기업의 자발적인 변화를 기대할 수 있을까. 필자는 매우 부정적이라고 본다. 그렇기 때문에 세제의 변화가 시급히 필요한 시점이다.

계열사가 보유한 지분을 회장의 아들에게 매각해 상속을 마친 태림포장그룹의 사례는 사법 당국, 세무 당국은 물론 자본시장에 몸담고 있는 관계자들에게 시사하는 바가 매우 크다. 머니투데이 2012년 1월 9일자 기사를 보자.

증시에서 계열사를 동원해 2세에게 지분을 매각, 사실상 증여세를 회피하는 기업이

잇따르고 있지만 현행법상 이를 제재할 근거가 없어 논란이 예상된다. 장내 매매를 통한 거래는 증여세를 과세할 수 없어 편법 증여에 대한 '면죄부'를 제공하고 있다는 비판이 제기되고 있다.

국세청 관계자는 10일 "장내 매매는 증여세 부과 대상이 아니다"라며 "부모와 자식 간의 지분 매매라 해도 주주 간의 거래로 보기 때문에 증여세를 부과할 수 없다"고 밝혔다.

정동섭 태림포장 회장의 장남인 정상문 태림포장 사장은 최근 계열사인 동일제지와 월산이 내놓은 태림포장 지분을 장내에서 대량 매입하는 방식으로 아버지 정 회장(지분율 11.04%)을 제치고 개인 최대주주가 됐다. 정 사장의 지분은 1,293만 주(18.27%).

앞서 지난해 8월에도 동일제지와 월산이 각각 300만 주, 100만 주씩 총 400만 주의 물량을 장내에 쏟아냈고, 이를 정 사장이 다시 장내에서 사들였다. 이 같은 매매를 거쳐 정 사장이 계열사로부터 취득한 주식의 수는 총 1,050만여 주로 평가액은 178억 원에 이른다. 정 사장이 보유하고 있는 지분의 대부분이 계열사가 보유한 지분을 장내에서 취득한 것이다.

거래소는 이 같은 거래가 '통정매매'에 해당하고, 정 회장 부자의 지분 이동은 사전 상속의 개념으로 보고 있다. 대주주가 직접 지분을 2세에게 증여할 경우 세율이 최고 50%에 달하지만 계열사 등을 통하면 양도 차익에 대해서만 최고 30%의 세금을 내면 되기 때문에 일부 기업들이 세 부담을 피하려고 이 같은 수법을 쓴다는 것이다.

거래소 관계자는 "사실상 상속·증여라고 할지라도 계열사를 이용한 지분 이전에는 높은 세율을 적용하기 위한 법령이 마련되어 있지 않다"며 "(태림포장 등의 사례는) 과세 행정의 '구멍'을 이용한 편법이라고 볼 수 있다"고 말했다.

국세청 관계자는 이에 대해 "장내 매매는 시장에서 형성된 가격으로 사고 판 것이기 때문에 거래 자체를 가지고 문제 삼을 순 없다"며 "다만 자금 출처는 다른 차원의 문제로 조사 여부를 따로 검토해봐야 한다"고 말했다.

이 관계자는 "증여세 포괄주의가 도입된 후 1세 경영자의 지분이 계열 법인을 통해 2세 경영인에게 증여되는 경우, 넓은 의미에서 증여로 보고 과세 조치를 내리고 있지만 대부분의 경우 장내 매매는 포괄 증여에도 해당되지 않는다"고 덧붙였다.

태림포장의 정상문 사장이 1대 주주에 오른 과정에서 나타나는 문제점은 한둘이 아니다(참고로 일련의 과정은 국내 최고의 법률 법인 자문을 받고 진행한 것으로 전해졌다. 그래서인지 불법의 고리를 찾기는 어렵다).

먼저 국세청이 장내 매매를 증여의 대상에서 원천적으로 배제했다는 점에서 국세 행정의 구멍이 뚫린 만큼 법적인 정비가 시급하게 이루어져야 한다. 거래소마저도 상속에 해당한다고 보고 있는데도 세무 당국이 이를 받아들이지 않고 원칙만 반복한다는 것은 앞뒤가 바뀌어도 한참 바뀌었다. 장내에서 주식을 사는 데 들어간 자금의 출처만 조사하면 된다는 입장인데 이는 간단치가 않다. 태림포장의 주식을 판 동일제지와 월산이라는 계열사와 이 회사 주주들의 입장은 다르다.

당시 정 사장이 취득한 가격은 주당 1,700원 정도다. 태림포장의 자기자본(순자산)이 3,000억 원 정도인 것을 감안할 때 주당 순자산은 4,230원을 조금 넘는 것으로 계산된다. 주식을 넘긴 계열사의 주주들은 "태림포장 주식을 너무 싸게 매각했다"고 당연히 불만을 제기할 수 있다.

비상장 기업이었다면 정 사장은 빼도 박지도 못 하고 주당 순자산을 기준으로 지분을 물려받고, 이 가격에 맞춰 상속세를 현금이나 유가증권으로 내야 한다. 그런데 상장사이기 때문에 4,230원이 아니라 1,700원에 주식을 사실상 물려받을 수 있었고, 가뜩이나 상속세는 내지 않아도 된다. 이 얼마나 기가 막힌 '아이디어'인가. 아쉬운 게 없는 알짜 기업들이

사업연도	2011	2010	2009	2008	2007	2006
배당성향	8.2	12.2	2.5	4.79	5.58	16.53

태림포장의 배당성향

상장을 하는 가장 큰 이유 중 하나가 바로 상속세의 절약이라고 했다.

그렇다면 주당 순자산이 4,000원이 훌쩍 넘고 해마다 상당한 규모의 이익을 꾸준히 내는 태림포장의 주가는 왜 고작 1,700원에 그쳤을까. 배당성향부터 살펴보자.

평균적으로 볼 때 순이익의 10%도 배당을 하지 않은 것으로 나타났다. 이보다 더 심한 상장사가 한둘이 아니기 때문에 최악의 수준이라고 평가할 수는 없다. 그러나 쥐꼬리 배당이라는 오명을 벗어나기는 어렵다. 시가배당수익률은 2% 전후였다. 유보율을 함께 봐야 태림포장의 주가가 왜 이렇게 순자산에도 미치지 못하는지 보다 입체적으로 알 수 있다. 자본금 354억 원에 이익잉여금과 자본잉여금을 합친 금액이 2,760억 원으로 유보율은 780%였다. 마찬가지로 이보다 훨씬 높은 유보율을 지닌 상장사가 많기 때문에 태림포장이 돈을 벌어들이는 대로 쓰지 않고 금고에 쌓아두는 기업의 전형이라고 평가하기엔 무리수가 따른다. 그럼에도 불구하고 태림포장이 주주에게 인색하다는 결론은 상식적으로 낼수 있다.

태림포장은 소액주주의 요청을 받아들여 액면분할을 실시했다. 실적이 줄었을 때 대주주에게 배당을 적게 지급하고 소액주주에게 더 많이 지급하는 등 소액주주를 중시하는 정책을 펴기도 했다. 이 점은 높이 평가할 만한 대목이다. 하지만 동시에 상속세를 적게 내기 위한 목적 등에 따라 계열사를 동원하고 배당보다는 유보를 선택했다는 비판은 면하기 어려운 처지다. 태림포장이 공개석상에서 기업설명회(IR)를 개최했다는 얘기는 한 번도 들어보지 못했다(물론 주당 순자산이 4,000원이 넘는 회사의 주가가 1,700원에 불과한 것을 두고 태림포장 오너와 경영진의 잘못만이 아니라는 견해도 있다. 주식시장에 참여하는 투자자들이 회사의 기업 가치에 중점을 두는 정석 투자를 했다면 태림포장의 경우 주가가 적어도 4,000원은 넘어야 한다. 대다수 투자자들이 기업 가치보다는 소문과 근거 없는 성장성만 바라보고 투자하는 동안, 대주주가 손쉽게 상속을 해버렸다. 다시 말해 주식시장의 투자자들이 어처구니없게도 거부(巨富) 일가의 공짜 상속을 도왔다는 얘기다. 상속이 어느 정도 정리된 이후 태림포장의 주가는 실적 호전과 함께 꾸준히 상승했다).

적절하게 유보하고 과감하게 배당하라

그렇다면 기업들이 보유한 과도한 유보금이 세금 등의 규제에 따라 배당과 투자로 이용된다면 어떤 변화가 나타날까.

1. 정부의 세수입이 늘어난다. 자본시장의 유동성 고갈을 초래할 파생 거래세보다 유보금의 이동에 따른 세수 증대 효과가 더 클 것으로 예상된다.

2. 기말 배당뿐만 아니라 분기, 중간 배당에 나서는 기업 문화가 싹틀 것이다. 이는 장기 투자의 초석이 된다. 또한 설비나 R&D 투자 등 유보를 적절히 활용하는 풍토가 자리 잡을 것이다. 정부에서는 배당과 투자에 대한 새로운 세제 지원까지 고려해야 한다.

배당과 투자로 주가가 오르면 정부의 살림 밑천도 늘어난다. 배당세, 상속세가 얼마나 증가하겠는가.

3. 인수 합병(M&A)이 활성화된다. 그때그때 투자가 여의치 않거나 그 효과가 미미한 기업들은 아예 경쟁사나 새로운 업종의 회사를 인수해 성장 또는 변신을 꾀할 것이기 때문이다. 인수 합병이 활성화될 수 있도록 제반 법령의 정비도 뒤따라야 한다.

이러한 혁신의 분위기는 곧바로 자본시장의 활성화로 이어질 가능성이 높다. 미국을 대표하는 다우지수 구성 30개사들은 분기 배당으로 명성이 자자하다. 엑슨모빌, JP모간, 코카콜라 같은 기업의 경영진은 착한 사람이어서 주주들에게 분기마다 배당을 꼬박꼬박 챙겨주겠는가. 그렇지 않다. 적정한 배당은 주주들의 몫이라는 시장친화적인 인식, 적정한 유보를 제외하면 배당과 투자에 힘써야 한다는 기업 문화 그리고 이를 뒷받침하는 제도가 맞물린 결과다.

미국의 유보초과세는 매우 건강하게 자리잡고 있다. 과도한 유보는 상속에 다름없다는 인식이 세제 당국과 기업가들 사이에 폭넓은 공감대를 형성하고 있다. 분기마다 배당을 지급하다보니 자연스럽게 장기 투자자가 늘어난다. 늘어나는 게 아니라 대세가 된다.

애플이 분기 배당을 처음 실시한다고 했을 때 화제가 된 적이 있다. 2012년 3월 애플은 주당 2.65달러의 현금 배당을 실시할 것이라고 밝혔다. 17년 만의 배당 지급이다. 시가수익률로는 연 1.8%에 이른다. 아이폰과 아이패드 흥행에 힘입어 애플이 보유한 현금은 1,000억 달러로 불어났다. 배당을 실시하지 않으면 안 되는 유보를 지녔고, 그 나라 풍토에 맞게 자연스럽게 배당을 실시했다. 겉으론 자연스러운 선택이지만 미국이라는 자본시장이 걸어온 길을 보면 반강제적인 합의로도 볼 수 있다.

'가정맹어호(苛政猛於虎)'라는 말이 있다. 가혹한 정치가 호랑이보다 무섭다는 뜻이다. 공자가 쓴 《예기(禮記)》에 나오는 말인데, 여기에서 이르는 가혹한 정치는 다름 아닌 백성들을 옥죄는 무거운 세금이었다. 세제는 그만큼 중요하고 영향력이 큰 것이다.

일부 대기업 계열 비상장사에게만 3년 남짓 부과되다 만 유보초과세를 오늘날 우리 기업과 주식시장에 맞게 대폭 변형시켜 모든 상장사와 비상장사를 대상으로 도입하면 어떻게 될까. 비상장사만 적용하면 형평성 문제를 언급할 것이다. 당장 과도한 유보를 고집하는 상장사 오너가 적지 않기 때문이다.

유보초과세를 적용할 경우 이중과세 등의 반발도 있을 것으로 예상된다. 무엇보다 가장 큰 논란은 적정한 유보를 가려내는 기준을 세우는 일일 것이다. 기업의 경영에 부담을 최소화하면서 기업이 자금을 조달하는 텃밭인 자본시장이 활성화될 수 있도록 기준을 정해야 한다. 실사구시가 꼭 필요한 과업이다. 배당과 투자 등에서 좋은 점수를 받는 기업에겐 당연히 '당근'을 풍부히 줄 일이다.

2012년 대선에서 여야가 핵심 공약으로 내걸었던 '경제 민주화'는 대기업에만 국한된 반쪽짜리 민주화다. 배당만 놓고 본다면 대부분의 대기업들은 자의반 타의반으로 나름대로 하고 있다. 기관투자가, 외국인 투자자의 배당 요구를 무시할 수 없는 대기업들이 많기 때문이다.

대기업들은 투자도 많이 한다. 삼성과 LG, 현대차는 갈수록 심화되는 글로벌 경쟁에 맞서 막대한 국내외 투자를 단행하고 있다. 짜기로 유명한 롯데그룹은 단순한 투자를 넘어 M&A를 새로운 성장 동력으로 삼고 기업들을 사들이는 데 그간 모아둔 돈을 썼다(외부에서 빌려다 기업을 살 정도였다. 골목 상권을 침해한다는 대형 유통 업체들의 횡포와는 얘기의 영역이 조금 다르다).

사실 대기업보다 더 문제가 되는 집단은 바로 중견 기업이다. 대기업을 옹호하고자 하는 말이 아니다. 대기업의 투자를 촉진하고, 대기업 계열사에 대한 일감 몰아주기는 근절시켜야 한다. 대기업들이 건강한 고용 창출에 나설 수 있도록 사회적인 긴장감을 놓쳐선 안 된다. 문제는 우리 사회의 관심이 일부 대기업에 쏠리면서 유보율이 높은 중견기업들이 감시의 사각지대에 오랜 기간 방치되어 있다는 데 있다. 오너들의 전유물처럼 되어 있는 중견기업을 움직일 촉매가 더 필요하다고 보는 이유다.

앞으로 5년은 중견기업이 경제 민주화의 주체가 될 수 있도록 시스템을 정비해야 할 적기다. 여야가 한목소리로 경제 민주화를 당면 과제로 내건 상황에서 중견 기업들의 과도한 유보금을 주주와 시장 친화적으로 활용해야 한다는 요구는 탄력을 받을 수 있기 때문이다.

법인 세제를 담당하는 공무원들을 만나 고민을 들어보았다. 정말 아쉽게도 그들 역시 배당은 선(善)이 아니라 악(惡)에 가깝다고 판단하고 있었다. 배당을 많이 주면 대주주만 신이 나는 데다 외국인이 대주주인 기업이 많다보니 국내 자본이 해외로 많이 유출될까봐 걱정하고 있었다. 그러다보니 배당보다 유보를 많이 해서 이 돈으로 설비 투자를 적극적으로 하도록 돕게 하는 정책이 낫다는 주장을 펼치기도 했다.

하지만 그것은 하나만 알고 둘은 모르는 짧은 생각들이다. 적절한 유보를 통해 자본시장을 활성화시키면 기업과 우리 경제에 얼마나 큰 도움이 되겠는가. 과도한 유보, 쥐꼬리 배당으로는 자본시장이 성장하거나 발전하기 어렵다. 제조업 강국 일본이 겪은 금융 대란의 현실을 우리도 직시해야 한다. 미국은 어떤가. 신용등급 강등의 수모를 겪었지만 여전히 군사력뿐 아니라 자본시장 발전 측면에서 넘볼 수 없는 대국이지 않은가. 단순히 미국을 모방하자는 차원의 이야기를 하는 것이 아니다. 이제는 미국을 뛰어넘는 우리만의 자본시장 모델을 찾아야 할 때다. 우리 실정에 맞는 유보초과세를 도입하자.

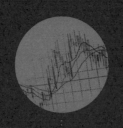

PART 4

불황에도 끄떡없는
큰손들의 투자법

01

주식이 아니라,
기업에 투자하라!

주식농부 박영옥(스마트인컴 대표)

　　박영옥 (주)스마트인컴 대표를 한마디로 설명하자면 '주식농부'다. 그의 필명이 주식농부이기도 하다. 쌀, 보리, 고추를 재배하는 농사꾼처럼 그는 주식을 기른다.

　　그의 고향은 덕유산 끝자락에 자리한 장수군의 한 두메산골이다. 돼지골로 불리는 그곳의 산세는 험준하다. 험한 만큼 맑고 깨끗하다. 몇몇 농가에서 '장수한우'라는 브랜드의 한우를 사육하고 있고 나머지는 그저 평범한 밭농사를 한다. 외지인의 발길도 뜸한 곳이다.

　　그는 어려서 가난을 먹고 자랐다. 고향 주변에서 머리 좋다는 말을 꽤 자주 들었지만 고등학교 진학을 포기하고 상경할 수밖에 없었다. 당시 돼지골 청년들 대부분은 불우한 가정 환경 때문에 고등학교 진학을 포기하고 상경했다고 한다.

박 대표는 독학으로 대학을 나와 대신증권에 입사했고 이후 교보증권 지점장을 지냈다. 그에게는 지점장 시절 잊지 못하는 일화가 하나 있다. 외환위기가 와서 고객이 큰 손실을 입었는데, 고객의 사정이 너무나 딱해 자신의 집을 팔아 손실을 메워주었던 것이다.

이런 남다른 선행과 결단력이 행운을 가져다준 것일까? 전업 투자자로 돌아서면서 그는 많은 부를 쌓았다. 물론 부를 쌓기까지 우여곡절이 없었던 것은 아니지만, 현재 그는 3개 상장사 지분을 10% 이상 가지고 있는 어엿한 대주주가 되었다. 또한 5% 이상 지분 공시를 한 상장사는 7개에 이른다. 하루가 멀다 하고 금융감독원 전자공시시스템에 자신의 지분 변동을 공시하고 있다. 전에 없던 큰손의 행보다. 주식 자산이 500억 원을 넘는다고 하지만 정확한 순자산이 얼마인지는 알려지지 않았다.

박 대표는 농사를 짓듯 주식 투자를 하는 것으로 유명하다. 기름진 논밭에 좋은 씨를 뿌리고 가꿔 가을에 추수하는 농부의 마음으로 기업을 선택하고, 선택한 기업이 잘 성장할 수 있도록 도와주는 것이다. 농기계를 만드는 대동공업에 가장 오래 투자하는 데는 박 대표의 이런 철학이 많이 반영되었다.

> "주식에 투자하는 게 아니라 기업에 투자한다는 마음으로 한다. 기업의 주인이 되어야 주인의 자세로 기업의 어려움을 도와줄 수 있다. 기업의 성과 역시도 같이 공유해야 한다."

그의 투자 철학의 일면을 엿볼 수 있는 말이다.

박 대표는 태평양물산, 대동공업, 참좋은레저 같은 기업이 경영을 잘할 수 있도록 조언을 아끼지 않는다. 또한 소액주주를 홀대하는 경향이

1996 ~2012년 태평양물산 월봉

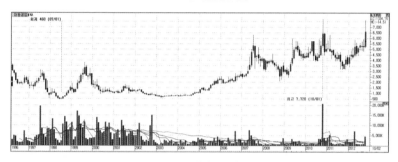

1996 ~ 2012년 대동공업 월봉

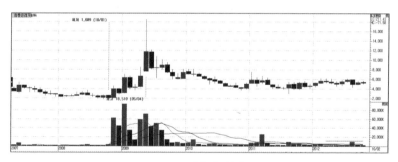

2007 ~ 2012년 참좋은레저 월봉

강한 조광피혁과 같은 회사에 대해서는 항의하는 일 역시 마다하지 않는
다. 필요하면 소액주주들을 모아 자신들의 의견을 경영진과 대주주에게
전달하기도 한다.

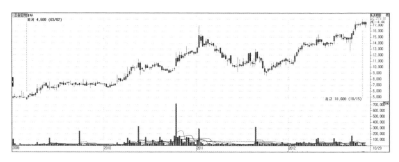

2009 ~ 2012년 조광피혁 주봉

조광피혁의 소액주주들은 2012년 3월 주주총회에서 사측이 주당 100원의 배당금을 주기로 한 것에 대항해 1,000원 또는 3,000원의 배당금을 요구했다. 이사의 보수 한도 역시 사측은 10억 원을 책정했으나 소액주주들은 4억 200만 원만 지급하라고 맞섰다. 하지만 대주주 지분이 워낙 많아 주총 표 대결에서 소액주주들은 패할 수밖에 없었다. 그러나 조광피혁을 주주 친화적인 상장사로 탈바꿈시키기 위한 박 대표의 노력은 지금도 계속되고 있다.

그의 투자 철학은 세 권의 책에 잘 나와 있다.

먼저 2010년에 나온 《주식, 농부처럼 투자해라》. 이 책에서 그는 상장사와의 동행을 강조한다. 그가 말하는 주식 투자는 '사고파는 기술이 아니라 될 성 싶은 떡잎을 지닌 기업을 발굴해서 오래오래 같이 성장하는 과정'이다. '투자가 곧 사업이고, 주식을 한 주라도 사는 행위는 당장 그 회사의 주인(주주)이 된다는 결정인데, 함부로 그 주식을 사고팔 수 있을까'가 내용의 핵심이다.

《얘야, 너는 기업의 주인이다》에서는 자신만의 투자 철학을 세대를 아울러 확장시키는 시도를 하고 있다. 제목에서 알 수 있듯 기성세대가 아닌 어린이들과 학생들로 대변되는 신세대도 좋은 상장사의 주주가 될 수 있도록 경제 공부를 통해 일찍부터 미래를 대비해야 한다는 것이다.

우리 주변에는 '공부 잘하는 애들이 돈은 못 번다'라든가 '공부하고 돈은 따로 논다'는 의식이 팽배해 있다. 박 대표는 이를 두고 부모들이 국어, 영어, 수학을 남보다 더 빨리 많이 가르치기 위해 온갖 비싸다는 학원까지 보내고 있지만 정작 자녀에게 올바른 경제관을 심어주는 데는 신경을 쓰지 않기 때문이라고 지적한다. 그러면서 아이들이 커서 부자가 되고, 그래서 아무런 걱정 없이 살기를 소망하는 게 부모들의 모습이라고 말한다. 박 대표는 이 책을 통해 '공부만이 세상의 전부인 아이는 어른이 되어서 결코 부자가 될 수 없다. 경제 감각은 어릴 때부터 길러줘야 한다'고 강조한다.

실제 그는 자녀들의 이름으로 주식을 갖게 해주었다. 지금의 안랩도 자녀들의 계좌에 잠시 들어 있었던 주식이라고 한다. 박 대표는 자신이 겪었던 실패한(?) 경험담에 대해서도 말하기를 주저하지 않는다.

"2만 원대에 산 안랩 주식이 대선 바람을 타고 주가가 5만 원대까지 오르길래, 그 이상은 기업 가치를 웃돈다는 판단을 내리고 정리했습니다. 그런데 이후 10만 원을 훌쩍 넘어가더라고요. 아이들이 절 나무라는데, 별로 할 말이 없었지요."

안랩의 주주였던 자신의 아이들이 2012년 대선투기주의 광풍을 같은 또래에 비해 훨씬 더 경제적으로, 사회적으로, 문화적으로 느끼고 생각하게 되었을 것이라는 점이 박 대표의 의견이다.

부자들의 최대 관심이자 걱정은 세금을 적게 내고 자녀들에게 자산을 물려주는 것이라고 한다. 그러나 자산을 물려주느라 애쓰기보다는 자산을 늘리는 방법을 어려서부터 가르쳐주면 상속의 스트레스에서 훨씬 더 자유로워질 수 있을 것이다. 물론 당장은 월척을 낚는 방법보다 잡아준 월척에 더 많은 애착이 갈 수밖에 없겠지만 말이다.

그리고 마지막으로 세 번째 책이 2012년 11월에 나왔다.《주식, 투자자의 눈으로 세상을 보다》는 제목에 걸맞게 박 대표가 주식 투자를 대하는 철학이 짙게 배어 있다. 그는 이 책에서 자신처럼 느리고 행복한 투자자로 사는 방법을 전하는 데 심혈을 기울였다. 보다 빠른 시간 안에 높은 수익을 내기 위해 아우성치는 우리나라 투자자들의 실태와 정반대의 호흡을 강조하고 있다. 결국은 큰돈을 벌게 해준 행운은 시간을 자기편으로 만드는 데 성공하면서 비롯됐다는 경험담이다. 그러면서 자본시장의 기능 회복과 활성화를 얘기한다. 투자자와 상장사 간의 이상적인 관계 설정도 주문한다.

박 대표는 "상장사의 오너와 경영진은 투자자와 주주를 배려하고, 투자자도 욕심을 버리고 수익률 기대치를 크게 낮추며 오래오래 공생하는 관계로 전환해야 한다"고 강조하고 있다. 주식 농부의 투자법은 지금도 진화 중이다.

02

기업의 미래를 담보로 한
저 PBR 투자의 저력

압구정동 교주 조문원(로데오투자클럽 대표)

     조문원 로데오투자클럽 대표는 한마디로 초 저평가 우량주 발굴의 달인이다. 그의 별명은 '압구정동 교주(敎株)'다. 압구정동에 자신만의 1인 사무실 하나를 내놓고 대박주를 발굴해 널리 전파하기를 마다하지 않았다 해서 붙여졌다(현재 그의 사무실은 강남구 테헤란 밸리에 위치하고 있다).

    조 대표는 독학으로 고유의 가치 투자 비법을 개발하고, 그 철학을 정립한 투자의 대가이다. 절대 망하지 않는 회사 중에서 주가가 반드시 오를 만한 기업을 찾아내고, 이런 사실을 주변의 투자자들에게 적극적으로 알리는 역할을 하고 있다. 워낙 주가가 싼 시점에서 찾아내다보니 남들에게 알려도 큰 부담이 없다. 대부분의 주식 전문가들이 주가가 비쌀 때 주변 사람들에게 열심히 떠들어대며 투자를 유치하는 것과는 차이가 있다.

그의 주장에 의하면 주가가 싼 데는 다 그만한 이유가 있다. 회사가 이익을 내지 못하거나 대주주가 워낙 폐쇄적인 성향을 보여 일시적으로 손실이 발생하는 식이다. 그가 주목하는 것은 앞으로 나타날 변화다. 개선의 여지가 있다면 기업은 달라지고, 기업이 달라지면 턱없이 싼 주가는 크게 변동할 것이다. 조 대표는 이런 주식의 생리를 정확히 알고 고집스럽게 투자해 대가의 반열에 오른 인물이다. 그가 일궈내고 있는 투자의 세계를 냉정히 들여다보면 평범한 사람도 남들이 부러워하는 부자가 될 가능성이 있음을 알게 된다.

그의 투자 경력을 살펴보기 위해서는 30년 전의 과거로 거슬러 올라가보아야 한다.

증권사 여직원에게 주문지를 전달하면 그제야 매도, 매수가 체결되던 시절이 있었다. 그도 처음부터 정통 가치주 투자를 한 건 아니다. 이른바 차트 매매도 즐겼고, 세력주라고 소문난 상장사의 주식에도 자주 손을 댔다. 요즘도 세력들이 즐겨 쓰는 상한가 따라잡기도 단골 메뉴였다.

승승장구하던 그에게 시련이 찾아온 것은 1998년 외환위기 때였다. 국가가 부도난 사태 앞에서 날고 긴다 하는 개미투자자가 무슨 소용이 있으랴. 깡통 계좌는 견디기 어려운 충격이었고, 급기야 삶을 포기하고 다리 난간에 올라섰지만 머리카락 한 올만큼의 미련이 그를 잡았다고 한다.

그는 재기를 위해 돈을 빌려 슈퍼마켓을 시작했다. 경제신문의 시세판을 보며 새벽에 잠들기 일쑤였다. 자고 나면 이마에 시세판의 일부가 묻어 있는 생활이 5년 동안 계속되었다. 시세판을 보면서 그대로 잠이 든 탓이다. 빚을 다 갚고 난 그에게 부인이 200만 원을 건넸다. 언제나 그의 동공이 주식 시세판에 머물러 있음을 정확히 간파하고 있었던 것이다.

슈퍼마켓 문을 닫고 밤 12시 넘어 시작해왔던 시세판 공부의 위력은 대단했다. 웬만한 상장사의 과거와 현재를 파악할 수 있게 되면서 그는 자신감까지 생겼다. 자신감의 바탕은 '상대적 비교'였다. A라는 상장사가 좋다는 얘길 들으면 유사한 기업과 비교를 해서 누가 더 나은지를 따져보는 것이다. 그래서 더 싸고 더 매력적인 상장사를 고를 수 있게 되었고 이를 통해 가장 매력적인 종목을 발굴하는 쪽으로 발전할 수 있었다.

조 대표가 중요시하는 지표는 PBR이다. 순자산이 1,000억 원인데 시가총액이 1,000억 원을 넘는 회사, 즉 PBR이 1배 이상인 회사는 일단 관심 종목에서 제외한다. 그러다보니 그가 처음에 사는 종목들의 PBR은 0.5배를 넘지 않는 경우가 많다. 이를 두고 주식 공부가 깊은 고수들은 곧잘 반박한다. '가치주의 함정'이라는 걸 알지 않느냐고 말이다. 물론 맞는 말이다. 시가총액이 순자산의 0.2배 수준인 상장사의 주가가 5년 넘게 옆걸음 치는(횡보) 모습이 이따금 관측되기도 한다. 아무리 시장 가치에 비해 보유한 자산의 매력이 높다 해도 자산의 환금성(유가증권이 어느 정도 용이하게 현금화될 수 있는가의 정도를 나타내는 것), 개발 가능성이 떨어지거나 기업이 계속 손실을 내게 되면 결과적으로 PBR이 올라가는 오류에 빠질 수 있다. 가치주 투자자들이 극복해야 할 첫 번째 난관이 바로 이 같은 가치주의 함정이다.

그러나 조 대표는 이를 다시 반박한다. PBR을 중시하지 않으면 언제든지 투자한 주식 자산을 한꺼번에 잃게 될 수 있다고 말이다. 외환위기의 경험이 그에게 각인시킨 원칙이다.

그렇다면 가치주의 함정은 어떻게 벗어나야 할까. 그가 내린 답은 간단하다. 상장사의 미래를 열심히 들여다볼 수밖에 없다는 것이다.

과거와 현재까지의 경영 성과인 자산을 바탕으로, 상장사가 앞으로 어떤 변화를 거쳐 어떤 열매를 맺을지 따지고 또 따진다. 하지만 불확실성으로 점철된 현대사회, 개인의 미래도 점치기 어려운 마당에 어떻게 한 회사의 미래를 예단할 수 있을까?

그는 투자의 성패가 미래에 달려 있는 만큼 수단과 방법을 가리지 않고 미래를 미리 알아내려고 애쓴다. 우선 뉴스를 빠짐없이 챙겨보고, 사업보고서 및 공시를 통해 회사의 재무 분석과 재료 분석을 하는 것은 기본이다. 회사의 주식 사무를 담당하는 임직원과 하루가 멀다 하고 소통을 한다. 상장사 임직원과의 통화 시간은 보통 30분이 넘는다. 전화 통화는 물론 기업 탐방도 마다하지 않는다. 전국의 공장을 찾아 탐방을 하다보면 자가용의 주행거리는 혀를 내두를 지경이 된다고 한다. 그러면서 회사에 관한 얘기는 하나도 빠뜨리지 않고 수집하고 정리한다.

동일방직이라는 면방직 회사가 있다. 국제 원면 시장에서 원료를 사서 내의, 속옷, 니트 회사에 제품을 공급한다. PBR이 0.2배에 머무는 극도로 저평가된 기업이다. 더욱이 자산에서 부채를 뺀 순자산이 5,000억 원에 이르는데도 시가총액은 1,000억 원을 넘기지 못하고 있다.

대다수 투자자들은 '면방직 회사의 성장성이 떨어지고 거래량이 부족하고 오너가 주주를 배려하지 않는다. 주가가 안 오르는 데는 그만한 이유가 있다'고 단정 짓는다. 그래서 관심을 두지 않는다. 과거와 현재만 바라보는 속좁은 시각이다.

그러나 조 대표의 접근법은 다르다. 이유가 분명이 있어서 주가가 턱없이 싸지만 앞으로 변화가 발생한다면 반전의 드라마가 기대되기 때문이다. 긍정적인 변화가 이루어지면 저평가가 조금씩 해소될 것이라는 확신이 있기 때문이다. 0.2배인 PBR이 1배만 되어도 400%의 수익이 가능해진다. 이것이 바로 저 PBR 투자의 저력이다.

조 대표는 "자산이라는 안정성에서 투자의 처음을 시작하지만 투자의 결실은 언제나 미래의 변화에서 얻는, 사실상 성장주 투자로 봐야 한다"고 강조한다. 그래서 고집스런 자산주 투자라는 일각의 평가 절하를 거부하며, 기업 분석을 멈추지 않는다.

실제로 그의 투자 수익 실현은 성장이 가시화될 때 이루어졌다. 그가 개별 종목의 투자에서 회수까지 하는 데 걸린 시간은 천차만별이다. 1년이 걸린 때도 있고 10년을 기다린 경우도 있다. 주가가 생각대로 오르지 않으면 자신의 판단과 분석을 믿고 끝까지 기다린다. 그를 보면 인내는 성공 투자자들의 십계명에 꼭 넣어야 하는 덕목이다.

그렇다면 조문원 대표가 거둔 성과는 어떠할까. 그가 발굴한 절대 저평가주 중 높은 수익률을 낸 상장사를 언급하면 다음과 같다. 2000년 이후 터진 고수익 종목만 열거해도 종근당, 삼현철강, 화신, 유니온, 화승알앤에이, 덕양산업, 신성통상, 이랜텍, 동일제지, 신대양제지 등에 이른다. 간간이 10루타 종목이 나오기도 한다. 10루타란 1만 원짜리 주식이 10만원이 되는 대박 현상을 일컫는 말이다. 10배가 되는 셈이니까 1,000만 원을 투자했다면 1억 원으로 계좌가 불어나는 것이다.

조 대표는 자신한다.

"저 PBR 투자가 모두 적중한다고 보면 안 된다. 예상하지 못했던 변수가 생겨 기존의 전망과 다른 결과가 나오기도 한다. 그렇지만 한 번 제대로 적중하면 수백 프로의 수익이 난다. 무엇보다 저 PBR 투자는 안정성이 높기 때문에 한두 종목에 많은 돈을 투입할 수 있다. 결과적으로 자산이 불어나는 속도가 투자자의 생각보다 빠를 수밖에 없다."

주식 투자를 오래 한 독자라면 자주 듣는 질문이겠지만, 빼놓을 수 없는 코스가 있다. 다음의 표를 보자. PBR이 천차만별인 세 개의 상장사가 있다.

(단위 : 억원)

	안랩	컴투스	아세아시멘트
매출액	1,032	362	10,850
영업이익	80	30	328
순이익	94	41	203
자본총계	1,294	700	10,530
시가총액	6,010	6,344	2,670

안랩, 컴투스, 아세아시멘트 비교

투자 금액을 100만 원, 1,000만 원, 1억 원으로 달리하면 각각의 경우 어느 종목에 투자할 것인가. 100만 원이 10배면 1,000만 원이다. 1,000만 원이 10배면 1억 원이다. 1억 원이 10배가 되면 10억 원이 된다. 1,000만 원, 1억 원, 10억 원의 쓰임새는 완전히 다르다. 자동차 구입, 자녀 교육, 주택 마련, 노후 대비 등 금액에 따른 돈의 용도는 차원이 달라진다.

확신하건데, 주식 투자로 10억 원이 넘는 자산을 일궈내려면 반드시 PBR을 중시해야 한다. 운이 좋아 1억 원이 10배가 되는 길을 찾아낼 수도 있다. 그런데 불행하게도 운이 안 좋다면? 1억 원이 5,000만 원이 되었다면? 5,000만 원이 10억 원이 되려면 20배가 되어야 한다. 이런 불행의 싹은 사전에 잘라버리는 게 최선이다.

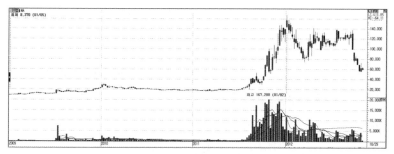

2009 ~ 2012년 안랩 주봉

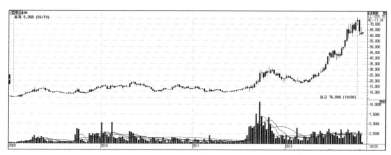

2009 ~ 2012년 컴투스 주봉

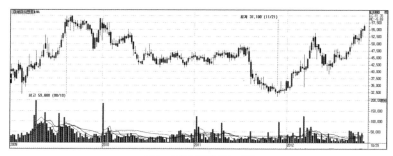

2009 ~ 2012년 아세아시멘트 주봉

투자를 하다보면 한두 번 손실을 볼 수도 있는 것 아니냐고 반문할 수 있겠지만 손실은 곧 원하는 자산 증식에서 멀어진다는 것을 뜻한다. 손실을 최소화하는 지름길 혹은 비법은 따로 없다. 행운이라는 통제 불가능한 변수를 제외한다면 정답은 바로 PBR에 있다고 볼 수밖에 없는 것이다.

상식적으로 앞으로가 아니라 현재, 지금 부자인 기업에 투자할 때 손실이 날 가능성이 낮다. 앞으로 부자가 될 기업에 투자를 해도 높은 수익이 가능하겠지만, 그 기업이 부자가 되지 않을 가능성 또한 배제할 수 없다. 그리고 부자가 되지 않을 가능성은 곧 손실의 규모와 비례한다.

PBR을 최고로 중시하는 조 대표의 성적은 어떨까. 200만 원으로 시작한 주식 투자는 현재 50억 원을 훌쩍 넘어섰다. 조 대표는 지금도 저 PBR주를 몽땅 들고 있으며, 이들의 미래를 추적하느라 여념이 없다. 그의 추적이 성공한다면 지금부터 그의 자산 증식은 '속도'가 아니라 '양'으로 증명될 것이다.

200만 원의 투자금이 12년 만에 50억 원이 됐다. 그렇다면 50억 원은 앞으로 어느 정도까지 불어날까?

03

투자자가 중심이 되는
가치투자 교육의 전도사

밸류타이머 신진오(가치투자자협회 회장)

인터넷 주식 투자 카페에서도 널리 알려진 고수 중의 고수인 가치투자자협회 신진오 회장. 그의 이름보다는 '밸류타이머'라는 별명이 더 친숙한 사람도 있을 것이다. 신영증권 등을 거쳐 여의도에서 20년 넘게 직장 생활을 하다가 전업 투자자로 전향한 후, 그는 자신이 추구하는 가치 투자를 실천에 옮기면서 많은 투자자와 직장인들의 부러움을 사고 있다.

신 회장의 활동 중 가장 눈에 띄는 부분은 바로 가치 투자, 정석 투자의 전도사로 솔선수범하는 것이다. 그는 "우리나라 투자자들은 정말 정석 투자와 거리가 멀다. 정석 투자를 모른다면 할 말이 없지만 알면서도 실천하지 않는 투자자들이 너무 많다. 제대로 투자하는 비율은 10%가 채 되지 않는다"고 말한다.

그가 진두지휘하는 가치투자자협회는 1년에 한 번씩 서울 여의도에서 심포지엄을 개최한다. 전국 방방곡곡에서 300명 넘는 회원들이 참여해 가치 투자의 A부터 Z까지 토론하고 공부한다. 증권사와 금융투자협회, 한국거래소가 해야 할 일을 한 개인이 대신하고 있는 셈이다.

관심 대상인 상장사만 150개에 이른다는 그는 "시간은 믿음을 저버리지 않는다"는 말로 자신의 투자 철학을 전했다. 내재 가치에 비해 저평가된 가치주를 사서 기다리면 언젠가는 그 가치에 맞게 주가가 움직이는 경험을 반복하고 있음을 보여준다는 것이다.

아래는 신진오 회장과의 인터뷰를 정리한 내용이다.

Q_테마주가 변함없이 유행이다. 정치투기주는 실체 없는 테마주의 전형이었다. 투자자들이 왜 바뀌지 않는 것인가?

A_문제점을 지적해도 그냥 머릿속으로만 생각할 뿐 행동을 바꾸지 않는 투자자들을 매우 많이 보았다. 테마주 투자를 하지 말라고 하면 누구나 다 '예'라고 답한다. 그리고 돌아서서 테마주에 쉽게 투자한다. 욕심 때문이 아닐까. '투자'가 아니라 '도박'을 하는 사람들이 너무 많다.

Q_최근(2012년 여름)에 관심을 많이 가지고 있는 업종은?

A_가스, 통신주가 대표적이다. 천연가스를 지역별로 나눠 공급하는 가스 회사들 주가는 매우 저평가돼 있다. 때문에 이익이 안정적이고 배당을 많이 준다. 이동통신주도 빠질 만큼 빠져 여기서 하락할 여력이 많

지 않다. 실제로 조금 수익이 났다. 이동통신주가 좋다고 강조하면 주변에 있는 투자자들이 SK텔레콤, KT, LG유플러스 중 어느 회사가 제일 낫냐고 나에게 묻는다. 하지만 나 같은 경우에는 각 회사별 장점이 있다고 보고 세 개의 회사에 골고루 투자하는 스타일이다. 하나만 고집하지는 않는다. SK는 하이닉스 인수가, KT는 올레 브랜드 이미지의 파워가, LG유플러스는 LTE라는 모멘텀이 있기 때문이다.

Q_ 가스주를 좋아한다고 했는데, 구체적으로 어떤 식인가?

A_ 대한가스라고 있는데 이름을 코원에너지서비스로 바꾸었다. 강남의 넓은 부동산까지 감안할 때 내재 가치가 10만 원 전후로 계산됐다. 헌데, 시가가 3만 원이 안 되길래 샀다. 너무 싸지 않은가. 이 가격에 사지 않는 게 이상한 일이다. 그런데 사측에서(엄밀히 말하면 오너 측에서) 갑자기 3만 7,000원에 공개매수를 해서 상장폐지 시키겠다는 공시를 했다. 시가에 10% 이상의 프리미엄을 주고 공개매수를 하는 방식인데, 이 회사의 내재 가치를 모르는 주주들은 좋아할 수도 있을 것이다. 하지만 나는 생각이 달랐다. 분명 10만 원 이상을 적정주가로 보았는데, 4만원이 안 되는 3만 7,000원에 팔 수밖에 없는 상황이기 때문이다. 미약한 소액주주는 대주주의 공개매수에 저항할 방법이 없다. 공개매수 가격이 너무 싸다고 따져서 더 비싸게 팔고 싶은데 현실에서 그 방식을 찾기 어려웠다. 대주주의 이해관계에 따라 매우 비합리적인 가격에 상장폐지가 결정되는 기업들이 한둘이 아니다.

Q_ 내재 가치 평가에서 배당은 어느 정도 비중을 차지하는가?

A_ 매우 중요하다. 자산주 투자로 유명한 벤자민 그레이엄조차 배당 수익률만큼은 매우 중시했다. 그레이엄이 자산을 제일 중요하게 여겼다는 인식은 대공황 당시 안정성을 강조하는 일화에서 비롯된 오해다. 그레이엄은 배당성향이 30%가 안 되는 상장사는 높은 점수를 주지 않았다.

이런 관점에서 보면 우리 증시에 그레이엄이 투자할 만한 기업은 극소수에 불과하다. 기업이 배당을 한다는 의미는 영업 과실을 주주들과 함께 나눈다는 의미다. 하지만 우리 증시에는 대부분의 기업들이 수확한 과실을 오너가 혼자 먹으려고 한다. PBR이 0.5배가 안 되는 기업 역시 수두룩한데, 대부분 지배 구조나 투명성, 주주 중시에 문제가 있기 때문이다. 이런 기업들은 밸류에이션을 할 때 과감히 할인을 해서 내재 가치를 산정해야 한다.

Q_ 여의도에 있는 일신방직 본사에 가보니 비싼 그림들이 많이 걸려 있던데……

A_ 오너나 경영진의 취향에 따라 상장사가 돈을 주고 그림을 매입하는 것이다. 주주에게 얼마나 이익이 되겠는가.

실제로 상장된 면방직 5인방(동일방직, 일신방직, 경방, 전방, 대한방직)은 그 흔한 액면분할조차도 거부하고 있는 상황이다. 대한방직은 전주시 서부 신시가지에 도청과 경찰청으로 둘러싸인 22만 1,124제곱미터(6.7만평) 가까운 부동산을 보유하고 있는데, 3.3제곱미터당 1,000만 원을 호가하는 것으로 알려졌다. 하지만 대한방직의 시가총액은 여전히 220억 원에 불과하다. 부동산을 언제 개발할 지도 알 수 없거니와 개발한다 해도 그 이익을 소액주주와 공유하겠다고 믿는 투자자들이 거의 없기 때문이다. 불신은 주가의 디스카운트로 직결된다.

Q_ 우리 증시에서 가장 시급히 개선해야 할 점은?

A_ 의결권 행사를 포함해 기관투자가가 제 역할을 하는 것이다. 돈을 맡긴 고객을 대신해 기관투자가는 주주로서 이익을 극대화하기 위해 최대한 권한을 행사해야 한다. 자본시장 활성화를 위해서도 꼭 필요하다.

Q_ 기관의 운용 노하우도 많은 개선이 필요하다고 본다.

A_ 지금 기관은 분기별 이익을 중시해서 매매를 한다. 너무 짧다. 단기 투자에 연연하는 기관이 많다.

Q_ 밸류타이머의 투자 주기는 어느 정도인가?

A_ 정해진 투자 시간은 없다. 다만 적어도 5년 이상은 보고 해야 하지 않을까 싶다.

Q_ 증시 후진성을 극복하기 위한 방안으로 가격제한폭 폐지가 많이 얘기되고 있다.

A_ 동의한다.

Q_ 하루가 멀다 하고 가치 투자를 하는 법에 대한 교육 활동을 하는데 어려움이 있다면?

A_ 냉정과 열정 사이에서 고민할 때가 많다. 가치 투자를 처음 배울 때 접하는 용어가 PER이다. 매우 중요한 기본이 되는 개념인데, PER 역시 단점을 가지고 있다. 그래서 단점에 대해 얘기하다보면 듣는 입장에서는 어느덧 PER을 외면하고 무시하는 경향을 보인다. 주식시장도 쏠림이 심한데, 가치 투자 교육이 균형을 잡아가는 게 쉽지 않다. 제도권의 분발이 필요한 시점이라고 생각한다.

밸류타이머가 2009년에 쓴 《전략적 가치투자》란 책은 가치 투자자들의 입문 및 실전 바이블이라 해도 과언이 아니다. 그는 지금도 가치 투자를 대중들에게 알리고 가르치기 위해 많은 공부를 하고 있다. 이런 취지로 만든 것이 가치투자자협회다. 협회의 최종 목표는 '투자자가 중심이 되는 투자자 교육·정보 전달 단체가 되는 것'이라고 한다. 협회의 일거수일투족을 보면 하나의 문화 운동에 가깝다는 느낌이 든다.

건전하고 투명한 자본시장에
우리의 미래가 있다

책 한 권을 쓴다는 게 참 고역이다. 소비되는 에너지도 만만치 않다. 그러나 다 털고 나면 결과와 무관하게 얼마간은 후련함을 느끼기 마련이다. 첫 번째 책을 쓰고 그랬다. 그런데 두 번째 책의 집필을 마쳤는데도 머릿속은 여전히 복잡하다. 책을 쓰면서 고민도 많이 하고 때로는 전문가들의 생각을 빌리기도 했다. 그러나 쉽지 않은 주제에 대해 욕 얻어먹을 각오까지 하며 하고픈 얘길 했는데도 찜찜함이 가시지 않는 것은 왜일까. 자본시장 선진화를 위한 혁신 과제들이 향후 5년 안에 해결되기 어렵다는 불안감이 엄습해서일까. 이런 불안감을 키우는 뿌리는 무엇일까, 어둠의 세력은 누구일까.

그러던 중, 한국은행에서 발표한 통계 자료가 눈길을 끌었다. 〈2012년 2분기 중 경제 주체별 자금 순환(잠정)〉이라는 제목의 내용이었다. 이 자료에 의하면 2012년 2분기(4~6월)에 주식시장에서 개인투자자들이 무려 20조 5,000억 원을 잃은 것으로 조사됐다. 물론 자료만을 놓고 개인들의 주식 투자 손실 규모가 20조 원을 넘어섰다고 정확하게 짚어내는 데는 한계가 있지만, 막대한 금융 자산이 손실을 입은 것만은 분명하다. 물론 2012년 2분기 동안 주식시장이 하락한 탓도 있다. 그러나 개인투자자들은 분명 손실을 볼 수밖에 없는 투자 문화를 고집하고 있다. 부인할 수 없는 현실이다. 이럴 때마다 개인들이 자금력과 정보력에서 기관, 외국인에 비해 한참 뒤지기 때문이라는 고전적인 분석이 나온다.

그러나 우리 증시의 투자 문화를 바라보노라면 개인들이 작전을 직접 하거나 작전을 하는 세력에 동조하지 않고서는 절대로 돈을 벌 수 없을 것 같다는 한숨이 절로 나온다. 넘쳐나는 증권사의 매수 추천 리포트, 온갖 포털 사이트의 카페 등에서 남발하는 유혹의 정보들, 부실 상장사의 거짓 정보 유출, 외국인 투자자의 막강한 물량 공세와 화려한 첨단 매매 기법 사이에서 개인들은 그야말로 설 자리가 없다. 비단 어제 오늘의 일이 아니다.

필자가 가장 안타깝게 생각하는 것은 시간이 지나도 이런 상황이 나아지지 않는 '불면의 역사'다. 개인투자자들이 어떻게 기업의 가치를 분석해야 할지, 어떤 기준으로 사고팔아야 할지 제대로 가르쳐주는 사람, 회사가 없다. 그러다보니 투자자들은 하루하루 정보와 주가의 움직임에 휘둘릴 따름이다.

한국거래소, 금융감독원, 금융위원회, 기획재정부, 청와대 등에서 일하는 사람들은 하루가 멀다 하고 투자자 보호에 만전을 기하겠다고 선언한다. 그러나 정말로 투자자를 보호하는 방법을 찾지는 못하는 것 같다. 주가가 많이 오른 정치투기주를 하루 이틀 거래 정지시키는 것이 투자자를 보호하는 근본적인 해결책이라고 생각한다면 이는 큰 오산이다. 바로 눈앞에서 보지 않았는가. 그 숱한 경고에도 불구하고 정치투기주들이 막대한 거래량과 함께 폭등과 급락을 반복하는 것을.

그렇다면 금융 당국, 정부 부처 차원에서 보다 근본적으로 접근해야 할 필요가 있다.

먼저 투자자들에게 최대한의 자유와 최대한의 책임을 동시에 부여해야 한다. 이를 위해 가격제한폭을 대폭 확대하고 궁극적으로 폐지해야 한다. 아울러 투자 경고나 거래 정지 같은 구태의 규제 장치는 최소화해야 한다. 투자 실패 시 원금이 하루아침에 사라질 수 있으며, 그 책임은 자기 자신이 져야 한다는 것을 투자자들에게 각인시켜야 한다. 좋은 기업에 투자하지 못하면 필패(必敗)한다는 것을 일깨워야 한다. 자신이 없다면 자본시장에 참여하지 말라고 경고해야 한다. 이것이 바로 투자자 보호다. 어설픈 투자자 보호 제도가 투자자를 망치고 주식시장을 저질로 만든다.

이를 위해 한국거래소는 당장 전국적인 투자자 교육에 나서야 한다. 사회공헌을 위해 공익재단을 만들어 거금을 출연하는 것도 좋지만 투자자를 위해 교육 사업에 더 많은 돈을 써야 한다. 거래소의 진정한 사회공헌은 투자자 교육이며 이를 통한 투자자 보호다. 주식 투자 인구가 500만 명에 육박하고 있는 실정에 맞게 해결책을 내놓아야 한다.

다시 한 번 강조하고 싶다. 주식시장을 포함한 자본시장은 규제가 아니라 자율 속에서 성장하고 발전한다는 것을. 동시에 자율이 넘치는 시장에 참여하는 투자자와 경제 주체는 자기의 책임을 한시도 망각해선 안된다. 이 같은 자율 속에서 창의력은 꿈틀댈 것이고 그 위에서 세계시장을 선도하는 인재와 금융회사가 배출될 것이다.

그런데 현실은 어떤가. 갈수록 민간의 비중이 줄고, 관(官)의 영향력은 세지고 있다. 방향이 거꾸로 가고 있다. 낙하산이라는 말이 툭하면 등장하는 게 우리 자본시장의 현실이다. 정부 관료들의 방패막이 역할을 하기 위해 선배 관료들을 금융 지주의 회장님으로 모시는 게 낯설지 않은 인사가 됐다. 거의 모든 금융회사가 방패막이를 위해 관료나 금융 당국 출신 인사를 감사로 모셔오고 있다. '모피아(경제 관료와 마피아의 합성어)'가 경제 부처와 금융계를 지배하면서 서로를 밀고 끌고 챙겨주고 있다는 비판 기사가 숱하게 나온다. 그래도 민간을 지배하는 관의 고리는 여전히 굳건하다. 바뀌지 않는다. 모피아도 먹고 살아야 한다는 항변까지 들린다. 중요한 것은 '정도'다. 해도 너무 한다는 데 문제의 심각성이 있다. 관의 색깔은 법, 규제, 안정, 조직 논리 등이다. 이런 색깔은 시장에 어울리지 않는다.

2012년 대선을 거치고 화려하게 명멸해간 대선투기주로만 개인투자자가 20조 원 가까운 돈을 잃었다. 20조 원이면 전국의 미분양 아파트를 다 살 수 있는 어마어마한 돈이다. 국민들의 자산 증식을 통해 노후를 따뜻하게 보호해주어야 할 자본시장이 국민들의 무덤이 돼버린 꼴이다. 이럴 바에는 자본시장이 존재할 이유가 없다.

혹자는 그렇다면 기자들은 얼마나 잘났냐고 물을 것이다. 얼마 전 만난 증권사의 홍보 팀장의 말로 그 답을 갈음한다.

"요새는 매체들이 정말 많이 늘어났다. 개별 종목에 대한 기사가 쏟아지기 시작하면 정신을 차릴 수 없을 정도로 많은 기사가 나온다. 그런데 투자에 도움이 되는 정보는 갈수록 찾기 어렵다."

투명하고 건전한, 그러면서도 참여자들에게 이익이 돌아가는 자본시장 만들기는 더 이상 미뤄서는 안 되는 일이다. 주제 넘는다고 비판받더라도 역사라는 말을 쓰고 싶다. 시대사적인 과제로 부상해버렸기 때문에, 그래서 미룰 일이 아니라 당장 하나둘 정비해나가야 한다고. 시간이 없다고.

더불어 이 책의 많은 비판은 애정의 발로였다고 말하고 싶다. 시장과 투자자들, 그리고 시장 관리자들의 노고에 대한 애정이 없었다면 굳이 하지 않아도 될 얘기들이다. 대선투기주로 막대한 돈을 잃든 말든 내버려둬도 필자와 큰 연관은 없다. 시간이 지나면 저절로 정화될지도 모른다. 시장 정책 역시 시간이 지나면 발전의 궤도에 안착할 것이다.

그러나 지금 우리에게 주어진 시간이 많지 않다는 절박함이 컸기에 이대로 관망할 수만은 없었다. 사실 투자자와 정부 관료, 기업 오너와 경영인들에게 제시한 '변화'는 기자라는 직업을 10년 넘게 붙잡고 있는 필자 자신에게 주문하고 싶은 말이기도 하다.

시간이 갈수록 언론을 바라보는 독자들의 따스한 시선이 줄어드는 것 같아 너무 안타깝다. 시장과 투자자를 위해 제대로 변화하지 않았기 때문이리라.

원고 수정까지 마쳤지만 후련함을 느낄 수 없다. 망가진 자본시장과 그 속에서 멍든 투자자들의 '힐링'은 아직 시작조차 되지 않았다. 갈 길이 멀다.

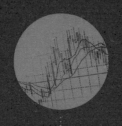

부록

유동비율 순위

* 기준일 : 2012년 3분기 기준
* 유동비율 = 유동자산/유동부채 * 100
* 유동비율이 높은 순으로 정렬
* 유동비율이 높을수록 회사의 지급 능력, 채무 상환 능력이 높다는 것을 의미한다.

NO	회사명 (거래소)	2012년 9월 말			2011년 12월 말			유동비율 증감 (A-B)
		유동자산	유동부채	유동비율(A)	유동자산	유동부채	유동비율(B)	
1	SJM홀딩스	29,718.55	12.25	242,600.38	30,583.91	78.46	38,981.75	203,618.63
2	S&T홀딩스	39,349.38	97.72	40,269.13	64,671.58	199.70	32,384.36	7,884.76
3	KISCO홀딩스	33,766.30	168.37	20,055.29	31,397.18	4,182.75	750.64	19,304.66
4	CS홀딩스	22,330.01	122.33	18,253.46	23,418.54	372.59	6,285.34	11,968.12
5	진양홀딩스	38,111.94	398.70	9,559.03	28,400.46	27.80	102,156.25	-92,597.22
6	아모레퍼시픽그룹	318,790.03	3,393.88	9,393.09	318,403.67	3,031.88	10,501.87	-1,108.79
7	GIIR	55,317.39	1,812.47	3,052.05	55,004.13	2,514.33	2,187.63	864.42
8	평화홀딩스	90,791.79	4,027.80	2,254.13	87,971.77	54,074.12	162.69	2,091.44
9	성창기업지주	16,437.15	756.49	2,172.81	17,289.02	975.07	1,773.11	399.70
10	다함이텍	38,830.56	2,189.85	1,773.21	101,544.90	730.41	13,902.53	-12,129.32
11	대상홀딩스	50,948.78	3,259.98	1,562.86	75,278.29	14,746.78	510.47	1,052.38
12	한국전자홀딩스	62,834.76	4,319.99	1,454.51	15,055.01	4,031.53	373.43	1,081.08
13	모토닉	287,852.23	20,850.13	1,380.58	282,317.06	27,822.41	1,014.71	365.87
14	한국주강	46,560.75	3,912.14	1,190.16	47,140.13	4,921.84	957.77	232.39
15	삼영전자공업	193,179.67	18,573.12	1,040.10	191,788.53	28,869.29	664.33	375.77
16	환인제약	126,067.81	12,235.85	1,030.32	119,341.82	11,175.03	1,067.93	-37.62
17	신도리코	625,496.94	62,246.98	1,004.86	606,001.32	67,390.60	899.24	105.63
18	NICE홀딩스	20,456.93	2,336.42	875.57	33,972.63	40,021.99	84.88	790.68
19	고려포리머	24,232.76	2,770.99	874.52	33,723.43	18,284.72	184.44	690.08
20	세우글로벌	28,655.20	3,390.61	845.13	26,999.85	3,054.35	883.98	-38.85
21	한섬	359,385.14	45,733.92	785.82	358,202.61	70,963.63	504.77	281.05
22	KPX홀딩스	22,982.21	3,018.83	761.29	82,950.68	249.37	33,264.36	-32,503.07
23	성보화학	44,091.53	6,167.47	714.90	43,328.53	9,941.15	435.85	279.05
24	한진중공업홀딩스	54,918.00	7,857.00	698.97	59,879.00	7,230.00	828.20	-129.23
25	영풍제지	66,634.02	10,416.12	639.72	59,517.75	7,768.22	766.17	-126.45
26	일신석재	23,798.93	3,833.37	620.84	28,776.18	7,729.94	372.27	248.57
27	삼성출판사	26,801.60	4,415.83	606.94	28,598.66	6,783.70	421.58	185.36
28	WISCOM	86,502.37	15,251.13	567.19	83,361.83	14,313.09	582.42	-15.23
29	대웅	28,511.28	5,170.97	551.37	18,755.38	3,419.34	548.51	2.86
30	제일연마	43,867.31	8,276.51	530.02	43,054.00	9,975.85	431.58	98.44
31	삼성공조	165,946.27	32,494.65	510.69	167,954.32	39,317.28	427.18	83.51
32	한국카본	160,774.25	31,485.85	510.62	159,155.64	27,170.56	585.77	-75.14
33	이연제약	106,795.56	20,992.13	508.74	108,368.51	27,471.56	394.48	114.27
34	고려아연	2,115,908.52	422,073.29	501.31	1,933,734.19	353,070.77	547.69	-46.38
35	삼영홀딩스	3,659.90	748.76	488.80	8,848.02	2,280.85	387.93	100.87
36	계양전기	109,912.66	23,310.52	471.52	100,455.86	22,812.36	440.36	31.16
37	동방아그로	117,039.34	25,118.02	465.96	116,478.43	26,122.25	445.90	20.06
38	로엔케이	10,634.60	2,287.41	464.92	9,702.97	2,308.73	420.27	44.65
39	광주신세계	299,319.07	64,455.72	464.38	260,854.66	66,163.61	394.26	70.12
40	아세아페이퍼텍	67,196.96	14,540.04	462.15	56,868.13	14,280.53	398.22	63.93
41	풍산홀딩스	83,649.65	18,263.73	458.01	95,066.74	24,487.23	388.23	69.78
42	우진	57,954.68	12,751.83	454.48	57,154.11	13,331.47	428.72	25.77
43	퍼시스	154,546.42	34,127.28	452.85	109,651.48	42,693.18	256.84	196.02
44	삼양통상	150,663.22	33,454.08	450.36	145,375.31	31,514.25	461.30	-10.94
45	엔씨소프트	497,919.28	110,974.45	448.68	599,838.95	139,898.99	428.77	19.91
46	주연테크	35,806.31	8,042.60	445.21	34,273.62	6,964.40	492.13	-46.92
47	JS전선	133,316.11	30,515.97	436.87	120,798.45	37,304.60	323.82	113.06
48	태경화학	33,897.11	7,876.50	430.36	33,939.57	10,262.92	330.70	99.66
49	근화제약	55,974.65	13,271.91	421.75	62,099.68	26,299.51	236.12	185.63
50	조선선재	38,308.58	9,083.28	421.75	33,801.77	10,624.71	318.14	103.61
51	중앙건설	239,740.65	58,027.47	413.15	260,984.27	70,358.28	370.94	42.21

NO	회사명 (거래소)	2012년 9월 말			2011년 12월 말			유동비율 증감 (A-B)
		유동자산	유동부채	유동비율(A)	유동자산	유동부채	유동비율(B)	
52	동일산업	213,235.58	52,256.71	408.05	222,598.81	75,926.12	293.18	114.88
53	텔코웨어	65,123.56	16,108.83	404.27	74,618.27	20,987.21	355.54	48.73
54	케이씨텍	110,556.77	27,393.12	403.59	108,541.28	29,791.34	364.34	39.25
55	삼정펄프	97,832.95	25,131.94	389.28	85,774.32	31,350.76	273.60	115.68
56	삼영무역	113,943.40	29,488.65	386.40	109,982.64	34,681.79	317.12	69.28
57	진양산업	12,376.43	3,239.68	382.03	13,213.87	4,594.29	287.62	94.41
58	한국쉘석유	87,020.69	22,883.14	380.28	103,575.45	40,591.22	255.17	125.12
59	미원스페셜티케미칼	87,377.68	23,010.50	379.73	78,257.99	22,606.67	346.17	33.56
60	NHN	1,179,783.34	315,984.47	373.37	904,056.14	215,515.85	419.48	−46.12
61	일성신약	45,625.15	12,275.25	371.68	44,805.93	21,850.13	205.06	166.62
62	미창석유공업	156,172.50	42,146.40	370.55	139,111.19	44,171.51	314.93	55.61
63	일신방직	152,257.49	41,275.84	368.88	185,083.38	54,149.98	341.80	27.08
64	YB로드	26,679.73	7,300.07	365.47	27,707.63	9,868.08	280.78	84.69
65	팀스	24,663.63	6,893.62	357.77	15,152.27	7,049.22	214.95	142.83
66	경인전자	24,001.04	6,763.22	354.88	25,884.37	4,222.21	613.05	−258.18
67	유한양행	600,835.75	170,300.87	352.81	546,645.86	122,986.72	444.48	−91.67
68	LG패션	569,512.52	163,958.95	347.35	569,949.09	235,192.35	242.33	105.02
69	유엔젤	44,448.07	12,800.79	347.23	47,301.82	9,713.46	486.97	−139.74
70	조광피혁	102,339.85	29,520.43	346.67	109,313.70	38,589.99	283.27	63.41
71	키스앤컴퍼니	5,451.55	1,581.82	344.64	6,427.19	3,094.89	207.67	136.97
72	에스원	509,384.21	148,739.08	342.47	541,387.64	173,799.08	311.50	30.97
73	부국철강	108,968.82	32,192.78	338.49	114,716.78	42,909.59	267.35	71.14
74	케이티스	152,282.81	45,127.93	337.45	137,698.89	45,511.41	302.56	34.89
75	남양유업	536,741.90	160,077.64	335.30	507,007.65	166,503.17	304.50	30.80
76	이수페타시스	130,214.45	39,556.48	329.19	130,239.97	57,550.51	226.31	102.88
77	보락	16,814.20	5,118.76	328.48	15,706.22	4,279.50	367.01	−38.53
78	신세계I&C	128,922.28	39,834.33	323.65	121,649.22	48,757.92	249.50	74.15
79	세방전지	541,236.38	170,002.69	318.37	524,619.26	207,608.45	252.70	65.67
80	대덕지디에스	273,552.30	86,493.48	316.27	228,694.53	67,889.59	336.86	−20.59
81	DCM	130,648.00	43,150.00	302.78	112,173.00	27,139.00	413.33	−110.55
82	조흥	74,162.51	24,608.45	301.37	89,187.58	40,065.05	222.61	78.76
83	새론오토모티브	78,980.39	27,101.50	291.42	84,741.38	31,481.32	269.18	22.24
84	KPX케미칼	298,357.29	102,636.97	290.69	299,873.29	108,627.92	276.06	14.64
85	한국유나이티드제약	84,254.98	29,166.86	288.87	88,100.87	38,431.20	229.24	59.63
86	동남합성	28,072.04	9,779.48	287.05	26,663.56	10,431.03	255.62	31.43
87	대웅제약	227,534.38	79,284.57	286.98	242,347.09	116,167.34	208.62	78.37
88	건설화학공업	180,443.14	63,619.57	283.63	148,233.16	47,833.08	309.90	−26.27
89	한창	19,607.47	6,939.67	282.54	24,793.03	10,086.96	245.79	36.75
90	현대그린푸드	381,234.01	135,575.46	281.20	350,849.54	124,509.62	281.79	−0.59
91	한신기계공업	59,419.88	21,522.18	276.09	50,231.03	16,408.80	306.12	−30.04
92	대원제약	76,237.86	27,713.35	275.09	67,212.59	24,927.56	269.63	5.46
93	SJM	62,221.20	22,752.96	273.46	56,595.50	26,402.36	214.36	59.11
94	OCI	1,427,672.62	524,200.83	272.35	1,571,751.48	706,352.25	222.52	49.84
95	KTCS	138,973.41	51,040.72	272.28	131,481.15	51,266.45	256.47	15.81
96	광동제약	169,557.05	63,305.69	267.84	161,860.16	56,833.10	284.80	−16.96
97	선도전기	34,116.29	12,738.98	267.81	41,145.81	19,603.46	209.89	57.92
98	아모레퍼시픽	923,957.31	346,572.28	266.60	637,687.24	342,774.74	186.04	80.56
99	고려개발	750,531.94	283,319.78	264.91	889,918.60	684,847.75	129.94	134.96
100	POSCO	13,508,629.89	5,104,444.15	264.64	13,924,795.31	5,015,144.53	277.65	−13.01
101	웅진에너지	220,488.98	83,532.44	263.96	329,940.69	147,059.19	224.36	39.60
102	삼영화학공업	70,143.16	26,665.99	263.04	90,920.13	42,760.18	212.63	50.42
103	대창단조	76,817.73	29,250.73	262.62	76,454.73	47,940.89	159.48	103.14
104	SBS미디어홀딩스	34,135.54	13,072.18	261.13	16,486.91	22,028.36	74.84	186.29
105	한국유리공업	146,184.54	56,156.77	260.32	235,428.86	97,540.04	241.37	18.95
106	우리들제약	39,657.68	15,276.73	259.60	31,532.11	21,512.37	146.58	113.02
107	삼화왕관	39,640.04	15,331.00	258.56	33,558.78	14,112.94	237.79	20.77

NO	회사명 (거래소)	2012년 9월 말			2011년 12월 말			유동비율 증감 (A−B)
		유동자산	유동부채	유동비율(A)	유동자산	유동부채	유동비율(B)	
108	신라교역	250,014.67	96,842.38	258.17	166,167.96	54,096.84	307.17	−49.00
109	한전산업개발	77,470.73	30,232.62	256.25	80,148.67	29,544.04	271.29	−15.04
110	빙그레	373,657.05	146,104.41	255.75	255,356.41	71,051.76	359.39	−103.65
111	KP케미칼	991,011.35	387,774.19	255.56	1,021,267.19	460,400.30	221.82	33.74
112	KT&G	2,980,558.54	1,168,672.79	255.04	2,381,187.85	704,428.91	338.03	−82.99
113	아티스	8,946.03	3,537.87	252.86	10,215.63	4,259.53	239.83	13.03
114	슈넬생명과학	75,324.61	30,032.32	250.81	60,518.85	28,553.26	211.95	38.86
115	F&F	83,077.08	33,243.04	249.91	75,842.32	26,259.17	288.82	−38.91
116	동양기전	240,006.52	96,713.99	248.16	225,944.07	104,774.93	215.65	32.51
117	LG생명과학	244,711.96	99,223.84	246.63	216,471.59	96,131.44	225.18	21.44
118	율촌화학	205,171.54	83,506.07	245.70	168,534.41	76,725.31	219.66	26.04
119	강원랜드	1,076,948.38	439,374.03	245.11	1,116,717.65	439,575.36	254.04	−8.93
120	삼진제약	129,811.96	53,056.51	244.67	145,625.68	69,714.02	208.89	35.78
121	한미반도체	127,066.37	52,097.45	243.90	98,776.80	24,800.74	398.28	−154.38
122	현대홈쇼핑	528,110.67	217,170.22	243.18	890,959.98	261,238.46	341.05	−97.87
123	녹십자	477,403.59	197,167.51	242.13	474,121.14	169,209.09	280.20	−38.07
124	VGX인터내셔널	27,946.07	11,639.36	240.10	20,799.68	5,066.47	410.54	−170.44
125	휴닉스커뮤니케이션즈	14,038.06	5,872.87	239.03	18,281.93	8,678.34	210.66	28.37
126	비상교육	72,697.07	30,471.59	238.57	84,691.17	35,046.78	241.65	−3.08
127	MK트렌드	120,679.25	51,076.55	236.27	119,675.78	47,210.51	253.49	−17.22
128	대교	293,276.60	124,439.15	235.68	336,609.13	147,362.78	228.42	7.26
129	화천기공	122,022.75	52,150.05	233.98	133,525.32	68,657.88	194.48	39.50
130	롯데삼강	369,254.23	159,357.45	231.71	323,567.18	208,464.48	155.21	76.50
131	에이블씨엔씨	159,957.89	69,302.79	230.81	135,285.69	64,451.82	209.90	20.91
132	아세아시멘트	208,255.67	90,288.34	230.66	216,905.19	95,756.96	226.52	4.14
133	S&T중공업	375,616.32	162,929.20	230.54	392,231.25	194,656.30	201.50	29.04
134	LS네트웍스	313,512.12	136,481.09	229.71	201,405.43	83,421.58	241.43	−11.72
135	파미셀	35,729.32	15,588.09	229.21	14,950.56	16,182.78	92.39	136.82
136	천일고속	21,952.14	9,701.89	226.27	18,518.51	8,904.55	207.97	18.30
137	일성건설	197,637.06	87,847.57	224.98	181,749.09	81,657.35	222.58	2.40
138	카프로	411,638.52	182,999.93	224.94	521,357.16	249,925.38	208.61	16.33
139	한독약품	182,141.39	81,009.03	224.84	197,756.00	92,331.82	214.18	10.66
140	삼성정밀화학	592,712.01	265,566.85	223.19	579,151.88	230,455.35	251.31	−28.12
141	하이트론씨스템즈	52,779.11	23,681.47	222.87	61,993.91	30,867.56	200.84	22.03
142	조일알미늄	147,454.39	66,458.99	221.87	175,921.79	108,256.12	162.51	59.37
143	디아이	53,019.83	24,083.81	220.15	49,019.63	27,738.64	176.72	43.43
144	SG충남방적	67,445.54	30,707.69	219.64	31,135.43	41,083.21	75.79	143.85
145	자화전자	153,259.24	69,848.43	219.42	122,729.87	61,683.17	198.97	20.45
146	휴켐스	358,242.19	163,672.44	218.88	308,046.76	201,167.56	153.13	65.75
147	한전KPS	398,671.77	182,250.40	218.75	350,398.78	151,014.92	232.03	−13.28
148	쌍방울	92,089.78	42,282.33	217.80	85,136.75	42,259.43	201.46	16.34
149	한국공항	98,799.06	45,452.58	217.37	86,457.31	44,004.45	196.47	20.89
150	한국단자공업	232,738.31	107,816.36	215.87	223,749.70	101,096.18	221.32	−5.46
151	예스코	213,404.46	98,998.02	215.56	426,069.38	357,987.48	119.02	96.55
152	신세계푸드	130,812.58	60,810.78	215.11	126,766.60	63,772.68	198.78	16.34
153	종근당	284,237.14	132,173.96	215.05	295,059.10	151,814.51	194.36	20.69
154	현대산업개발	3,996,080.92	1,859,094.69	214.95	4,497,366.70	2,008,575.14	223.91	−8.96
155	도화엔지니어링	141,876.92	66,130.95	214.54	154,077.73	69,164.17	222.77	−8.23
156	경농	133,426.80	62,581.09	213.21	85,897.54	24,782.04	346.61	−133.41
157	화성산업	186,726.03	88,014.58	212.15	288,738.36	186,840.59	154.54	57.62
158	한국제지	250,936.53	118,493.15	211.77	252,535.64	131,427.08	192.15	19.62
159	성지건설	98,935.37	46,924.70	210.84	112,711.67	78,666.70	143.28	67.56
160	IHQ	20,730.74	9,878.87	209.85	28,668.27	23,972.91	119.59	90.26
161	삼원강재	139,500.74	66,589.82	209.49	145,399.15	76,469.23	190.14	19.35
162	동아지질	174,141.94	83,307.19	209.04	141,537.59	68,751.10	205.87	3.17
163	가온전선	329,037.16	158,479.20	207.62	291,946.50	158,285.34	184.44	23.18

NO	회사명 (거래소)	2012년 9월 말			2011년 12월 말			유동비율 증감 (A-B)
		유동자산	유동부채	유동비율(A)	유동자산	유동부채	유동비율(B)	
164	호텔신라	739,205.44	356,920.91	207.11	570,612.18	292,365.91	195.17	11.94
165	BYC	156,595.77	75,727.62	206.79	144,549.24	90,104.63	160.42	46.36
166	덕성	60,009.26	29,141.97	205.92	55,820.44	25,913.59	215.41	-9.49
167	태광산업	977,437.27	477,507.44	204.70	1,044,058.20	560,313.75	186.33	18.36
168	세기상사	9,254.11	4,535.84	204.02	9,198.55	4,422.23	208.01	-3.99
169	GKL	305,900.64	150,087.86	203.81	274,909.52	146,218.39	188.01	15.80
170	제일모직	1,753,424.42	868,846.56	201.81	1,325,864.20	783,331.39	169.26	32.55
171	SG세계물산	135,611.99	67,502.55	200.90	139,901.49	73,128.71	191.31	9.59
172	삼양제넥스	288,748.58	144,737.68	199.50	358,221.75	159,376.43	224.76	-25.27
173	현대모비스	7,832,122.00	3,930,596.00	199.26	7,168,797.00	4,428,355.00	161.88	37.38
174	포켓게임즈	8,728.89	4,388.95	198.88	2,528.82	12,288.68	20.58	178.30
175	미원상사	65,272.64	32,832.62	198.80	56,569.57	33,055.58	171.13	27.67
176	아남전자	60,357.37	30,385.25	198.64	59,218.09	29,227.77	202.61	-3.97
177	동아에스텍	50,728.73	25,648.72	197.78	55,627.99	31,662.00	175.69	22.09
178	대한제분	181,947.85	92,277.07	197.18	205,328.87	92,291.80	222.48	-25.30
179	한미글로벌	77,790.35	39,580.89	196.54	74,122.28	35,864.38	206.67	-10.14
180	광전자	116,965.59	59,572.02	196.34	120,860.65	78,502.32	153.96	42.39
181	유니퀘스트	92,820.86	47,415.36	195.76	89,486.87	45,972.82	194.65	1.11
182	태원물산	28,929.74	14,812.62	195.30	30,214.53	16,403.68	184.19	11.11
183	대림비앤코	69,375.10	35,564.87	195.07	61,347.61	55,485.85	110.56	84.50
184	락앤락	210,856.57	109,118.22	193.24	242,584.73	77,678.39	312.29	-119.06
185	국도화학	283,796.70	148,162.98	191.54	259,002.51	118,225.36	219.08	-27.53
186	성문전자	19,266.95	10,131.14	190.18	25,238.43	14,095.01	179.06	11.12
187	대덕전자	251,276.26	132,258.45	189.99	198,549.02	120,155.42	165.24	24.75
188	황금에스티	92,981.83	49,051.97	189.56	120,214.04	69,742.14	172.37	17.19
189	세아베스틸	920,818.25	486,377.98	189.32	846,781.52	535,655.48	158.08	31.24
190	화신	233,364.73	123,347.40	189.19	230,763.73	127,856.31	180.49	8.71
191	영진약품공업	78,072.85	41,487.23	188.19	69,758.31	37,534.22	185.85	2.33
192	동원	27,949.43	14,988.21	186.48	28,885.82	15,069.86	191.68	-5.20
193	한국화장품제조	18,273.45	9,822.40	186.04	17,282.15	8,906.24	194.05	-8.01
194	태평양제약	87,109.45	46,912.06	185.69	97,243.56	41,789.92	232.70	-47.01
195	영풍	429,611.18	232,131.67	185.07	340,232.60	204,163.75	166.65	18.43
196	우신시스템	43,318.62	23,440.98	184.80	62,408.95	53,364.92	116.95	67.85
197	이엔쓰리	10,120.92	5,498.87	184.05	12,536.12	8,177.49	153.30	30.75
198	한국항공우주산업	1,278,024.00	694,423.00	184.04	1,074,008.00	493,415.00	217.67	-33.63
199	호남석유화학	2,512,809.72	1,365,527.56	184.02	2,518,885.58	1,597,175.85	157.71	26.31
200	제일약품	233,746.30	128,148.07	182.40	257,724.25	130,577.73	197.37	-14.97
201	더존비즈온	60,637.57	33,328.49	181.94	58,382.55	49,470.04	118.02	63.92
202	남영비비안	103,899.00	57,127.87	181.87	107,371.89	37,986.24	282.66	-100.79
203	한국철강	494,278.35	273,277.68	180.87	503,714.73	324,967.24	155.00	25.87
204	서흥캅셀	113,484.34	62,759.71	180.82	80,379.26	76,740.37	104.74	76.08
205	동원수산	65,793.77	36,407.49	180.71	61,547.43	31,543.03	195.12	-14.41
206	동화약품	135,373.22	74,965.98	180.58	132,321.36	87,860.19	150.60	29.98
207	현대자동차	18,509,842.00	10,269,716.00	180.24	17,249,883.00	11,919,397.00	144.72	35.52
208	종근당바이오	81,398.20	45,235.00	179.95	86,683.58	58,294.06	148.70	31.24
209	동흥철강	73,130.99	40,662.57	179.85	73,376.72	39,757.10	184.56	-4.71
210	한국종합기술	88,809.57	49,833.90	178.21	95,844.65	53,344.42	179.67	-1.46
211	신일산업	47,747.64	27,099.89	176.19	30,152.33	21,697.75	138.97	37.23
212	DPC	26,795.15	15,227.07	175.97	33,892.82	15,469.66	219.09	-43.12
213	유성기업	125,966.72	71,604.45	175.92	124,879.19	77,716.62	160.69	15.23
214	평화산업	55,907.87	32,054.72	174.41	55,674.54	28,564.25	194.91	-20.50
215	우성사료	199,944.25	114,787.02	174.19	171,058.83	98,949.41	172.88	1.31
216	제일기획	844,979.44	485,217.65	174.14	993,350.56	561,471.17	176.92	-2.77
217	삼양엔텍	25,155.22	14,557.90	172.79	20,871.43	13,515.22	154.43	18.37
218	쌍용머티리얼	60,970.74	35,451.12	171.99	56,332.34	32,179.51	175.06	-3.07
219	선창산업	139,521.60	81,140.11	171.95	181,736.88	122,435.56	148.43	23.52

NO	회사명 (거래소)	2012년 9월 말			2011년 12월 말			유동비율 증감 (A-B)
		유동자산	유동부채	유동비율(A)	유동자산	유동부채	유동비율(B)	
220	금호전기	140,945.34	82,006.48	171.87	141,619.65	78,442.81	180.54	-8.67
221	LS산전	801,694.68	466,914.98	171.70	636,214.87	401,787.58	158.35	13.35
222	LG화학	6,798,458.00	3,963,426.00	171.53	6,071,787.00	3,833,483.00	158.39	13.14
223	S&TC	183,467.28	107,039.25	171.40	145,463.39	96,002.45	151.52	19.88
224	한국전력기술	530,755.64	310,319.88	171.04	542,495.34	326,147.75	166.33	4.70
225	키스톤글로벌	30,748.83	17,996.84	170.86	22,284.78	9,781.68	227.82	-56.96
226	진양폴리우레탄	7,460.10	4,381.96	170.25	7,898.53	4,717.39	167.43	2.81
227	대우건설	6,615,072.31	3,919,387.16	168.78	5,812,856.08	3,577,246.66	162.50	6.28
228	대성홀딩스	79,688.65	47,339.45	168.33	46,326.46	31,357.00	147.74	20.60
229	일동제약	207,815.12	123,609.28	168.12	211,584.57	114,751.09	184.39	-16.26
230	SBS	402,680.75	240,214.22	167.63	441,504.76	296,248.29	149.03	18.60
231	세종공업	220,294.25	132,211.13	166.62	227,908.77	141,560.91	161.00	5.63
232	대한유화공업	476,463.78	288,644.45	165.07	481,030.37	289,111.91	166.38	-1.31
233	한올바이오파마	62,806.64	38,092.16	164.88	71,447.39	44,800.79	159.48	5.40
234	신성FA	40,161.78	24,359.49	164.87	56,274.35	41,557.04	135.41	29.46
235	인디에프	130,082.62	79,109.30	164.43	153,847.42	104,687.86	146.96	17.48
236	남해화학	363,997.40	221,613.23	164.25	414,020.10	262,566.83	157.68	6.57
237	삼성전기	1,963,051.66	1,196,790.27	164.03	1,590,609.50	1,241,383.55	128.13	35.89
238	한국수출포장공업	77,946.44	47,559.78	163.89	75,284.77	70,251.99	107.16	56.73
239	IB스포츠	22,309.53	13,630.47	163.67	17,322.79	12,001.63	144.34	19.34
240	화천기계	108,103.75	66,177.45	163.35	110,526.59	77,156.18	143.25	20.10
241	대림산업	6,403,431.32	3,927,333.95	163.05	6,417,629.07	4,128,362.67	155.45	7.60
242	콤텍시스템	79,192.98	48,719.06	162.55	89,707.06	64,191.93	139.75	22.80
243	휴스틸	246,104.20	152,013.12	161.90	238,014.01	136,932.92	173.82	-11.92
244	미원화학	38,390.58	23,762.72	161.56	31,105.97	22,934.96	135.63	25.93
245	아비스타	110,188.70	68,675.60	160.45	112,365.12	82,366.89	136.42	24.03
246	동양물산기업	195,834.71	122,141.46	160.33	193,082.49	128,082.04	150.75	9.59
247	삼성전자	39,562,149.00	24,677,447.00	160.32	39,496,344.00	26,969,912.00	146.45	13.87
248	S&T모터스	77,163.10	48,225.07	160.01	79,792.68	50,782.52	157.13	2.88
249	신성ENG	49,221.03	30,809.93	159.76	65,599.51	54,324.68	120.75	39.00
250	경남기업	1,092,040.25	684,504.80	159.54	1,100,760.19	680,203.52	161.83	-2.29
251	세아특수강	297,529.85	186,870.66	159.22	262,910.13	161,542.44	162.75	-3.53
252	모나리자	27,097.24	17,053.89	158.89	23,677.48	18,508.76	127.93	30.97
253	리바트	157,917.83	99,469.21	158.76	171,071.27	115,939.19	147.55	11.21
254	신대양제지	90,265.83	56,872.19	158.72	76,446.97	64,452.56	118.61	40.11
255	코오롱패션머티리얼	170,095.60	107,281.09	158.55	140,323.30	123,845.87	113.30	45.25
256	한라공조	739,548.55	468,071.16	158.00	631,421.15	417,584.90	151.21	6.79
257	극동유화	113,569.50	71,936.42	157.87	115,412.44	78,022.76	147.92	9.95
258	유니온	53,414.84	33,861.11	157.75	60,638.17	41,241.72	147.03	10.72
259	현대엘리베이터	535,039.10	339,532.21	157.58	572,636.16	378,231.92	151.40	6.18
260	아이마켓코리아	751,417.85	478,236.19	157.12	550,869.50	274,432.61	200.73	-43.61
261	신풍제지	82,510.89	52,614.57	156.82	91,068.47	52,622.66	173.06	-16.24
262	CJ대한통운	717,663.01	457,894.25	156.73	726,642.10	408,262.71	177.98	-21.25
263	CJ	310,030.30	197,825.89	156.72	567,750.03	428,102.80	132.62	24.10
264	엔케이	164,429.17	105,302.68	156.15	141,931.33	95,200.00	149.09	7.06
265	한일건설	366,017.06	234,405.88	156.15	428,111.91	213,983.41	200.07	-43.92
266	세방	266,418.57	171,053.53	155.75	266,512.19	148,668.96	179.27	-23.51
267	벽산	131,548.83	84,522.99	155.64	129,350.86	111,839.18	115.66	39.98
268	조선내화	189,605.76	121,826.60	155.64	206,339.04	158,915.58	129.84	25.79
269	아세아제지	99,313.33	63,814.93	155.63	79,846.76	70,465.08	113.31	42.31
270	세아제강	783,713.30	505,297.13	155.10	766,766.73	446,133.99	171.87	-16.77
271	태경산업	71,724.80	46,277.30	154.99	83,934.27	61,471.73	136.54	18.45
272	한세실업	399,830.73	258,268.16	154.81	341,084.86	233,664.09	145.97	8.84
273	SH에너지화학	51,246.89	33,189.76	154.41	47,641.85	32,842.75	145.06	9.35
274	풍산	1,150,352.63	745,129.45	154.38	1,108,597.93	786,653.82	140.93	13.46
275	다우인큐브	19,561.65	12,720.33	153.78	7,742.65	4,563.23	169.68	-15.89

NO	회사명 (거래소)	2012년 9월 말			2011년 12월 말			유동비율 증감 (A-B)
		유동자산	유동부채	유동비율(A)	유동자산	유동부채	유동비율(B)	
276	KT스카이라이프	249,831.29	162,508.55	153.73	219,814.96	224,287.03	98.01	55.73
277	IS동서	541,560.26	353,988.06	152.99	462,797.03	241,570.28	191.58	−38.59
278	KPX그린케미칼	76,121.91	49,832.35	152.76	58,068.13	33,549.37	173.08	−20.33
279	한일시멘트	533,360.03	349,345.53	152.67	413,575.24	303,422.90	136.30	16.37
280	LG	192,310.00	126,158.00	152.44	73,616.00	203,291.00	36.21	116.22
281	삼호개발	106,202.15	70,088.27	151.53	113,153.36	76,893.46	147.16	4.37
282	LG하우시스	809,854.00	535,671.00	151.18	918,606.00	630,318.00	145.74	5.45
283	사조씨푸드	126,774.13	83,939.37	151.03	68,595.61	76,701.56	89.43	61.60
284	한신공영	1,017,708.71	678,210.28	150.06	987,269.19	563,595.50	175.17	−25.12
285	동성제약	86,955.39	58,150.43	149.54	75,014.68	50,917.12	147.33	2.21
286	신세계인터내셔널	258,120.53	172,704.32	149.46	251,037.31	160,646.29	156.27	−6.81
287	영원무역	315,944.58	212,274.16	148.84	293,534.04	192,078.68	152.82	−3.98
288	동원산업	387,545.44	260,635.46	148.69	319,971.09	248,466.58	128.78	19.91
289	GS건설	7,337,141.50	4,967,578.95	147.70	7,422,082.78	4,971,774.14	149.28	−1.58
290	샘표식품	106,795.12	72,416.20	147.47	106,207.19	51,495.55	206.25	−58.77
291	한농화성	72,898.31	49,445.77	147.43	66,209.67	40,062.55	165.27	−17.83
292	수산중공업	65,216.33	44,271.46	147.31	56,446.67	36,874.56	153.08	−5.77
293	윌비스	79,099.75	53,735.27	147.20	85,875.81	60,965.27	140.86	6.34
294	계룡건설산업	847,215.18	575,548.85	147.20	967,488.99	588,444.64	164.41	−17.21
295	다우기술	125,663.06	85,848.74	146.38	125,680.96	113,151.83	111.07	35.30
296	우리들생명과학	25,152.62	17,325.34	145.18	47,654.00	41,408.42	115.08	30.10
297	동아타이어공업	214,347.97	147,706.73	145.12	205,300.91	128,362.31	159.94	−14.82
298	현대건설	7,062,482.00	4,873,080.00	144.93	6,952,511.00	4,697,796.00	148.00	−3.07
299	진흥기업	524,915.13	362,856.81	144.66	607,868.94	480,256.76	126.57	18.09
300	유니드	262,581.85	182,169.84	144.14	314,254.09	224,451.90	140.01	4.13
301	S&T모티브	384,419.25	267,457.34	143.73	377,235.28	271,683.45	138.85	4.88
302	롯데제과	605,666.31	423,007.47	143.18	587,027.94	586,098.48	100.16	43.02
303	현대위아	2,125,573.94	1,488,214.90	142.89	2,169,854.75	1,739,705.00	124.73	18.10
304	광명전기	42,427.90	29,728.70	142.72	50,517.31	39,343.75	128.40	14.32
305	문배철강	86,151.28	60,392.13	142.65	69,728.70	43,410.12	160.63	−17.97
306	삼성제약공업	60,367.47	42,351.77	142.54	55,632.86	45,137.58	123.25	19.29
307	일정실업	26,486.86	18,637.55	142.12	22,372.75	14,847.19	150.69	−8.57
308	보령제약	168,211.90	118,586.44	141.85	149,728.37	106,842.04	140.14	1.71
309	쉘라인	34,092.94	24,183.56	140.98	36,356.75	14,418.41	252.16	−111.18
310	고려산업	76,474.12	54,462.15	140.42	61,039.72	53,628.88	113.82	26.60
311	두산	625,629.93	445,651.78	140.39	699,147.72	562,603.62	124.27	16.12
312	삼익THK	110,223.47	79,205.06	139.16	149,326.21	132,877.80	112.38	26.78
313	삼아알미늄	85,312.07	61,411.00	138.92	85,006.72	63,067.99	134.79	4.13
314	현대상선	2,291,885.00	1,651,177.00	138.80	2,204,663.00	1,851,395.00	119.08	19.72
315	에넥스	77,169.71	56,013.10	137.77	61,522.81	56,711.78	108.48	29.29
316	경동나비엔	130,602.94	94,868.83	137.67	109,967.95	74,711.38	147.19	−9.52
317	일진다이아몬드	62,268.88	45,282.45	137.51	62,490.43	36,964.11	169.06	−31.54
318	경인양행	105,296.76	76,737.15	137.22	99,039.94	64,682.27	153.12	−15.90
319	삼화페인트공업	210,295.05	153,704.65	136.82	201,431.64	124,712.15	161.52	−24.70
320	신원	257,017.40	188,672.98	136.22	217,059.35	148,884.97	145.79	−9.57
321	일진디스플레이	153,489.71	113,092.71	135.72	95,671.27	78,889.94	121.27	14.45
322	선진	173,225.41	127,661.55	135.69	159,351.57	140,929.43	113.07	22.62
323	대한제당	501,285.96	369,949.13	135.50	454,198.07	322,544.10	140.82	−5.32
324	만도	992,509.06	733,565.82	135.30	1,027,162.09	817,112.04	125.71	9.59
325	롯데칠성음료	718,500.47	531,686.44	135.14	553,776.58	804,873.74	68.80	66.33
326	SIMPAC	163,680.73	121,273.42	134.97	151,220.42	116,922.86	129.33	5.63
327	서울식품공업	12,814.25	9,502.77	134.85	11,780.80	9,846.04	119.65	15.20
328	동성화학	46,318.87	34,360.35	134.80	44,217.70	35,972.53	122.92	11.88
329	경동도시가스	545,889.61	405,313.75	134.68	563,584.97	450,578.76	125.08	9.60
330	하나투어	179,986.97	133,915.11	134.40	164,623.08	136,175.73	120.89	13.51
331	SK가스	1,519,849.71	1,131,740.63	134.29	1,002,463.95	1,064,371.73	94.18	40.11

NO	회사명 (거래소)	2012년 9월 말			2011년 12월 말			유동비율 증감 (A−B)
		유동자산	유동부채	유동비율(A)	유동자산	유동부채	유동비율(B)	
332	동아제약	694,794.33	519,836.06	133.66	466,160.77	365,222.62	127.64	6.02
333	퍼스텍	57,355.91	43,008.92	133.36	35,557.34	21,607.07	164.56	−31.21
334	대원전선	175,015.63	131,599.71	132.99	177,511.83	125,144.38	141.85	−8.85
335	JW중외제약	337,966.64	254,165.91	132.97	402,824.36	318,181.99	126.60	6.37
336	대우인터내셔널	5,401,260.23	4,077,318.44	132.47	4,719,518.64	4,225,712.15	111.69	20.79
337	더베이직하우스	109,438.56	82,649.79	132.41	125,188.20	94,242.52	132.84	−0.42
338	이수화학	379,850.00	289,513.74	131.20	324,064.13	196,506.45	164.91	−33.71
339	휠라코리아	241,118.75	183,914.68	131.10	286,141.40	149,152.82	191.84	−60.74
340	한국가스공사	9,215,124.23	7,051,167.47	130.69	11,489,561.62	7,472,162.57	153.76	−23.08
341	대영포장	60,073.87	46,033.50	130.50	70,047.13	68,410.09	102.39	28.11
342	현대글로비스	2,458,185.73	1,883,899.24	130.48	2,008,120.99	1,542,188.57	130.21	0.27
343	농심	741,654.97	569,592.26	130.21	817,852.07	599,311.61	136.47	−6.26
344	동원F&B	419,872.90	322,836.55	130.06	348,168.69	201,178.98	173.06	−43.01
345	팜스코	394,842.49	303,782.51	129.98	317,651.20	234,117.82	135.68	−5.70
346	S-Oil	9,255,044.00	7,130,394.00	129.80	8,823,100.00	7,235,988.00	121.93	7.86
347	KC코트렐	158,094.75	121,876.82	129.72	130,964.27	96,278.09	136.03	−6.31
348	대림통상	97,204.45	74,995.10	129.61	104,619.45	76,969.70	135.92	−6.31
349	코아스	69,343.42	53,591.88	129.39	72,913.44	57,443.32	126.93	2.46
350	신화실업	80,775.91	62,459.86	129.32	66,676.44	50,338.02	132.46	−3.13
351	혜인	159,648.53	124,044.36	128.70	101,775.74	71,924.08	141.50	−12.80
352	명문제약	105,381.55	81,905.25	128.66	105,941.68	80,219.30	132.07	−3.40
353	현대HCN	23,864.15	18,940.77	125.99	73,549.83	69,992.58	105.08	20.91
354	오뚜기	485,968.55	386,015.00	125.89	380,499.72	251,004.76	151.59	−25.70
355	롯데하이마트	485,681.14	386,102.04	125.79	567,240.97	300,140.73	188.99	−63.20
356	서울도시가스	338,735.60	269,719.11	125.59	581,916.17	528,976.08	110.01	15.58
357	삼천리	484,096.36	386,750.26	125.17	867,257.26	696,868.52	124.45	0.72
358	한솔홈데코	70,152.07	56,113.28	125.02	88,248.48	82,702.49	106.71	18.31
359	동일방직	140,752.96	112,899.44	124.67	146,912.25	133,782.56	109.81	14.86
360	화승인더스트리	137,627.56	110,564.19	124.48	168,480.74	143,104.31	117.73	6.74
361	유양D&U	86,109.26	69,221.45	124.40	81,627.33	68,002.88	120.04	4.36
362	노루페인트	206,412.90	165,992.98	124.35	178,315.98	161,638.50	110.32	14.03
363	삼성SDI	1,608,647.06	1,295,646.03	124.16	1,584,699.19	1,490,819.65	106.30	17.86
364	GS리테일	845,920.76	681,351.57	124.15	972,116.41	936,990.68	103.75	20.40
365	지엠비코리아	153,803.71	124,609.80	123.43	149,889.90	137,132.48	109.30	14.13
366	한솔CSN	106,037.22	85,959.89	123.36	90,916.93	57,524.64	158.05	−34.69
367	백산	85,515.59	69,413.29	123.20	77,256.51	61,443.32	125.74	−2.54
368	SK케미칼	660,464.48	539,810.62	122.35	631,159.24	480,244.41	131.42	−9.07
369	삼성엔지니어링	3,237,437.74	2,670,691.67	121.22	3,284,662.98	2,789,803.43	117.74	3.48
370	코스맥스	108,799.91	89,985.50	120.91	78,490.34	78,343.68	100.19	20.72
371	한솔테크닉스	152,513.47	126,297.50	120.76	108,939.77	133,276.34	81.74	39.02
372	두산건설	3,496,463.14	2,898,146.67	120.64	3,472,648.33	2,454,114.49	141.50	−20.86
373	한솔PNS	66,829.61	55,539.21	120.32	68,267.08	56,554.48	120.71	−0.38
374	삼성테크윈	1,695,110.10	1,409,325.79	120.28	1,162,527.24	940,582.02	123.60	−3.32
375	동원시스템즈	205,774.16	171,129.83	120.24	276,455.49	185,789.06	148.80	−28.56
376	후성	83,049.34	69,100.02	120.19	88,825.95	95,936.89	92.59	27.60
377	한라건설	1,723,701.44	1,434,991.67	120.12	1,623,111.99	1,358,182.86	119.51	0.61
378	신한	118,033.92	98,387.34	119.97	127,690.69	96,866.06	131.82	−11.85
379	우진세렉스	79,385.28	66,615.42	119.17	74,515.31	66,990.28	111.23	7.94
380	태영건설	844,987.53	709,576.70	119.08	806,595.91	701,907.97	114.91	4.17
381	한미약품	316,666.70	266,041.26	119.03	278,239.72	181,524.99	153.28	−34.25
382	넥센	125,079.65	105,494.61	118.56	128,778.90	104,287.11	123.48	−4.92
383	롯데미도파	143,338.15	121,478.56	117.99	172,355.84	115,392.80	149.36	−31.37
384	무림페이퍼	305,182.66	260,178.08	117.30	271,124.09	253,828.95	106.81	10.48
385	코리아써키트	130,959.52	111,673.73	117.27	120,422.42	133,189.50	90.41	26.86
386	경남에너지	118,659.99	101,651.28	116.73	189,515.18	181,006.83	104.70	12.03
387	DSR제강	81,987.70	70,334.77	116.57	84,490.04	71,621.68	117.97	−1.40

NO	회사명 (거래소)	2012년 9월 말			2011년 12월 말			유동비율 증감 (A−B)
		유동자산	유동부채	유동비율(A)	유동자산	유동부채	유동비율(B)	
388	신흥	57,429.53	49,339.39	116.40	54,037.66	48,507.52	111.40	5.00
389	청호컴넷	40,074.59	34,447.71	116.33	72,576.69	65,030.61	111.60	4.73
390	한솔케미칼	106,744.58	91,756.60	116.33	90,276.17	97,449.73	92.64	23.70
391	현대비앤지스틸	281,885.72	242,310.77	116.33	328,376.21	206,108.04	159.32	−42.99
392	신풍제약	188,373.88	162,217.75	116.12	194,457.04	152,778.20	127.28	−11.16
393	금호타이어	1,483,894.97	1,278,190.48	116.09	1,415,659.79	1,522,797.29	92.96	23.13
394	삼성중공업	9,271,408.18	8,000,447.53	115.89	9,398,174.64	10,315,698.76	91.11	24.78
395	GS글로벌	447,379.92	386,154.29	115.86	430,365.56	390,957.46	110.08	5.78
396	대한제강	377,482.94	326,508.28	115.61	384,275.15	315,977.90	121.61	−6.00
397	기아자동차	6,870,416.00	5,942,695.00	115.61	6,562,626.00	7,269,167.00	90.28	25.33
398	필록스	24,243.76	21,000.50	115.44	26,282.55	22,673.75	115.92	−0.47
399	대동공업	253,591.60	219,683.47	115.43	214,018.27	181,980.90	117.60	−2.17
400	DRB동일	149,758.98	129,907.90	115.28	165,842.57	156,447.64	106.01	9.28
401	인천도시가스	85,644.11	74,325.64	115.23	158,875.11	130,814.83	121.45	−6.22
402	현대EP	256,108.04	222,614.97	115.05	232,805.79	189,520.87	122.84	−7.79
403	휴니드테크놀러지스	43,547.75	37,964.87	114.71	46,956.88	34,109.75	137.66	−22.96
404	휴비스	391,491.15	342,855.30	114.19	360,131.01	409,849.64	87.87	26.32
405	동양철관	83,391.99	73,057.72	114.15	89,637.69	77,445.67	115.74	−1.60
406	일진머티리얼즈	157,978.00	139,038.00	113.62	124,578.00	81,858.00	152.19	−38.57
407	KG케미칼	258,163.16	227,311.36	113.57	249,925.68	221,789.26	112.69	0.89
408	한국석유공업	60,393.78	53,209.36	113.50	64,665.23	67,899.93	95.24	18.27
409	부산도시가스	154,014.39	135,874.42	113.35	248,004.73	250,177.67	99.13	14.22
410	엔피씨	97,931.35	86,717.10	112.93	99,718.73	73,485.23	135.70	−22.77
411	동양강철	158,083.38	140,167.18	112.78	120,318.14	144,040.20	83.53	29.25
412	넥센타이어	623,075.24	555,853.52	112.09	589,823.59	578,582.97	101.94	10.15
413	TCC동양	180,448.33	161,882.38	111.47	163,515.11	143,961.45	113.58	−2.11
414	현대종합상사	1,453,989.49	1,307,023.94	111.24	1,353,650.40	1,290,909.35	104.86	6.38
415	삼성물산	8,044,024.38	7,257,448.56	110.84	6,502,130.84	5,994,729.16	108.46	2.37
416	글로스텍	23,029.94	20,789.35	110.78	18,472.83	3,111.91	593.62	−482.84
417	삼일제약	55,891.85	50,497.32	110.68	55,107.58	49,228.60	111.94	−1.26
418	유니온스틸	716,325.37	647,933.21	110.56	695,188.58	707,929.50	98.20	12.36
419	쌍용자동차	639,131.84	578,132.59	110.55	653,681.36	517,701.07	126.27	−15.72
420	대창	331,855.70	300,260.10	110.52	288,752.78	267,559.38	107.92	2.60
421	현대P&C	45,947.98	41,630.58	110.37	23,349.13	43,966.57	53.11	57.26
422	한진중공업	2,205,965.00	2,009,724.00	109.76	2,183,437.00	1,800,533.00	121.27	−11.50
423	노루홀딩스	33,808.65	30,929.80	109.31	12,778.35	27,164.02	47.04	62.27
424	한국프랜지공업	334,129.62	305,791.62	109.27	277,119.78	238,526.37	116.18	−6.91
425	성진지오텍	497,850.12	455,952.05	109.19	444,985.48	445,799.59	99.82	9.37
426	백광소재	48,473.53	44,618.15	108.64	52,566.00	49,128.01	107.00	1.64
427	한성기업	105,693.12	97,311.93	108.61	90,720.94	65,212.79	139.12	−30.50
428	조광페인트	89,345.03	82,619.13	108.14	81,186.88	73,017.60	111.19	−3.05
429	성안	42,495.76	39,595.24	107.33	47,610.74	46,917.90	101.48	5.85
430	한국내화	78,158.91	72,934.81	107.16	70,642.27	82,040.56	86.11	21.06
431	영화금속	39,650.04	37,300.58	106.30	39,970.65	47,352.38	84.41	21.89
432	대상	526,656.13	495,622.36	106.26	469,651.81	432,322.27	108.63	−2.37
433	대한화섬	73,448.19	69,375.43	105.87	63,791.38	62,099.75	102.72	3.15
434	상신브레이크	89,535.40	84,575.99	105.86	81,137.66	75,169.37	107.94	−2.08
435	한샘	186,094.89	176,331.43	105.54	196,447.42	168,237.71	116.77	−11.23
436	현대미포조선	1,584,604.98	1,506,334.25	105.20	1,903,124.58	1,887,432.74	100.83	4.36
437	동국제강	3,254,114.95	3,098,157.25	105.03	3,542,412.76	3,297,494.42	107.43	−2.39
438	SK하이닉스	4,699,903.00	4,483,543.00	104.83	4,307,194.00	4,496,983.00	95.78	9.05
439	하이스틸	100,557.83	96,019.47	104.73	86,948.15	81,508.81	106.67	−1.95
440	NI스틸	60,324.80	57,707.04	104.54	61,688.62	81,389.48	75.79	28.74
441	한미사이언스	22,647.51	21,829.15	103.75	16,627.57	26,856.57	61.91	41.84
442	현대중공업	12,625,946.27	12,262,026.75	102.97	11,605,944.25	14,029,108.98	82.73	20.24
443	고려제강	274,286.94	266,507.34	102.92	265,520.38	222,069.17	119.57	−16.65

NO	회사명 (거래소)	2012년 9월 말			2011년 12월 말			유동비율 증감 (A-B)
		유동자산	유동부채	유동비율(A)	유동자산	유동부채	유동비율(B)	
444	동양네트웍스	128,026.09	124,417.38	102.90	65,549.26	42,185.06	155.39	-52.48
445	LG상사	1,481,451.94	1,439,970.87	102.88	1,750,841.00	1,559,257.84	112.29	-9.41
446	코오롱플라스틱	96,512.72	93,967.00	102.71	78,643.95	88,333.72	89.03	13.68
447	진양화학	12,491.15	12,189.14	102.48	9,913.81	11,158.57	88.84	13.63
448	LG이노텍	1,914,469.11	1,873,709.27	102.18	1,608,053.95	1,407,046.25	114.29	-12.11
449	대우전자부품	9,743.24	9,543.95	102.09	8,649.57	6,018.01	143.73	-41.64
450	CJCGV	324,216.78	317,601.57	102.08	146,582.82	250,788.05	58.45	43.63
451	일진전기	323,182.84	317,334.42	101.84	284,379.40	265,739.38	107.01	-5.17
452	인지컨트롤스	100,054.18	98,479.43	101.60	78,686.15	73,219.03	107.47	-5.87
453	태평양물산	204,187.67	202,030.12	101.07	129,988.83	129,484.18	100.39	0.68
454	에이엔피	35,553.73	35,383.05	100.48	33,973.53	39,404.17	86.22	14.26
455	태양금속공업	165,513.42	165,457.04	100.03	163,229.47	156,173.36	104.52	-4.48
456	무학	89,119.03	89,360.03	99.73	99,458.07	92,223.99	107.84	-8.11
457	대성에너지	129,248.15	129,647.84	99.69	238,834.82	270,936.49	88.15	11.54
458	E1	1,206,282.94	1,210,215.50	99.68	904,386.63	1,132,063.65	79.89	19.79
459	덕양산업	153,948.83	155,406.07	99.06	201,300.84	183,379.53	109.77	-10.71
460	STX엔진	1,008,505.00	1,020,218.00	98.85	932,754.00	1,190,984.00	78.32	20.53
461	STX팬오션	1,278,837.00	1,295,645.00	98.70	1,419,959.00	1,034,104.00	137.31	-38.61
462	KT	6,092,840.00	6,181,132.00	98.57	6,375,600.00	6,035,682.00	105.63	-7.06
463	동성홀딩스	33,887.36	34,381.08	98.56	27,832.29	33,464.04	83.17	15.39
464	진도	121,588.92	123,380.18	98.55	115,823.01	89,767.66	129.03	-30.48
465	대현	67,322.28	68,357.59	98.49	67,481.32	60,644.72	111.27	-12.79
466	LG전자	8,621,269.00	8,772,756.00	98.27	8,153,774.00	8,871,191.00	91.91	6.36
467	대원화성	52,788.64	53,868.22	97.98	43,042.67	51,020.81	84.36	13.63
468	두산인프라코어	1,903,103.76	1,946,966.90	97.75	1,755,421.86	1,918,171.56	91.52	6.23
469	KCC	1,426,327.87	1,464,065.28	97.42	1,966,015.74	802,846.74	244.88	-147.46
470	한익스프레스	45,496.52	46,777.77	97.26	52,001.81	59,423.88	87.51	9.75
471	서원	148,342.87	152,623.71	97.20	125,672.84	130,663.72	96.18	1.01
472	두산중공업	4,767,649.96	4,917,120.56	96.96	4,101,850.67	4,786,209.72	85.70	11.26
473	웅진코웨이	609,966.35	630,706.12	96.71	511,499.15	534,279.56	95.74	0.98
474	사조대림	142,666.85	147,693.60	96.60	117,543.41	121,363.07	96.85	-0.26
475	동부건설	1,103,884.34	1,144,966.33	96.41	875,309.90	1,164,432.64	75.17	21.24
476	현대제철	5,855,191.09	6,095,867.15	96.05	6,561,707.23	6,326,733.04	103.71	-7.66
477	인터지스	139,224.57	145,005.21	96.01	112,456.60	108,939.25	103.23	-7.22
478	현대하이스코	1,965,372.00	2,052,269.00	95.77	1,831,832.00	1,830,744.00	100.06	-4.29
479	써니전자	13,772.72	14,394.83	95.68	10,388.81	16,056.03	64.70	30.97
480	현대시멘트	176,896.35	187,157.30	94.52	195,648.38	195,754.51	99.95	-5.43
481	영보화학	49,123.56	52,036.28	94.40	42,373.19	39,226.36	108.02	-13.62
482	STX메탈	632,543.39	670,875.40	94.29	662,432.63	685,332.36	96.66	-2.37
483	효성ITX	31,516.70	33,461.90	94.19	24,758.30	34,414.93	71.94	22.25
484	사조해표	207,090.01	223,862.97	92.51	154,780.60	182,453.30	84.83	7.67
485	한일이화	269,732.57	292,368.15	92.26	245,657.39	261,915.32	93.79	-1.53
486	인팩	48,865.15	53,015.80	92.17	41,718.28	47,406.36	88.00	4.17
487	이구산업	138,748.45	151,167.82	91.78	148,916.80	142,426.14	104.56	-12.77
488	보루네오가구	54,353.67	59,627.38	91.16	55,603.29	69,925.27	79.52	11.64
489	금호산업	1,030,591.00	1,130,876.00	91.13	2,287,923.00	1,697,308.00	134.80	-43.67
490	GS인스트루먼트	42,205.62	46,660.32	90.45	32,799.41	36,945.67	88.78	1.68
491	세원셀론텍	188,311.44	208,785.48	90.19	176,688.01	213,958.65	82.58	7.61
492	부산산업	8,180.78	9,105.54	89.84	8,668.27	10,994.58	78.84	11.00
493	남성	81,883.39	91,234.75	89.75	75,815.09	83,785.93	90.49	-0.74
494	디아이씨	192,003.99	214,301.27	89.60	172,226.95	192,154.85	89.63	-0.03
495	삼립식품	159,151.12	178,243.57	89.29	141,804.60	190,805.41	74.32	14.97
496	KPX화인케미칼	105,994.82	119,211.81	88.91	47,285.39	56,303.70	83.98	4.93
497	웅진케미칼	326,119.59	366,971.08	88.87	320,457.27	282,534.85	113.42	-24.55
498	CJ씨푸드	44,322.25	49,900.80	88.82	32,314.23	40,747.12	79.30	9.52
499	SK텔레콤	3,187,584.53	3,600,903.20	88.52	3,948,077.71	4,467,005.88	88.38	0.14

NO	회사명 (거래소)	2012년 9월 말			2011년 12월 말			유동비율 증감 (A−B)
		유동자산	유동부채	유동비율(A)	유동자산	유동부채	유동비율(B)	
500	대성산업	502,292.24	571,436.79	87.90	400,538.27	863,599.85	46.38	41.52
501	대경기계기술	158,383.17	181,135.25	87.44	161,170.33	185,583.76	86.85	0.59
502	대한방직	141,290.76	163,199.41	86.58	157,285.31	179,736.28	87.51	−0.93
503	롯데쇼핑	4,481,722.52	5,202,492.17	86.15	3,732,745.97	5,273,986.55	70.78	15.37
504	아트원제지	166,446.17	193,301.26	86.11	165,099.57	237,357.73	69.56	16.55
505	포스코강판	240,070.05	280,749.16	85.51	257,885.46	280,781.69	91.85	−6.34
506	SK네트웍스	4,841,735.81	5,679,957.61	85.24	4,512,502.63	5,071,110.10	88.98	−3.74
507	코스모화학	134,038.37	157,268.13	85.23	120,177.24	142,177.60	84.53	0.70
508	웅진씽크빅	205,184.63	242,082.72	84.76	221,277.90	233,064.66	94.94	−10.18
509	삼양옵틱스	43,516.45	51,382.43	84.69	31,568.33	21,768.51	145.02	−60.33
510	백광산업	129,031.67	152,682.35	84.51	111,563.71	112,641.29	99.04	−14.53
511	LG디스플레이	8,378,727.00	9,929,305.00	84.38	7,326,764.00	9,485,333.00	77.24	7.14
512	두산엔진	687,284.12	815,688.62	84.26	982,127.63	1,207,088.09	81.36	2.89
513	동아원	261,198.14	310,370.53	84.16	208,072.98	278,594.27	74.69	9.47
514	금강공업	170,018.51	205,652.66	82.67	149,442.01	163,161.84	91.59	−8.92
515	삼화콘덴서공업	44,399.60	53,718.22	82.65	41,070.27	60,774.49	67.58	15.07
516	원림	22,164.48	26,867.44	82.50	24,530.18	28,871.03	84.96	−2.47
517	유니모씨앤씨	12,301.59	14,974.19	82.15	11,127.38	13,886.27	80.13	2.02
518	효성	2,921,917.35	3,558,714.65	82.11	3,147,442.38	3,532,979.99	89.09	−6.98
519	한일철강	105,555.87	128,573.02	82.10	111,699.70	148,941.20	75.00	7.10
520	한화케미칼	1,038,496.54	1,265,340.16	82.07	1,224,262.48	1,228,215.50	99.68	−17.61
521	남선알미늄	111,061.58	135,449.73	81.99	131,038.31	147,743.56	88.69	−6.70
522	마니커	98,134.24	120,145.18	81.68	111,245.92	134,548.35	82.68	−1.00
523	모나미	73,732.10	90,487.42	81.48	79,580.91	96,462.64	82.50	−1.02
524	신세계건설	215,263.40	264,938.46	81.25	240,851.02	320,373.58	75.18	6.07
525	한진해운	2,066,483.05	2,552,055.41	80.97	1,960,963.76	2,152,852.56	91.09	−10.11
526	이건산업	109,089.52	134,803.26	80.92	111,001.82	121,559.68	91.31	−10.39
527	대우조선해양	5,762,805.27	7,216,572.89	79.86	6,749,862.59	8,230,420.06	82.01	−2.16
528	KGP	60,892.08	77,164.17	78.91	85,135.82	89,643.61	94.97	−16.06
529	금호석유화학	1,408,489.29	1,787,261.13	78.81	1,684,909.49	2,405,337.41	70.05	8.76
530	사조산업	177,214.24	225,402.92	78.62	145,997.12	181,930.08	80.25	−1.63
531	한진	349,205.46	445,707.64	78.35	243,928.24	294,771.88	82.75	−4.40
532	동국실업	66,011.64	84,634.96	78.00	61,614.95	75,675.87	81.42	−3.42
533	부산주공	81,801.35	105,122.57	77.82	83,274.82	114,763.39	72.56	5.25
534	세아홀딩스	91,653.40	118,022.81	77.66	17,973.50	75,202.51	23.90	53.76
535	참엔지니어링	76,105.58	98,048.01	77.62	77,684.65	75,239.01	103.25	−25.63
536	대한전선	1,117,285.37	1,439,724.28	77.60	1,167,373.30	1,959,437.83	59.58	18.03
537	보해양조	114,503.09	148,007.92	77.36	121,798.41	158,568.37	76.81	0.55
538	CJ제일제당	1,542,900.54	2,004,627.02	76.97	1,472,047.68	2,261,502.99	65.09	11.88
539	LG유플러스	2,580,346.00	3,360,678.00	76.78	2,602,720.00	3,951,784.00	65.86	10.92
540	SKC	491,727.24	651,410.65	75.49	460,919.76	421,018.77	109.48	−33.99
541	흥아해운	172,732.84	229,083.10	75.40	126,895.75	204,417.44	62.08	13.33
542	SKC&C	847,005.17	1,125,649.76	75.25	929,173.15	959,890.59	96.80	−21.55
543	삼호	346,092.55	461,006.14	75.07	371,554.06	471,677.42	78.77	−3.70
544	KCTC	61,240.89	82,061.02	74.63	41,768.94	40,520.43	103.08	−28.45
545	케이아이씨	98,154.58	131,573.77	74.60	92,540.87	137,698.94	67.21	7.40
546	KEC	193,931.17	261,726.49	74.10	182,856.53	234,141.47	78.10	−4.00
547	한화	1,642,165.00	2,220,428.00	73.96	1,728,516.00	2,083,345.00	82.97	−9.01
548	송원산업	359,539.00	488,363.00	73.62	338,504.00	464,239.00	72.92	0.71
549	삼양식품	78,976.25	107,649.13	73.36	115,712.71	113,032.88	102.37	−29.01
550	화승알앤에이	239,053.62	325,860.90	73.36	227,686.02	309,796.72	73.50	−0.13
551	대호AL	54,311.15	74,410.27	72.99	47,360.96	58,012.99	81.64	−8.65
552	신우	27,069.35	37,229.77	72.71	25,105.77	43,840.98	57.27	15.44
553	삼화전기	56,476.56	78,343.93	72.09	51,032.64	76,275.21	66.91	5.18
554	국보	39,834.49	55,556.85	71.70	39,894.72	53,436.54	74.66	−2.96
555	풀무원홀딩스	35,585.51	49,752.69	71.52	16,501.00	77,413.66	21.32	50.21

NO	회사명 (거래소)	2012년 9월 말			2011년 12월 말			유동비율 증감 (A-B)
		유동자산	유동부채	유동비율(A)	유동자산	유동부채	유동비율(B)	
556	대원강업	193,035.72	270,291.62	71.42	197,780.50	281,206.70	70.33	1.08
557	로케트전기	49,643.19	70,252.33	70.66	52,352.19	58,597.96	89.34	-18.68
558	한솔제지	439,918.18	623,344.79	70.57	476,038.65	514,345.76	92.55	-21.98
559	대유신소재	82,740.68	117,421.03	70.46	93,079.42	141,587.77	65.74	4.73
560	태림포장공업	108,159.71	153,593.31	70.42	101,150.54	165,830.80	61.00	9.42
561	대유에이텍	107,994.61	154,441.27	69.93	82,942.32	141,851.30	58.47	11.45
562	한창제지	65,699.35	94,671.09	69.40	66,359.61	97,582.50	68.00	1.39
563	한국특수형강	260,832.06	376,307.63	69.31	243,340.23	352,521.48	69.03	0.29
564	금양	46,973.48	68,636.46	68.44	50,168.79	70,798.83	70.86	-2.42
565	SC엔지니어링	14,559.33	21,571.76	67.49	42,113.98	45,700.94	92.15	-24.66
566	동부제철	1,204,667.99	1,791,364.42	67.25	1,189,135.70	2,077,632.90	57.24	10.01
567	페이퍼코리아	115,678.86	172,876.86	66.91	116,057.56	183,885.89	63.11	3.80
568	대한해운	255,220.33	383,015.47	66.63	294,709.58	279,059.75	105.61	-38.97
569	LG생활건강	547,392.19	825,461.48	66.31	436,836.05	466,848.94	93.57	-27.26
570	유니켐	31,499.63	47,522.19	66.28	34,063.97	46,039.05	73.99	-7.71
571	미래산업	36,654.29	55,732.49	65.77	48,077.04	66,449.26	72.35	-6.58
572	무림P&P	269,248.04	410,224.92	65.63	282,701.33	323,450.26	87.40	-21.77
573	동양고속운수	47,745.25	74,702.47	63.91	64,731.57	98,982.78	65.40	-1.48
574	오리온	190,269.87	305,476.35	62.29	184,978.88	311,516.34	59.38	2.91
575	조비	42,353.52	68,570.15	61.77	43,372.76	65,240.58	66.48	-4.71
576	지코	19,611.80	31,797.67	61.68	21,533.97	28,527.26	75.49	-13.81
577	한국화장품	38,381.60	62,969.81	60.95	32,786.42	51,651.89	63.48	-2.52
578	삼광유리공업	152,659.55	252,008.38	60.58	146,430.84	139,132.85	105.25	-44.67
579	삼화전자공업	34,186.94	57,181.45	59.79	30,452.88	50,876.82	59.86	-0.07
580	동부하이텍	350,105.29	589,657.86	59.37	265,976.81	796,794.13	33.38	25.99
581	STX조선해양	2,402,457.00	4,086,964.00	58.78	2,245,005.00	3,554,615.00	63.16	-4.37
582	STX	1,099,793.00	1,880,747.00	58.48	993,206.00	1,568,777.00	63.31	-4.83
583	한세예스24홀딩스	10,302.44	17,943.88	57.41	4,081.04	11,581.27	35.24	22.18
584	코스모신소재	60,383.70	106,783.12	56.55	52,614.22	83,451.58	63.05	-6.50
585	파브코	51,686.92	91,602.71	56.43	52,512.77	76,646.19	68.51	-12.09
586	한화타임월드	41,074.56	73,747.36	55.70	41,868.04	90,597.21	46.21	9.48
587	성신양회	322,011.24	580,709.38	55.45	255,952.37	571,933.96	44.75	10.70
588	동부씨엔아이	201,859.77	366,890.14	55.02	133,599.06	230,998.31	57.84	-2.82
589	JW홀딩스	26,500.29	48,166.66	55.02	41,736.57	34,499.05	120.98	-65.96
590	크라운제과	103,343.35	190,943.72	54.12	104,298.11	182,197.91	57.24	-3.12
591	CJ헬로비전	185,544.87	344,513.70	53.86	145,547.00	271,052.82	53.70	0.16
592	국동	17,445.05	32,598.89	53.51	22,715.72	39,383.06	57.68	-4.16
593	한국전력공사	7,831,810.00	14,653,965.00	53.44	6,501,384.00	12,659,311.00	51.36	2.09
594	세하	63,713.96	119,453.60	53.34	72,550.15	121,083.27	59.92	-6.58
595	한국지역난방공사	331,701.75	632,701.80	52.43	512,880.63	624,531.90	82.12	-29.70
596	THN	39,794.66	79,193.21	50.25	42,177.41	73,067.75	57.72	-7.47
597	깨끗한나라	130,663.07	269,753.64	48.44	118,400.64	272,480.50	43.45	4.99
598	세이브존I&C	98,595.05	204,600.43	48.19	103,834.94	136,318.42	76.17	-27.98
599	동양	649,906.02	1,360,457.02	47.77	572,489.45	1,274,500.88	44.92	2.85
600	삼부토건	610,652.07	1,279,522.57	47.72	599,316.67	386,286.93	155.15	-107.42
601	동방	142,832.50	303,104.76	47.12	116,965.16	274,543.42	42.60	4.52
602	동일제지	47,675.79	104,837.60	45.48	51,203.31	104,826.60	48.85	-3.37
603	삼익악기	40,524.89	89,304.30	45.38	51,974.17	103,675.86	50.13	-4.75
604	전방	107,270.71	249,715.38	42.96	116,225.07	217,497.99	53.44	-10.48
605	한진해운홀딩스	46,737.32	111,375.89	41.96	30,014.04	76,253.21	39.36	2.60
606	KSS해운	13,546.59	32,528.53	41.65	21,772.46	47,357.04	45.98	-4.33
607	대한항공	2,698,081.20	6,511,399.84	41.44	3,022,470.27	6,524,037.36	46.33	-4.89
608	대양금속	55,164.53	137,565.79	40.10	122,142.78	175,414.80	69.63	-29.53
609	알앤엘바이오	62,789.40	157,794.84	39.79	95,451.39	157,712.55	60.52	-20.73
610	신성솔라에너지	75,395.49	195,002.04	38.66	79,280.60	176,630.88	44.88	-6.22
611	MH에탄올	24,914.08	65,880.34	37.82	26,253.47	66,482.84	39.49	-1.67

NO	회사명 (거래소)	2012년 9월 말			2011년 12월 말			유동비율 증감 (A-B)
		유동자산	유동부채	유동비율(A)	유동자산	유동부채	유동비율(B)	
612	삼환까뮤	54,128.13	146,610.69	36.92	76,964.61	183,133.83	42.03	-5.11
613	아시아나항공	868,229.86	2,495,367.85	34.79	830,832.94	2,535,948.64	32.76	2.03
614	쌍용양회공업	414,796.39	1,226,675.40	33.81	367,443.35	1,201,734.97	30.58	3.24
615	넥솔론	192,847.47	609,364.44	31.65	259,099.55	422,069.96	61.39	-29.74
616	LS	32,227.00	113,576.00	28.37	40,340.00	135,201.00	29.84	-1.46
617	이스타코	8,611.49	30,607.06	28.14	9,250.27	28,825.15	32.09	-3.96
618	일진홀딩스	4,577.80	17,687.27	25.88	3,547.16	20,450.01	17.35	8.54
619	KC그린홀딩스	5,718.72	22,247.69	25.70	8,369.32	21,394.73	39.12	-13.41
620	이월드	10,730.18	41,961.12	25.57	12,521.72	40,594.20	30.85	-5.27
621	경방	92,525.28	379,032.14	24.41	122,350.81	362,096.04	33.79	-9.38
622	AJ렌터카	61,133.49	298,573.80	20.48	45,527.93	292,359.75	15.57	4.90
623	녹십자홀딩스	9,205.55	46,322.92	19.87	151,900.54	173,171.59	87.72	-67.84
624	SK	135,544.00	780,681.00	17.36	185,002.00	1,032,386.00	17.92	-0.56
625	롯데관광개발	20,052.54	132,864.13	15.09	21,134.15	106,219.57	19.90	-4.80
626	선진지주	3,211.57	21,574.65	14.89	11,116.20	21,269.01	52.26	-37.38
627	대성합동지주	7,539.24	57,417.28	13.13	10,682.87	46,936.49	22.76	-9.63
628	영원무역홀딩스	3,512.49	27,665.86	12.70	6,628.80	11,085.72	59.80	-47.10
629	코오롱	8,407.72	313,898.12	2.68	6,215.85	269,793.05	2.30	0.37
630	농심홀딩스	20.85	4,286.49	0.49	42.80	11,131.14	0.38	0.10
631	하이트진로홀딩스	2,406.17	511,613.76	0.47	8,269.67	506,719.23	1.63	-1.16

현금성 자산 순위

* 기준일 : 2012년 2분기 기준
* 현금성 자산이 높은 순으로 정렬
* 현금성 자산에는 현금 이외에도 큰 비용 지불 없이 현금으로 바꿀 수 있는 유가증권, 3개월 미만의 단기채권이 포함된다.

(단위: 백만원)

NO	거래소 코드	회사명	2011년 12월 말	2012년 6월 말	NO	거래소 코드	회사명	2011년 12월 말	2012년 6월 말
1	5930	삼성전자	2,718,731	2,704,583	54	12450	삼성테크윈	158,500	217,433
2	5380	현대자동차	1,510,820	1,804,699	55	8770	호텔신라	124,048	215,435
3	12330	현대모비스	1,186,260	1,574,148	56	100	유한양행	153,016	210,158
4	5490	POSCO	1,137,882	1,525,441	57	11780	금호석유화학	414,579	203,050
5	660	SK하이닉스	980,359	1,503,550	58	2990	금호산업	44,263	196,915
6	6360	GS건설	1,400,839	1,322,864	59	3620	쌍용자동차	202,510	193,331
7	3490	대한항공	1,381,685	1,092,574	60	6400	삼성SDI	241,928	189,906
8	9540	현대중공업	608,306	1,087,430	61	9410	태영건설	78,431	189,152
9	10140	삼성중공업	784,447	1,007,398	62	1120	LG상사	304,265	187,452
10	1740	SK네트웍스	1,096,353	1,003,319	63	42660	대우조선해양	319,547	185,015
11	830	삼성물산	727,587	989,201	64	36580	팜스코	151,261	183,892
12	210	대림산업	1,113,138	902,567	65	42670	두산인프라코어	161,804	183,734
13	66570	LG전자	1,364,211	875,475	66	11760	현대종합상사	204,709	183,286
14	23530	롯데쇼핑	1,336,911	844,209	67	15760	한국전력공사	191,053	182,756
15	30200	KT	790,107	790,807	68	4800	효성	133,339	173,686
16	34220	LG디스플레이	604,890	788,965	69	4990	롯데제과	139,478	173,561
17	97230	한진중공업	647,026	687,007	70	670	영풍	110,926	164,523
18	51910	LG화학	1,105,301	663,533	71	4960	한신공영	202,139	163,033
19	720	현대건설	1,240,865	635,635	72	90430	아모레퍼시픽	148,214	156,495
20	270	기아자동차	1,015,931	632,585	73	120	CJ대한통운	201,985	155,422
21	47040	대우건설	645,194	621,261	74	29530	신도리코	100,734	153,222
22	11200	현대상선	589,638	602,667	75	35420	NHN	199,124	151,751
23	4020	현대제철	980,158	593,799	76	67250	STX조선해양	136,443	146,936
24	10950	S-Oil	875,701	561,720	77	3240	태광산업	113,919	144,432
25	86280	현대글로비스	494,672	542,795	78	3640	유니온스틸	42,737	142,442
26	1230	동국제강	663,308	524,013	79	4490	세방전지	112,736	140,598
27	9150	삼성전기	428,262	522,010	80	32640	LG유플러스	101,870	138,505
28	11070	LG이노텍	366,722	514,312	81	13580	계룡건설산업	208,288	133,797
29	117930	한진해운	561,050	501,693	82	17390	서울도시가스	100,943	132,328
30	10520	현대하이스코	404,447	441,582	83	1300	제일모직	75,298	130,245
31	11160	두산건설	429,436	424,509	84	15360	예스코	183,142	130,132
32	240	한국타이어	288,012	418,068	85	6380	카프로	202,491	125,081
33	33780	KT&G	639,097	383,319	86	1250	GS글로벌	82,399	121,414
34	64420	KP케미칼	571,863	382,446	87	150	두산	155,843	118,808
35	36460	한국가스공사	25,859	378,562	88	114090	GKL	134,943	116,315
36	2380	KCC	750,636	371,747	89	3920	남양유업	163,708	115,929
37	17670	SK텔레콤	895,558	369,378	90	1040	CJ	509,091	115,296
38	11210	현대위아	292,371	368,578	91	3570	S&T중공업	110,502	113,264
39	11170	호남석유화학	457,001	364,946	92	14790	한라건설	95,083	112,560
40	10130	고려아연	503,068	344,377	93	7310	오뚜기	111,881	111,863
41	10060	OCI	298,336	343,926	94	3600	SK	128,450	105,577
42	18670	SK가스	68,639	326,776	95	35250	강원랜드	47,911	105,385
43	34730	SKC&C	192,586	318,744	96	3030	세아제강	150,486	101,918
44	47050	대우인터내셔널	274,375	309,946	97	108670	LG하우시스	256,968	101,490
45	9830	한화케미칼	265,132	289,655	98	4690	삼천리	130,250	99,815
46	17800	현대엘리베이터	124,565	289,581	99	103130	웅진에너지	107,301	99,372
47	12630	현대산업개발	455,881	282,577	100	17940	E1	15,240	98,876
48	10620	현대미포조선	445,393	277,896	101	26870	코원에너지서비스	118,275	98,748
49	34020	두산중공업	336,361	258,954	102	10120	LS산전	82,169	97,398
50	28670	STX팬오션	292,425	249,815	103	16880	웅진홀딩스	53,567	93,376
51	82740	두산엔진	320,470	233,514	104	3300	한일시멘트	64,651	91,154
52	28050	삼성엔지니어링	276,692	231,787	105	16380	동부제철	41,277	90,773
53	640	동아제약	154,559	220,562	106	136490	선진	61,635	90,609

NO	거래소 코드	회사명	2011년 12월 말	2012년 6월 말	NO	거래소 코드	회사명	2011년 12월 말	2012년 6월 말
107	60980	만도	168,896	89,217	164	104700	한국철강	56,596	45,290
108	111770	영원무역	121,461	88,947	165	10780	IS동서	38,668	44,756
109	4010	롯데미도파	117,966	86,723	166	2320	한진	37,399	43,520
110	20560	아시아나항공	113,562	85,886	167	16580	환인제약	33,991	43,019
111	5300	롯데칠성음료	59,490	83,717	168	1440	대한전선	34,985	42,610
112	12320	경동도시가스	111,824	83,519	169	4840	동일고무벨트	31,169	42,382
113	1680	대상	158,653	82,539	170	119650	KC코트렐	46,467	42,360
114	15350	부산도시가스	81,089	81,952	171	9200	무림페이퍼	15,965	41,940
115	5180	빙그레	112,243	80,931	172	17960	한국카본	48,422	41,616
116	5960	동부건설	77,857	80,445	173	4200	고려개발	56,421	41,309
117	53210	KT스카이라이프	40,547	80,435	174	36570	엔씨소프트	21,497	41,135
118	71320	한국지역난방공사	1,015	80,388	175	4360	세방	31,257	40,736
119	1790	대한제당	96,952	79,504	176	1130	대한제분	55,758	40,676
120	4370	농심	52,992	77,108	177	14820	동원시스템즈	42,215	40,321
121	21240	웅진코웨이	64,910	76,524	178	1470	삼부토건	35,720	39,502
122	1630	종근당	59,737	75,827	179	990	동부하이텍	34,534	38,989
123	73240	금호타이어	74,790	75,646	180	47810	한국항공우주산업	65,652	38,295
124	77970	STX엔진	9,281	72,923	181	10690	화신	16,971	38,175
125	4970	신라교역	52,449	72,780	182	20000	한섬	100,814	38,057
126	14830	유니드	48,653	72,492	183	84670	동양고속운수	2,746	37,685
127	12750	에스원	85,455	72,070	184	4430	송원산업	29,826	37,574
128	2150	도화엔지니어링	62,660	72,024	185	103590	일진전기	35,171	37,422
129	79980	휴비스	28,929	71,324	186	34120	SBS	29,977	36,343
130	880	한화	19,452	70,960	187	103140	풍산	20,429	35,672
131	128820	대성산업	133,846	69,319	188	81660	휠라코리아	20,371	35,347
132	71840	하이마트	263,978	68,518	189	8000	웅진케미칼	54,416	35,195
133	6650	대한유화공업	123,766	66,806	190	13360	일성건설	17,039	34,701
134	79160	CJCGV	56,824	66,415	191	16800	퍼시스	23,690	34,648
135	52690	한국전력기술	76,409	65,788	192	16570	태평양제약	34,105	34,398
136	6980	우성사료	67,575	65,310	193	10100	한국프랜지공업	4,574	34,206
137	30000	제일기획	74,083	61,300	194	7340	동아타이어공업	31,940	34,094
138	5810	풍산홀딩스	70,577	60,674	195	25540	한국단자공업	31,418	33,832
139	4000	삼성정밀화학	127,679	60,022	196	20760	일진디스플레이	21,391	33,779
140	24900	덕양산업	70,317	59,358	197	84010	대한제강	18,098	33,448
141	16710	대성홀딩스	35,407	58,496	198	9580	무림P&P	49,010	32,970
142	2000	한국유리공업	112,352	58,061	199	12030	동부씨엔아이	3,954	32,706
143	860	건설화학공업	46,318	56,878	200	6440	한일건설	16,430	31,707
144	18880	한라공조	91,394	56,465	201	9680	모토닉	34,192	31,569
145	6260	LS	23,770	56,120	202	23350	한국종합기술	26,494	31,562
146	2350	넥센타이어	54,762	54,068	203	68870	LG생명과학	44,380	31,049
147	97950	CJ제일제당	43,425	54,064	204	1940	KISCO홀딩스	31,140	30,930
148	5880	대한해운	41,504	53,820	205	1800	오리온	21,009	30,743
149	39130	하나투어	66,178	53,690	206	3940	삼양제넥스	30,999	30,310
150	100840	S&TC	20,431	53,335	207	117580	대성에너지	44,637	29,886
151	3550	LG	1,982	52,590	208	2460	화성산업	28,514	29,377
152	93050	LG패션	7,158	52,519	209	230	일동제약	25,526	28,949
153	122900	아이마켓코리아	66,669	52,470	210	78520	에이블씨엔씨	33,793	28,846
154	3480	한진중공업홀딩스	56,296	50,437	211	2030	아세아시멘트	41,874	28,116
155	128940	한미약품	15,884	50,037	212	2300	한국제지	23,352	28,068
156	6840	애경유화	48,044	49,127	213	5690	파미셀	3,533	27,404
157	1520	동양	9,715	48,675	214	11810	STX	88,385	27,353
158	9240	한샘	47,036	47,662	215	51600	한전KPS	58,569	27,043
159	5950	이수화학	62,137	47,533	216	700	한진해운홀딩스	16,853	26,796
160	20	동화약품	35,134	47,439	217	130660	한전산업개발	29,947	26,568
161	7210	벽산	36,429	46,765	218	27390	한화타임월드	31,354	26,567
162	8020	경남에너지	19,422	46,748	219	77500	유니퀘스트	21,337	26,326
163	9160	SIMPAC	62,613	45,306	220	2820	선창산업	49,323	26,182

NO	거래소 코드	회사명	2011년 12월 말	2012년 6월 말
221	14280	금강공업	41,697	26,155
222	4560	현대비앤지스틸	40,076	26,091
223	69260	휴켐스	30,609	25,958
224	2880	대유에이텍	4,284	25,870
225	4130	대덕지디에스	20,561	25,801
226	30790	동양네트웍스	27,283	25,671
227	2900	동양물산기업	17,726	25,610
228	58850	KTCS	12,330	25,284
229	2620	제일약품	22,661	25,115
230	6040	동원산업	42,370	24,907
231	3220	대원제약	16,916	24,587
232	12200	계양전기	20,428	24,447
233	33530	세종공업	13,017	24,360
234	25000	KPX케미칼	42,478	23,803
235	20150	일진머티리얼즈	1,698	23,760
236	32560	황금에스티	25,280	23,718
237	4380	삼익THK	33,237	23,517
238	590	CS홀딩스	17,862	23,510
239	800	경남기업	43,092	23,472
240	6120	SK케미칼	48,385	23,452
241	14350	신일건업	12,715	23,047
242	4890	동일산업	33,068	22,458
243	17040	광명전기	20,347	21,971
244	37710	광주신세계	32,896	21,629
245	6740	영풍제지	5,747	21,351
246	35510	신세계I&C	16,489	21,347
247	19680	대교	36,008	21,314
248	18470	조일알미늄	25,666	20,899
249	71970	STX메탈	21,099	20,351
250	5680	삼영전자공업	16,691	20,342
251	6060	화승인더스트리	25,914	20,337
252	7070	GS리테일	19,375	19,777
253	13700	삼환까뮤	15,988	19,686
254	75180	새론오토모티브	19,310	19,570
255	2250	근화제약	19,803	19,499
256	14710	사조씨푸드	1,220	19,434
257	69620	대웅제약	55,095	19,322
258	23590	다우기술	16,360	19,201
259	33920	무학	30,890	19,030
260	3090	대웅	11,506	18,879
261	23000	삼원강재	19,578	18,805
262	9380	아세아페이퍼텍	11,676	18,610
263	67830	세이브존I&C	15,690	18,497
264	1210	금호전기	24,071	18,443
265	64960	S&T모티브	41,419	18,258
266	2790	아모레퍼시픽그룹	101,252	18,065
267	3280	흥아해운	6,922	17,957
268	14680	한솔케미칼	804	17,924
269	84690	대상홀딩스	17,607	17,615
270	7860	한일이화	23,169	17,589
271	320	노루홀딩스	10,692	17,479
272	79430	리바트	25,234	17,344
273	500	가온전선	6,188	17,276
274	2960	한국쉘석유	20,734	16,929
275	58860	케이티스	8,313	16,820
276	13570	동양기전	13,604	16,757
277	1880	삼호	65,988	16,671

NO	거래소 코드	회사명	2011년 12월 말	2012년 6월 말
278	2310	아세아제지	2,342	16,464
279	25850	KPX화인케미칼	6,351	16,432
280	85310	엔케이	18,773	16,366
281	28100	동아지질	14,167	16,219
282	5090	삼광유리	14,612	16,118
283	105630	한세실업	22,326	16,094
284	7660	이수페타시스	22,198	15,786
285	31440	신세계푸드	11,039	15,751
286	115390	락앤락	20,247	15,686
287	110570	넥솔론	14,867	15,604
288	5430	한국공항	8,331	15,258
289	7160	사조산업	897	15,201
290	101060	SBS미디어홀딩스	11,449	14,806
291	13000	세우글로벌	13,061	14,735
292	3230	삼양식품	32,846	14,728
293	5980	성지건설	24,071	14,659
294	8930	한미사이언스	7,940	14,437
295	5010	휴스틸	14,090	14,249
296	2600	조흥	24,726	13,670
297	9290	광동제약	18,973	13,613
298	29460	케이씨텍	11,269	13,583
299	10960	삼호개발	12,801	13,561
300	4150	한솔제지	7,382	13,524
301	120030	조선선재	10,817	13,504
302	390	삼화페인트공업	18,998	13,501
303	36530	S&T홀딩스	36,105	13,407
304	2140	고려산업	13,824	13,099
305	3160	디아이	11,920	13,028
306	2020	코오롱	812	12,810
307	53690	한미글로벌	10,509	12,807
308	1530	동일방직	2,996	12,544
309	2450	삼익악기	5,991	12,386
310	6280	녹십자	28,742	12,359
311	520	삼일제약	2,953	12,027
312	7810	코리아써키트	6,920	11,931
313	34590	인천도시가스	1,620	11,929
314	40	S&T모터스	14,116	11,842
315	2780	진흥기업	9,193	11,792
316	69460	대호AL	1,242	11,735
317	680	LS네트웍스	3,776	11,691
318	11790	SKC	30,062	11,670
319	95720	웅진씽크빅	11,267	11,544
320	3060	슈넬생명과학	12,519	11,456
321	1780	동양강철	4,845	11,082
322	1770	신화실업	2,893	11,071
323	15230	대창단조	5,549	11,034
324	1340	백광산업	10,514	11,029
325	51310	성진지오텍	28,715	11,010
326	6660	삼성공조	11,056	10,734
327	5720	넥센	13,778	10,699
328	31820	콤텍시스템	17,150	10,549
329	34310	NICE홀딩스	24,525	10,458
330	890	보해양조	7,017	10,390
331	17900	광전자	12,301	10,359
332	78000	텔코웨어	23,105	10,140
333	8040	동아원	4,482	10,040
334	84680	이월드	3,378	9,966

NO	거래소 코드	회사명	2011년 12월 말	2012년 6월 말
335	105840	우진	11,508	9,678
336	92200	디아이씨	2,895	9,639
337	3560	IHQ	7,817	9,627
338	92220	KEC	17,394	9,373
339	3850	보령제약	1,971	9,348
340	1560	제일연마공업	1,762	9,290
341	11930	신성솔라에너지	5,477	9,027
342	9420	한올바이오파마	15,454	9,024
343	89470	현대EP	9,559	8,987
344	104110	신성ENG	3,116	8,887
345	13520	화승알앤에이	10,646	8,710
346	16590	신대양제지	4,514	8,631
347	37270	휴닉스커뮤니케이션즈	6,509	8,621
348	10420	한솔PNS	6,117	8,533
349	79660	사조해표	817	8,517
350	42700	한미반도체	12,560	8,371
351	2270	롯데삼강	9,680	8,350
352	17810	풀무원홀딩스	7,350	8,310
353	35150	백산	1,565	8,268
354	2200	한국수출포장공업	8,449	8,137
355	9810	고려포리머	2,970	8,130
356	2220	한일철강	9,551	8,056
357	144620	코오롱패션머티리얼	2,123	8,017
358	9450	경동나비엔	21,278	8,008
359	92230	KPX홀딩스	43,003	7,926
360	15890	태경산업	4,898	7,923
361	1430	세아베스틸	3	7,919
362	49770	동원F&B	8,213	7,908
363	14530	극동유화	8,678	7,650
364	102260	동성홀딩스	10,320	7,625
365	8970	동양철관	3,120	7,570
366	33270	한국유나이티드제약	17,869	7,562
367	9270	신원	11,622	7,554
368	4450	삼화왕관	8,373	7,520
369	81000	일진다이아몬드	10,393	7,499
370	7190	아트원제지	6,586	7,470
371	5870	휴니드테크놀러지스	9,238	7,412
372	21050	서원	2,622	7,367
373	25750	한솔홈데코	20,183	7,344
374	15590	대경기계기술	2,839	7,077
375	2210	동성제약	8,136	7,059
376	30720	동원수산	23,847	6,995
377	11280	태림포장공업	6,001	6,967
378	51900	LG생활건강	8,127	6,941
379	4830	덕성	5,343	6,890
380	12610	경인양행	1,889	6,723
381	11690	유양D&U	9,099	6,704
382	12510	더존비즈온	8,468	6,668
383	2870	신풍제지	4,232	6,657
384	33240	자화전자	13,395	6,645
385	4140	동방	2,996	6,618
386	71090	하이스틸	3,354	6,510
387	44820	코스맥스	5,703	6,488
388	3120	일성신약	4,552	6,487
389	9310	참엔지니어링	6,120	6,377
390	5560	JS전선	11,023	6,336
391	4700	조광피혁	11,489	6,332

NO	거래소 코드	회사명	2011년 12월 말	2012년 6월 말
392	3680	한성기업	4,933	6,326
393	49800	우진플라임	3,349	6,285
394	123700	SJM	3,107	6,101
395	8060	대덕전자	5,060	5,972
396	4540	깨끗한나라	3,094	5,964
397	4740	보루네오가구	10,363	5,911
398	7590	동방아그로	20,839	5,834
399	2920	유성기업	9,892	5,713
400	14300	선진지주	2,573	5,676
401	3200	일신방직	27,927	5,646
402	72130	유엔젤	3,797	5,630
403	19490	하이트론씨스템즈	4,118	5,578
404	9970	영원무역홀딩스	296	5,564
405	300	대유신소재	4,567	5,191
406	180	성창기업지주	63	5,164
407	11420	IB스포츠	3,729	5,111
408	480	조선내화	12,469	5,061
409	31430	신세계인터내셔날	14,790	4,997
410	104120	신성FA	2,924	4,982
411	12170	키스톤글로벌	5,491	4,896
412	6570	대림통상	2,194	4,800
413	12160	영흥철강	4,515	4,788
414	1570	금양	10,099	4,765
415	2700	신일산업	5,104	4,755
416	90350	노루페인트	16,699	4,745
417	126560	현대HCN	7,168	4,734
418	3520	영진약품공업	6,628	4,734
419	2240	고려제강	4,845	4,726
420	84870	더베이직하우스	3,840	4,693
421	9180	한솔CSN	6,800	4,686
422	41650	상신브레이크	3,524	4,664
423	26890	DPC	5,832	4,650
424	7980	태평양물산	3,446	4,636
425	44380	주연테크	3,926	4,631
426	5740	크라운제과	6,444	4,613
427	5610	삼립식품	4,025	4,583
428	17370	우신시스템	664	4,582
429	88790	진도	5,011	4,578
430	58730	동아에스텍	1,791	4,488
431	1060	JW중외제약	2,051	4,431
432	9770	삼정펄프	14,378	4,407
433	23810	인팩	634	4,364
434	8700	아남전자	4,177	4,335
435	1070	대한방직	11,692	4,314
436	6110	삼아알미늄	6,400	4,104
437	17550	수산중공업	5,460	4,104
438	910	유니온	3,954	4,069
439	25530	SJM홀딩스	10,069	4,062
440	1390	KG케미칼	4,846	4,050
441	83420	KPX그린케미칼	2,660	4,047
442	14580	백광소재	6,756	4,003
443	2100	경농	7,389	3,969
444	8420	문배철강	1,977	3,964
445	19440	세아특수강	5,494	3,938
446	50	경방	5,174	3,883
447	490	대동공업	2,411	3,871
448	93370	후성	2,220	3,835

NO	거래소 코드	회사명	2011년 12월 말	2012년 6월 말	NO	거래소 코드	회사명	2011년 12월 말	2012년 6월 말
449	12800	대창	5,241	3,835	506	69730	DSR제강	3,029	2,303
450	26940	부국철강	3,353	3,829	507	8720	삼영엔텍	2,569	2,299
451	25890	한국주강	3,908	3,823	508	6890	태경화학	2,954	2,266
452	5190	동성화학	5,248	3,815	509	11090	에넥스	3,248	2,244
453	102280	쌍방울	5,194	3,758	510	5440	현대그린푸드	4,722	2,227
454	1420	태원물산	3,768	3,693	511	5070	코스모신소재	11,829	2,139
455	1820	삼화콘덴서공업	4,492	3,685	512	4410	서울식품공업	1,147	2,126
456	3080	성보화학	9,448	3,597	513	129260	인터지스	14,335	2,123
457	6490	로엔케이	179	3,574	514	19300	동일제지	1,551	2,117
458	15110	중앙건설	6,631	3,544	515	3780	진양산업	2,736	2,096
459	134790	팀스	3,670	3,529	516	134380	미원화학	1,678	2,087
460	96760	JW홀딩스	100	3,505	517	69640	MK트렌드	555	2,066
461	6200	한국전자홀딩스	1,413	3,487	518	1020	페이퍼코리아	3,201	2,065
462	8260	NI스틸	1,067	3,476	519	7540	샘표식품	7,724	2,061
463	14440	영보화학	3,516	3,471	520	3190	알앤엘바이오	24,515	2,060
464	27970	세하	3,286	3,462	521	2810	삼영무역	2,310	2,020
465	17180	명문제약	2,019	3,370	522	3580	동원	3,076	2,003
466	32350	롯데관광개발	4,003	3,369	523	1380	SG충남방적	3,278	1,995
467	7690	국도화학	5,392	3,342	524	11000	VGX인터내셔널	2,186	1,954
468	2360	SH에너지화학	3,590	3,317	525	14990	인디에프	5,429	1,913
469	2710	TCC동양	2,601	3,272	526	5450	신한	1,950	1,889
470	93230	쉘라인	2,371	3,246	527	63160	종근당바이오	3,298	1,875
471	10660	화천기계	2,093	3,243	528	4090	한국석유공업	1,470	1,826
472	5500	삼진제약	2,338	3,237	529	58430	포스코강판	1,516	1,783
473	25820	이구산업	2,509	3,222	530	4770	써니전자	1,848	1,742
474	1620	동국실업	1,822	3,216	531	10770	평화홀딩스	62,525	1,734
475	9070	KCTC	4,756	3,193	532	4910	조광페인트	649	1,712
476	4060	SG세계물산	16,431	3,122	533	3010	혜인	3,662	1,675
477	11500	한농화성	3,068	3,110	534	19180	THN	701	1,665
478	44450	KSS해운	10,552	3,084	535	650	천일고속	1,017	1,659
479	10600	YB로드	1,023	3,064	536	118000	우리들생명과학	2,179	1,650
480	11300	성안	5,168	3,049	537	3960	사조대림	719	1,649
481	3720	삼영화학공업	12,180	3,022	538	14130	한익스프레스	3,741	1,623
482	6340	대원전선	17,618	2,980	539	5620	대성합동지주	4,006	1,600
483	24090	DCM	5,980	2,931	540	14160	대영포장	2,046	1,599
484	100220	비상교육	2,354	2,915	541	7110	일신석재	3,468	1,553
485	9460	한창제지	8,265	2,876	542	4100	태양금속공업	518	1,503
486	107590	미원스페셜티케미칼	5,616	2,802	543	8730	율촌화학	2,557	1,484
487	19170	신풍제약	2,861	2,679	544	58650	세아홀딩스	530	1,464
488	57050	현대홈쇼핑	122,994	2,675	545	33180	필룩스	3,801	1,435
489	71950	코아스	239	2,669	546	12690	모나리자	1,776	1,392
490	27740	마니커	7,121	2,643	547	4720	우리들제약	2,177	1,377
491	90080	평화산업	1,445	2,638	548	25560	미래산업	1,974	1,347
492	850	화천기공	2,119	2,630	549	5360	모나미	1,829	1,340
493	47400	쌍용머티리얼	3,622	2,604	550	430	대원강업	1,253	1,332
494	102460	이연제약	1,573	2,604	551	15260	에이엔피	218	1,327
495	8250	이건산업	4,145	2,591	552	9190	대유금속	2,316	1,326
496	138490	코오롱플라스틱	4,861	2,590	553	11700	한신기계공업	1,877	1,268
497	7280	한국특수형강	1,899	2,505	554	90370	아비스타	678	1,251
498	4710	한솔테크닉스	195	2,469	555	91090	세원셀론텍	7,776	1,249
499	23450	동남합성	1,267	2,434	556	7610	선도전기	2,711	1,181
500	2840	미원상사	898	2,433	557	420	로케트전기	618	1,181
501	8490	서흥캅셀	1,484	2,404	558	3650	미창석유공업	1,677	1,176
502	2170	삼양통상	2,072	2,344	559	7630	GS인스트루먼트	1,427	1,139
503	950	전방	4,556	2,325	560	5110	한창	10,392	1,137
504	4250	엔피씨	13,679	2,309	561	5420	코스모화학	1,124	1,116
505	8500	일정실업	1,337	2,306	562	9140	경인전자	1,231	1,096

NO	거래소 코드	회사명	2011년 12월 말	2012년 6월 말
563	1360	삼성제약공업	337	1,049
564	68400	AJ렌터카	3,406	1,033
565	5820	원림	2,131	1,020
566	14910	성문전자	1,639	1,010
567	7120	유니모씨앤씨	6,893	979
568	8350	남선알미늄	4,010	978
569	3830	대한화섬	953	973
570	25860	남해화학	30,584	970
571	3410	쌍용양회공업	992	950
572	2420	세기상사	554	943
573	7460	케이아이씨	1,661	901
574	101990	파브코	382	839
575	9280	다함이텍	13,996	823
576	34300	신세계건설	497	794
577	11150	CJ씨푸드	722	787
578	5250	녹십자홀딩스	662	776
579	11720	현대P&C	386	755
580	74610	이엔쓰리	1,387	732
581	109070	KGP	427	708
582	9440	KC그린홀딩스	3,919	696
583	12600	청호컴넷	2,943	683
584	1140	국보	472	661
585	51630	진양화학	509	661
586	10040	한국내화	586	606
587	9470	삼화전기	2,549	605
588	5030	부산주공	558	603
589	10640	진양폴리우레탄	205	600
590	10820	퍼스텍	869	563
591	16450	한세예스24홀딩스	608	551
592	2390	한독약품	1,459	547
593	11390	부산산업	209	535
594	4980	성신양회	801	531
595	101140	아티스	375	511
596	16090	대현	3,286	486
597	68290	삼성출판사	790	451
598	24890	대원화성	1,101	440
599	24070	WISCOM	2,098	433
600	2070	남영비비안	1,124	432
601	2760	보락	1,049	423
602	23960	SC엔지니어링	2,169	422
603	8600	윌비스	335	420
604	1460	BYC	313	417
605	9320	대우전자부품	429	402
606	12410	글로스텍	2,259	379
607	5750	대림비앤코	337	376
608	35000	GIIR	762	371
609	3350	한국화장품제조	56	368
610	20120	인큐브테크	1,376	349
611	4080	신흥	312	341
612	5320	국동	955	299
613	12280	영화금속	703	282
614	123690	한국화장품	243	272
615	23800	인지컨트롤스	213	192
616	4870	아인스	187	182
617	7700	F&F	224	144
618	10580	지코	588	125
619	94280	효성ITX	229	116

NO	거래소 코드	회사명	2011년 12월 말	2012년 6월 말
620	11330	유니켐	97	92
621	100250	진양홀딩스	2,748	68
622	6390	현대시멘트	9,044	65
623	15540	웰스브릿지	18	55
624	4920	삼영홀딩스	260	49
625	23150	MH에탄올	885	47
626	25620	신우	445	38
627	4270	남성	76	22
628	15020	이스타코	279	21
629	72710	농심홀딩스	8	6
630	1550	조비	75	5
631	15860	일진홀딩스	0	1
632	11230	삼화전자공업	123	1
633	140	하이트진로홀딩스	2	1

코스피·코스닥 PBR 순위

PBR이 낮다는 것은 그만큼 주가가 기업의 순자산가치에 비해 싸다는 것을 의미한다. 그러나 분명히 함정도 존재한다. 건설주들의 PBR이 낮은 것은 극도로 건설 경기가 불황인 영향이 크다. 그렇기 때문에 단순히 PBR이 높고 낮음을 통해 주가를 볼 것이 아니라 기업의 영업 환경, 수익성 지표와 함께 종합적으로 고려해야 한다.
(단, PBR이 0인 종목은 순자산을 계산하기 어려운 우선주이거나 펀드나 리츠처럼 순자산 개념이 애매한 부분이 있어 표기하지 않았다.)

NO	코스피			코스닥		
	종목코드	종목명	PBR	종목코드	종목명	PBR
1	003190	알앤엘바이오	11.5	039530	씨앤케이인터	22.48
2	051900	LG생활건강	11.35	096530	씨젠	20.89
3	006490	로엔케이	10.19	082270	젬백스	19.88
4	044820	코스맥스	9.4	032500	케이엠더블유	16.69
5	114090	GKL	8.27	065620	샤인	14.17
6	900140	코라오홀딩스	7.32	048530	인트론바이오	12.04
7	078520	에이블씨엔씨	7.22	041960	코미팜	10.79
8	035420	NHN	7.05	086900	메디톡스	10.63
9	001800	오리온	7.04	069110	코스온	10.04
10	020760	일진디스플	6.37	143240	사람인에이치알	9.96
11	009420	한올바이오파마	6.34	031390	이노셀	9.19
12	052690	한전기술	6.26	053320	테라리소스	8.83
13	039130	하나투어	6.02	151910	나노스	8.74
14	086280	현대글로비스	5.53	063080	게임빌	8.53
15	051600	한전KPS	5.36	060310	3S	8.19
16	012410	글로스텍	5.35	049000	예당	8.07
17	053210	스카이라이프	5.24	122870	와이지엔터테인먼트	7.83
18	028050	삼성엔지니어링	5.12	035900	JYP Ent.	7.58
19	012510	더존비즈온	4.78	078860	포인트아이	6.89
20	051310	성진지오텍	4.63	048550	SM C&C	6.89
21	007120	유니모씨앤씨	4.52	078340	컴투스	6.7
22	021240	코웨이	4.35	084990	바이로메드	6.67
23	002960	한국쉘석유	4.22	041510	에스엠	6.62
24	090430	아모레퍼시픽	4.12	060590	씨티씨바이오	6.57
25	036570	엔씨소프트	4.01	048260	오스템임플란트	6.37
26	012750	에스원	3.51	049550	잉크테크	5.79
27	122900	아이마켓코리아	3.48	037370	EG	5.61
28	020120	다우인큐브	3.45	052770	와이디온라인	5.58
29	030000	제일기획	3.39	068270	셀트리온	5.49
30	003520	영진약품	3.36	091700	파트론	5.35
31	093370	후성	3.2	060250	한국사이버결제	5.17
32	011150	CJ씨푸드	3.19	049960	쎌바이오텍	5.16
33	105630	한세실업	3.18	140410	동아팜텍	5.13
34	024720	한국콜마홀딩스	3.16	054780	키이스트	5.06
35	011210	현대위아	3.13	078160	메디포스트	5.05
36	004720	우리들제약	3.12	080160	모두투어	4.95
37	073240	금호타이어	3.08	086890	이수앱지스	4.91
38	008770	호텔신라	3	091120	이엠텍	4.8
39	002350	넥센타이어	2.99	141000	비아트론	4.74
40	047810	한국항공우주	2.98	155650	와이엠씨	4.63
41	011780	금호석유	2.93	102940	코오롱생명과학	4.6
42	118000	우리들생명과학	2.93	043610	KT뮤직	4.54
43	012690	모나리자	2.91	077360	덕산하이메탈	4.53
44	035250	강원랜드	2.84	046210	파나진	4.52
45	007570	일양약품	2.8	065150	MPK	4.51
46	068870	LG생명과학	2.8	123330	제닉	4.48
47	128940	한미약품	2.74	040350	큐로컴	4.39
48	003560	IHQ	2.74	153460	네이블	4.29
49	010120	LS산전	2.71	127120	디엔에이링크	4.29
50	005180	빙그레	2.65	060230	이그잭스	4.29
51	005930	삼성전자	2.64	041140	게임하이	4.24

NO	코스피			코스닥		
	종목코드	종목명	PBR	종목코드	종목명	PBR
52	007480	대한은박지	2,61	040670	와이즈파워	4,24
53	002410	범양건영	2,6	071200	인피니트헬스케어	4,22
54	051910	LG화학	2,57	067290	JW중외신약	4,16
55	130660	한전산업	2,52	092070	디엔에프	4,11
56	025620	신우	2,47	054950	제이브이엠	4,07
57	111770	영원무역	2,42	022100	포스코 ICT	4,04
58	069260	휴켐스	2,42	030520	한글과컴퓨터	3,99
59	010950	S-Oil	2,39	121850	코이즈	3,97
60	033780	KT&G	2,38	100120	뷰웍스	3,97
61	094280	효성ITX	2,33	086830	신양	3,96
62	009150	삼성전기	2,31	083790	크리스탈	3,94
63	010520	현대하이스코	2,31	060280	큐렉스	3,9
64	115390	락앤락	2,31	066700	테라젠이텍스	3,86
65	011000	VGX인터	2,3	119610	인터로조	3,86
66	010130	고려아연	2,29	068150	엔티피아	3,79
67	034730	SK C&C	2,24	080220	EMLSI	3,76
68	017800	현대엘리베이	2,21	031330	에스에이엠티	3,75
69	033240	자화전자	2,16	051500	CJ프레시웨이	3,73
70	006280	녹십자	2,16	104200	네오위즈인터넷	3,73
71	002790	아모레G	2,16	099660	신텍	3,66
72	009180	한솔CSN	2,13	095700	제넥신	3,65
73	005690	파미셀	2,12	065270	플렉스컴	3,64
74	047050	대우인터내셔널	2,11	069330	유아이디	3,61
75	009240	한샘	2,08	038880	씨앤에스	3,59
76	003000	부광약품	2,07	038290	마크로젠	3,59
77	011200	현대상선	2,07	087730	네패스신소재	3,58
78	079160	CJ CGV	2,07	098460	고영	3,57
79	017040	광명전기	2,05	092130	이크레더블	3,57
80	012330	현대모비스	2,05	143160	아이디스	3,56
81	018880	한라공조	2,04	084370	유진테크	3,51
82	006040	동원산업	2,03	035760	CJ오쇼핑	3,45
83	107590	미원에스씨	2,02	038340	쓰리원	3,45
84	031440	신세계푸드	2,02	065420	에스아이리소스	3,44
85	012450	삼성테크윈	2	027580	상보	3,42
86	000660	SK하이닉스	1,99	136540	윈스테크넷	3,39
87	007810	코리아써키트	1,96	083650	비에이치아이	3,39
88	012170	키스톤글로벌	1,94	950110	SBI액시즈	3,37
89	081660	휠라코리아	1,9	058820	스카이뉴팜	3,37
90	010140	삼성중공업	1,89	082800	루미마이크로	3,35
91	101060	SBS미디어홀딩스	1,89	026040	로만손	3,29
92	000720	현대건설	1,85	123100	테라세미콘	3,28
93	001680	대상	1,84	036090	위지트	3,27
94	097950	CJ제일제당	1,84	010670	나노트로닉스	3,24
95	005740	크라운제과	1,82	097780	에스맥	3,24
96	031430	신세계인터내셔날	1,81	041910	에스텍파마	3,19
97	138490	코오롱플라스틱	1,81	036260	웰메이드	3,19
98	014680	한솔케미칼	1,77	035480	제이비어뮤즈먼트	3,18
99	000270	기아차	1,76	052790	액토즈소프트	3,17
100	000100	유한양행	1,75	096640	멜파스	3,17
101	060980	만도	1,75	036890	진성티이씨	3,15
102	005380	현대차	1,72	106520	디지탈옵틱	3,15
103	039490	키움증권	1,71	051370	인터플렉스	3,13
104	002360	SH에너지화학	1,71	064550	바이오니아	3,08
105	015590	대경기계	1,7	053800	안랩	3,07
106	009970	영원무역홀딩스	1,69	067000	JCE	3,04
107	005190	동성화학	1,68	072770	아로마소프트	3,03

NO	코스피			코스닥		
	종목코드	종목명	PBR	종목코드	종목명	PBR
108	001550	조비	1,67	108230	톱텍	3,03
109	007070	GS리테일	1,62	052190	소프트맥스	3
110	057050	현대홈쇼핑	1,62	065510	휴비츠	2,97
111	102460	이연제약	1,58	082210	옵트론텍	2,96
112	002880	대유에이텍	1,58	100700	세운메디칼	2,91
113	001450	현대해상	1,57	082390	피엘에이	2,91
114	014820	동원시스템즈	1,56	009520	포스코엠텍	2,91
115	000430	대원강업	1,56	018680	서울제약	2,91
116	001300	제일모직	1,54	036500	유원컴텍	2,9
117	042670	두산인프라코어	1,54	052300	승화산업	2,89
118	002270	롯데삼강	1,54	067280	크레듀	2,89
119	134790	팀스	1,52	122990	와이솔	2,87
120	119650	KC코트렐	1,51	036830	솔브레인	2,83
121	000540	흥국화재	1,5	034230	파라다이스	2,8
122	005090	삼광유리	1,5	112040	위메이드	2,78
123	074610	이엔쓰리	1,49	052020	에스티큐브	2,78
124	000640	동아제약	1,49	131220	대한과학	2,78
125	069460	대호에이엘	1,49	036420	제이콘텐트리	2,76
126	016450	한세예스24홀딩스	1,48	018000	유니슨	2,76
127	084870	베이직하우스	1,48	016170	로엔	2,76
128	033920	무학	1,47	033500	화인텍	2,75
129	069960	현대백화점	1,47	060300	레드로버	2,72
130	014130	한익스프레스	1,46	088390	이녹스	2,71
131	004000	삼성정밀화학	1,46	006920	모헨즈	2,7
132	032350	롯데관광개발	1,46	066980	하이쎌	2,69
133	000080	하이트진로	1,46	149950	아바텍	2,69
134	000060	메리츠화재	1,45	034940	조아제약	2,63
135	002840	미원상사	1,44	053110	소리바다	2,63
136	002990	금호산업	1,44	095270	웨이브일렉트로	2,63
137	005610	삼립식품	1,42	035720	다음	2,63
138	027970	세하	1,41	041460	한국전자인증	2,62
139	011170	호남석유	1,41	047560	이스트소프트	2,62
140	025560	미래산업	1,4	080420	이노칩	2,6
141	069620	대웅제약	1,4	058470	리노공업	2,59
142	008080	삼양옵틱스	1,4	089850	유비벨록스	2,59
143	002210	동성제약	1,39	078150	HB테크놀러지	2,57
144	000810	삼성화재	1,38	017680	데코네티션	2,55
145	001120	LG상사	1,38	046140	SBS콘텐츠허브	2,53
146	023000	삼원강재	1,37	034810	해성산업	2,53
147	090080	평화산업	1,37	090460	비에이치	2,52
148	003490	대한항공	1,37	016670	포비스티앤씨	2,51
149	002700	신일산업	1,36	094190	이엘케이	2,5
150	034120	SBS	1,36	039860	나노엔텍	2,5
151	004490	세방전지	1,36	014100	보령메디앙스	2,5
152	068400	AJ렌터카	1,35	054050	농우바이오	2,5
153	089470	현대EP	1,35	042520	한스바이오메드	2,5
154	020560	아시아나항공	1,34	035600	KG이니시스	2,5
155	008060	대덕전자	1,34	078590	두올산업	2,49
156	006260	LS	1,34	049180	코리아본뱅크	2,48
157	005830	동부화재	1,34	053980	오상자이엘	2,46
158	005250	녹십자홀딩스	1,33	082660	크루셜엠스	2,46
159	001630	종근당	1,32	028090	네오팜플	2,44
160	011790	SKC	1,32	043590	크로바하이텍	2,44
161	008970	동양철관	1,31	047080	한빛소프트	2,44
162	011420	IB스포츠	1,3	137940	넥스트아이	2,43
163	004410	서울식품	1,29	056080	유진로봇	2,43

NO	코스피			코스닥		
	종목코드	종목명	PBR	종목코드	종목명	PBR
164	005440	현대그린푸드	1.29	094840	슈프리마	2.42
165	100220	비상교육	1.28	032620	유비케어	2.4
166	011070	LG이노텍	1.27	102710	이엔에프테크놀로지	2.38
167	007310	오뚜기	1.27	065650	메디프론	2.37
168	001250	GS글로벌	1.27	030350	드래곤플라이	2.37
169	000420	로케트전기	1.27	069080	웹젠	2.36
170	026890	디피씨	1.27	028300	에이치엘비	2.34
171	079980	휴비스	1.26	072020	중앙백신	2.34
172	010820	퍼스텍	1.25	096610	알에프세미	2.34
173	136490	선진	1.25	066970	엘앤에프	2.33
174	033270	유나이티드제약	1.24	003670	포스코켐텍	2.33
175	009680	모토닉	1.24	066900	디에이피	2.32
176	120030	조선선재	1.24	139670	넥스트리밍	2.32
177	002250	근화제약	1.24	057680	옴니텔	2.3
178	017550	수산중공업	1.24	078600	대주전자재료	2.3
179	009290	광동제약	1.24	064260	다날	2.3
180	001820	삼화콘덴서	1.24	149940	모다정보통신	2.29
181	134380	미원화학	1.23	089010	켐트로닉스	2.28
182	011760	현대상사	1.23	067160	나우콤	2.28
183	015540	키스앤컴퍼니	1.23	052220	iMBC	2.28
184	016360	삼성증권	1.23	046890	서울반도체	2.27
185	009320	대우부품	1.23	056190	에스에프에이	2.27
186	091090	세원셀론텍	1.22	059100	아이컴포넌트	2.27
187	011330	유니켐	1.21	041520	이라이콤	2.26
188	950100	SBI모기지	1.21	052260	바이오랜드	2.25
189	004920	삼영홀딩스	1.21	123570	이엠넷	2.25
190	139480	이마트	1.21	046440	KG모빌리언스	2.24
191	003060	슈넬생명과학	1.2	065180	피에스엔지	2.24
192	010050	금호종금	1.2	101000	디엠씨	2.23
193	035150	백산	1.2	052400	코나아이	2.23
194	010060	OCI	1.19	035620	바른손게임즈	2.23
195	047040	대우건설	1.19	058530	이큐스앤자루	2.21
196	009160	SIMPAC	1.19	093640	다물멀티미디어	2.21
197	000150	두산	1.19	036180	영인프런티어	2.21
198	126560	현대에이치씨엔	1.19	065160	에프티이앤이	2.2
199	006400	삼성SDI	1.19	128660	피제이메탈	2.19
200	001040	CJ	1.19	066910	손오공	2.19
201	019170	신풍제약	1.18	041020	인프라웨어	2.19
202	003230	삼양식품	1.18	067990	도이치모터스	2.18
203	102280	쌍방울	1.17	033640	네패스	2.18
204	005500	삼진제약	1.17	082930	실리콘화일	2.17
205	006120	SK케미칼	1.17	086040	바이오톡스텍	2.17
206	105840	우진	1.17	139050	경봉	2.16
207	008000	웅진케미칼	1.16	032850	비트컴퓨터	2.15
208	081000	일진다이아	1.16	045390	대아티아이	2.15
209	037710	광주신세계	1.16	072520	태양기전	2.15
210	004870	포켓게임즈	1.16	039840	디오	2.13
211	096760	JW홀딩스	1.16	050120	라이브플렉스	2.13
212	002630	오리엔트바이오	1.16	053450	세코닉스	2.12
213	037560	CJ헬로비전	1.16	095660	네오위즈게임즈	2.12
214	093050	LG패션	1.15	047820	초록뱀	2.11
215	007660	이수페타시스	1.15	121440	골프존	2.11
216	123700	SJM	1.15	014620	성광벤드	2.11
217	000300	대유신소재	1.15	067080	대화제약	2.1
218	077500	유니퀘스트	1.15	109820	진매트릭스	2.1
219	013570	동양기전	1.15	025770	한국정보통신	2.09

NO	코스피			코스닥		
	종목코드	종목명	PBR	종목코드	종목명	PBR
220	008490	서흥캅셀	1,14	106080	하이소닉	2,09
221	078930	GS	1,14	038060	루멘스	2,09
222	042660	대우조선해양	1,14	089890	고려반도체	2,08
223	003850	보령제약	1,13	114120	크루셜텍	2,07
224	004130	대덕GDS	1,13	101730	조이맥스	2,07
225	096770	SK이노베이션	1,12	033110	이디	2,06
226	034220	LG디스플레이	1,12	039030	이오테크닉스	2,05
227	025860	남해화학	1,12	061970	엘비세미콘	2,04
228	007110	일신석재	1,12	036000	예림당	2,03
229	071840	롯데하이마트	1,1	034950	한국기업평가	2,02
230	017670	SK텔레콤	1,1	115310	인포바인	2,02
231	020000	한섬	1,1	038870	에코에너지	2,01
232	009540	현대중공업	1,09	085660	차바이오앤	2,01
233	002550	LIG손해보험	1,09	043150	바텍	2
234	078000	텔코웨어	1,09	040910	아이씨디	2
235	004170	신세계	1,09	060900	에어파크	1,99
236	003220	대원제약	1,09	064520	바른전자	1,98
237	021960	우리파이낸셜	1,09	037630	에스비엠	1,98
238	108670	LG하우시스	1,08	065560	선도소프트	1,97
239	020150	일진머티리얼즈	1,08	046970	우리로광통신	1,96
240	016580	환인제약	1,08	104830	원익머트리얼즈	1,96
241	010690	화신	1,08	058420	제이웨이	1,95
242	030720	동원수산	1,08	083470	KJ프리텍	1,94
243	042700	한미반도체	1,07	052290	트레이스	1,94
244	004430	송원산업	1,07	023910	대한약품	1,93
245	002760	보락	1,07	054620	AP시스템	1,93
246	000830	삼성물산	1,07	130580	나이스디앤비	1,92
247	003550	LG	1,07	051780	큐로홀딩스	1,91
248	032830	삼성생명	1,06	094860	코닉글로리	1,89
249	122750	우리스팩6호	1,06	094480	갤럭시아컴즈	1,89
250	017960	한국카본	1,06	032960	동일기연	1,88
251	015230	대창단조	1,06	086960	MDS테크	1,88
252	004970	신라교역	1,06	050090	휘닉스소재	1,87
253	004010	롯데미도파	1,06	043710	다스텍	1,87
254	008040	동아원	1,05	089030	테크윙	1,87
255	004370	농심	1,05	093320	케이아이엔엑스	1,86
256	092440	기신정기	1,05	099320	쎄트렉아이	1,86
257	082740	두산엔진	1,05	147830	제룡산업	1,86
258	088350	한화생명	1,04	039980	리노스	1,85
259	004540	깨끗한나라	1,04	057030	YBM시사닷컴	1,84
260	019680	대교	1,04	095910	에스에너지	1,84
261	083420	KPX그린케미칼	1,04	109080	옵티시스	1,83
262	103140	풍산	1,03	033170	시그네틱스	1,83
263	023590	다우기술	1,03	115480	씨유메디칼	1,83
264	047400	쌍용머티리얼	1,03	101330	모베이스	1,83
265	041650	상신브레이크	1,02	032420	터보테크	1,82
266	071050	한국금융지주	1,02	024950	삼천리자전거	1,82
267	034020	두산중공업	1,02	110500	쓰리피시스템	1,8
268	016800	퍼시스	1,02	093920	서원인텍	1,8
269	032640	LG유플러스	1,02	039670	스포츠서울	1,8
270	004380	삼익THK	1,02	041830	바이오스페이스	1,79
271	006380	카프로	1,01	075130	플랜티넷	1,78
272	066570	LG전자	1,01	052900	비아이이엠티	1,78
273	010640	진양폴리	1,01	007390	알앤엘삼미	1,78
274	000120	CJ대한통운	1,01	065770	CS	1,77
275	035000	GIIR	1,01	079190	EMW	1,76

NO	코스피			코스닥		
	종목코드	종목명	PBR	종목코드	종목명	PBR
276	005980	성지건설	1	030190	NICE평가정보	1,75
277	003920	남양유업	1	141070	맥스로텍	1,74
278	000230	일동제약	1	039420	케이엘넷	1,74
279	006800	대우증권	1	068240	다원시스	1,74
280	120110	코오롱인더	0,99	065680	우주일렉트로	1,73
281	003160	디아이	0,99	108320	실리콘웍스	1,73
282	005560	JS전선	0,99	126700	하이비전시스템	1,72
283	004700	조광피혁	0,98	094850	참좋은레저	1,72
284	003690	코리안리	0,98	037440	희림	1,72
285	001570	금양	0,98	108860	디오텍	1,72
286	008930	한미사이언스	0,98	054630	에이디칩스	1,72
287	003780	진양산업	0,98	049950	미래컴퍼니	1,71
288	000670	영풍	0,98	115500	케이씨에스	1,7
289	023450	동남합성	0,96	115450	디지탈아리아	1,7
290	011690	유양디앤유	0,95	114190	웰크론강원	1,7
291	004770	써니전자	0,95	001000	신라섬유	1,69
292	003720	삼영화학	0,95	019990	에너토크	1,69
293	000650	천일고속	0,95	121600	나노신소재	1,69
294	024090	디씨엠	0,94	026180	현대정보기술	1,68
295	082640	동양생명	0,94	079940	가비아	1,68
296	053690	한미글로벌	0,94	065940	케이에스씨비	1,68
297	012280	영화금속	0,93	021040	대호피앤씨	1,68
298	058860	케이티스	0,93	007820	신흥기계	1,68
299	058850	KTcs	0,93	036710	심텍	1,68
300	028100	동아지질	0,93	061040	알에프텍	1,67
301	000240	한국타이어월드와이드	0,93	101390	아이엠	1,66
302	009450	경동나비엔	0,93	029960	코엔텍	1,66
303	002390	한독약품	0,92	013720	청보산업	1,66
304	000990	동부하이텍	0,92	048910	대원미디어	1,65
305	001060	JW중외제약	0,91	131400	액트	1,65
306	064420	케이피케미칼	0,91	100090	삼강엠앤티	1,64
307	004740	보루네오	0,91	016100	산성앨엔에스	1,64
308	004800	효성	0,9	122450	KMH	1,63
309	018500	동원금속	0,9	013030	하이록코리아	1,63
310	051630	진양화학	0,9	076080	웰크론한텍	1,63
311	004830	덕성	0,89	123860	아나패스	1,63
312	033530	세종공업	0,89	095500	미래나노텍	1,62
313	021050	서원	0,89	041590	H&H	1,61
314	005300	롯데칠성	0,89	046840	자유투어	1,61
315	018670	SK가스	0,88	032680	비티씨정보	1,61
316	007210	벽산	0,88	068760	셀트리온제약	1,61
317	011700	한신기계	0,88	105740	디케이락	1,6
318	005320	국동	0,88	019210	와이지-원	1,6
319	004990	롯데제과	0,88	106190	하이텍팜	1,59
320	025000	KPX케미칼	0,88	060240	아이넷스쿨	1,58
321	001440	대한전선	0,87	036190	금화피에스시	1,58
322	004080	신흥	0,87	036810	에프에스티	1,58
323	001780	동양강철	0,87	045520	크린앤사이언스	1,58
324	005850	에스엘	0,87	018120	진로발효	1,58
325	004250	NPC	0,86	033130	디지틀조선	1,57
326	030200	KT	0,86	083640	윈포넷	1,57
327	072130	유엔젤	0,85	036220	인포피아	1,57
328	102260	동성홀딩스	0,85	086450	동국제약	1,56
329	002620	제일약품	0,85	085670	뉴프렉스	1,56
330	138930	BS금융지주	0,85	119500	포메탈	1,55
331	101140	아티스	0,85	048410	현대아이비티	1,55

NO	코스피			코스닥		
	종목코드	종목명	PBR	종목코드	종목명	PBR
332	007160	사조산업	0.84	017510	세명전기	1.54
333	007690	국도화학	0.84	084730	팅크웨어	1.54
334	075180	새론오토모티브	0.84	126870	뉴로스	1.54
335	090370	아비스타	0.84	085370	루트로닉	1.53
336	019440	세아특수강	0.84	013450	동성하이켐	1.53
337	025540	한국단자	0.84	073490	이노와이어	1.53
338	008260	NI스틸	0.84	074130	디아이디	1.53
339	006340	대원전선	0.84	032860	자원	1.52
340	007860	한일이화	0.83	006730	서부T&D	1.52
341	001510	SK증권	0.83	036030	KTH	1.52
342	000180	성창기업지주	0.83	011370	서한	1.52
343	139130	DGB금융지주	0.82	066270	SK컴즈	1.51
344	004020	현대제철	0.82	064290	인텍플러스	1.51
345	055550	신한지주	0.82	072870	메가스터디	1.51
346	011720	현대피앤씨	0.81	028150	GS홈쇼핑	1.51
347	017810	풀무원홀딩스	0.81	080520	오디텍	1.5
348	005490	POSCO	0.81	005990	매일유업	1.49
349	001430	세아베스틸	0.8	096240	청담러닝	1.49
350	024900	덕양산업	0.8	089790	제이티	1.49
351	000040	S&T모터스	0.79	073110	엘엠에스	1.48
352	029530	신도리코	0.79	039290	인포뱅크	1.48
353	002810	삼영무역	0.79	066410	캔들미디어	1.47
354	006890	태경화학	0.78	033310	디케이디앤아이	1.46
355	014530	극동유화	0.78	006910	보성파워텍	1.46
356	000370	한화손해보험	0.78	038070	서린바이오	1.46
357	064960	S&T모티브	0.78	023160	태광	1.46
358	010620	현대미포조선	0.78	121800	티브이로직	1.46
359	036580	팜스코	0.77	137400	피엔티	1.45
360	024890	대원화성	0.77	109960	이너스텍	1.45
361	003090	대웅	0.77	009730	DS제강	1.45
362	049770	동원F&B	0.77	092730	네오팜	1.45
363	023530	롯데쇼핑	0.77	069410	엔텔스	1.45
364	007540	샘표식품	0.77	013990	아가방컴퍼니	1.44
365	117930	한진해운	0.77	078650	코렌	1.44
366	006360	GS건설	0.76	050890	쏠리드	1.43
367	001520	동양	0.76	084110	휴온스	1.43
368	009470	삼화전기	0.76	060570	아이리버	1.43
369	044380	주연테크	0.76	040420	정상제이엘에스	1.42
370	100840	S&TC	0.76	022220	애강리메텍	1.41
371	001560	제일연마	0.76	066670	디스플레이텍	1.4
372	010420	한솔PNS	0.76	025320	시노펙스	1.4
373	044450	KSS해운	0.76	061460	한진피앤씨	1.4
374	014710	사조씨푸드	0.76	068940	아이씨케이	1.4
375	029780	삼성카드	0.76	138070	신진에스엠	1.39
376	005110	한창	0.76	036120	서울신용평가	1.39
377	016570	태평양제약	0.76	005290	동진쎄미켐	1.39
378	007590	동방아그로	0.76	053590	한국테크놀로지	1.38
379	003600	SK	0.75	036540	STS반도체	1.38
380	003680	한성기업	0.75	039850	태창파로스	1.38
381	110570	넥솔론	0.75	082920	비츠로셀	1.37
382	007630	지에스인스트루	0.74	138690	엘디에스	1.37
383	005940	우리투자증권	0.74	117670	알파칩스	1.37
384	006090	사조오양	0.74	023430	니트젠앤컴퍼니	1.36
385	000020	동화약품	0.74	053280	예스24	1.36
386	007340	동아타이어	0.74	024810	이화전기	1.36
387	013000	세우글로벌	0.74	131090	시큐브	1.36

NO	코스피			코스닥		
	종목코드	종목명	PBR	종목코드	종목명	PBR
388	000220	유유제약	0.73	032800	G러닝	1.35
389	000400	롯데손해보험	0.73	092600	넥스트칩	1.34
390	000210	대림산업	0.73	004780	대륙제관	1.34
391	010580	지코	0.73	026960	동서	1.34
392	101990	파브코	0.73	051360	토비스	1.34
393	034310	NICE	0.73	032980	폴리비전	1.33
394	004710	한솔테크닉스	0.73	123260	사파이어테크놀로지	1.33
395	003620	쌍용차	0.73	038390	레드캡투어	1.32
396	036460	한국가스공사	0.73	030530	원익IPS	1.32
397	005720	넥센	0.73	059090	코미코	1.32
398	008730	율촌화학	0.72	131390	피앤이솔루션	1.32
399	010780	아이에스동서	0.72	090360	로보스타	1.31
400	011230	삼화전자	0.72	012340	뉴인텍	1.31
401	034590	인천도시가스	0.72	091690	디지텍시스템	1.31
402	033250	체시스	0.72	056700	신화인터텍	1.31
403	011500	한농화성	0.72	046400	디브이에스	1.3
404	005880	대한해운	0.7	138610	나이벡	1.29
405	037620	미래에셋증권	0.7	108380	대양전기공업	1.29
406	011300	성안	0.7	051710	디에스	1.29
407	004060	SG세계물산	0.7	041930	동아화성	1.29
408	017180	명문제약	0.7	114570	에스티아이	1.29
409	005070	코스모신소재	0.69	035080	인터파크	1.29
410	001210	금호전기	0.69	109860	동일금속	1.29
411	019180	티에이치엔	0.69	034830	한국토지신탁	1.28
412	049800	우진플라임	0.69	106240	파인테크닉스	1.28
413	014440	영보화학	0.69	134780	화진	1.27
414	004360	세방	0.69	074430	아미노로직스	1.27
415	002150	도화엔지니어링	0.69	058370	금성테크	1.27
416	014160	대영포장	0.69	111820	처음앤씨	1.27
417	014910	성문전자	0.69	053030	바이넥스	1.27
418	012630	현대산업	0.68	025980	에머슨퍼시픽	1.27
419	092200	디아이씨	0.68	079970	투비소프트	1.26
420	021820	세원정공	0.68	123750	알톤스포츠	1.26
421	009770	삼정펄프	0.68	049470	SGA	1.26
422	003450	현대증권	0.68	042370	비츠로테크	1.26
423	003120	일성신약	0.68	081580	성우전자	1.26
424	004840	DRB동일	0.68	020710	시공테크	1.25
425	025850	KPX화인케미칼	0.67	040160	누리텔레콤	1.25
426	010040	한국내화	0.67	065170	엔알디	1.25
427	007610	선도전기	0.67	010280	쌍용정보통신	1.25
428	025890	한국주강	0.67	096630	에스코넥	1.25
429	035510	신세계 I&C	0.67	045340	토탈소프트	1.24
430	012320	경동가스	0.66	052270	우전앤한단	1.24
431	012610	경인양행	0.66	095340	ISC	1.23
432	001740	SK네트웍스	0.65	066310	큐에스아이	1.23
433	001390	KG케미칼	0.65	101970	우양에이치씨	1.23
434	030790	동양네트웍스	0.65	086390	유니테스트	1.23
435	003650	미창석유	0.65	025440	대성엘텍	1.23
436	007980	태평양물산	0.64	024910	경창산업	1.23
437	105560	KB금융	0.64	032580	피델릭스	1.23
438	033180	필룩스	0.64	042500	링네트	1.22
439	085310	엔케이	0.64	098120	마이크로컨텍솔	1.22
440	000890	보해양조	0.64	083660	젠트로	1.22
441	003350	한국화장품제조	0.63	033630	SK브로드밴드	1.22
442	088790	진도	0.63	900060	중국식품포장	1.21
443	009460	한창제지	0.63	053610	프로텍	1.21

NO	코스피			코스닥		
	종목코드	종목명	PBR	종목코드	종목명	PBR
444	058730	동아에스텍	0.63	126880	제이엔케이히터	1.21
445	023800	인지컨트롤스	0.63	032040	C&S자산관리	1.21
446	025750	한솔홈데코	0.63	094820	일진에너지	1.21
447	004560	현대비앤지스틸	0.63	053740	국제엘렉트릭	1.2
448	009830	한화케미칼	0.63	036490	OCI머티리얼즈	1.2
449	002380	KCC	0.63	038530	코아크로스	1.2
450	071320	지역난방공사	0.62	095190	이엠코리아	1.2
451	005390	신성통상	0.62	104460	동양피엔에프	1.2
452	095720	웅진씽크빅	0.62	090120	잘만테크	1.2
453	003070	코오롱글로벌	0.62	050320	아남정보기술	1.19
454	031820	콤텍시스템	0.62	049720	고려신용정보	1.19
455	008700	아남전자	0.62	112240	에스에프씨	1.19
456	002450	삼익악기	0.62	068330	일신바이오	1.19
457	029460	케이씨텍	0.62	100030	모바일리더	1.19
458	008350	남선알미늄	0.61	065570	삼영이엔씨	1.18
459	015350	부산가스	0.61	002680	영남제분	1.18
460	003570	S&T중공업	0.61	043290	케이맥	1.18
461	001340	백광산업	0.61	064480	브리지텍	1.18
462	005360	모나미	0.61	064760	티씨케이	1.18
463	079660	사조해표	0.61	064090	휴바이론	1.18
464	084010	대한제강	0.61	114630	우노앤컴퍼니	1.18
465	023810	인팩	0.61	137950	제이씨케미칼	1.18
466	084690	대상홀딩스	0.6	047310	파워로직스	1.17
467	001720	신영증권	0.6	086520	에코프로	1.17
468	001360	삼성제약	0.6	083450	GST	1.17
469	005950	이수화학	0.6	053950	경남제약	1.17
470	012800	대창	0.6	065450	빅텍	1.16
471	086790	하나금융지주	0.6	061250	화일약품	1.16
472	012200	계양전기	0.59	036210	태산엘시디	1.16
473	123690	한국화장품	0.59	043090	팜스웰바이오	1.16
474	003080	성보화학	0.59	011040	경동제약	1.15
475	117580	대성에너지	0.59	119860	다나와	1.15
476	008560	메리츠종금증권	0.59	008290	원풍물산	1.15
477	013870	지엠비코리아	0.59	036800	나이스정보통신	1.14
478	001500	HMC투자증권	0.59	053050	지에스이	1.14
479	009310	참엔지니어링	0.59	110310	모린스	1.14
480	001020	페이퍼코리아	0.58	060720	KH바텍	1.14
481	003030	세아제강	0.58	090470	AST젯텍	1.13
482	024110	기업은행	0.58	039310	세중	1.13
483	027390	한화타임월드	0.58	023890	아트라스BX	1.13
484	000490	대동공업	0.58	067920	이글루시큐리티	1.13
485	024070	WISCOM	0.58	035290	에듀박스	1.13
486	008600	윌비스	0.58	039440	에스티아이	1.13
487	009440	KC그린홀딩스	0.57	073540	에프알텍	1.12
488	001270	부국증권	0.57	093190	빅솔론	1.12
489	017390	서울가스	0.57	099440	SMEC	1.12
490	037270	휴닉스컴	0.57	024840	엠비성산	1.12
491	003280	흥아해운	0.57	074600	원익QnC	1.12
492	004940	외환은행	0.56	083930	아바코	1.12
493	014580	백광소재	0.56	063170	서울옥션	1.11
494	000880	한화	0.56	018700	바른손	1.11
495	003580	동원	0.56	013810	스페코	1.11
496	001620	동국실업	0.56	059210	메타바이오메드	1.1
497	006840	AK홀딩스	0.56	069920	아이에스이커머스	1.1
498	019490	하이트론	0.55	033100	제룡전기	1.1
499	015260	에이엔피	0.55	053700	삼보모터스	1.1

NO	코스피			코스닥		
	종목코드	종목명	PBR	종목코드	종목명	PBR
500	079430	리바트	0.55	036690	코맥스	1.1
501	002720	국제약품	0.55	087220	스틸플라워	1.09
502	068290	삼성출판사	0.55	033560	블루콤	1.09
503	005870	휴니드	0.55	115530	씨엔플러스	1.09
504	002900	동양물산	0.54	115610	이미지스	1.09
505	003960	사조대림	0.54	014190	후너스	1.09
506	145990	삼양사	0.54	039200	오스코텍	1.09
507	002600	조흥	0.54	041060	뉴로테크	1.08
508	000320	노루홀딩스	0.53	068930	디지털대성	1.08
509	084670	동양고속	0.53	069140	누리플랜	1.08
510	007700	F&F	0.53	039790	위노바	1.08
511	012160	영흥철강	0.53	027710	팜스토리	1.08
512	014830	유니드	0.53	018290	지엠피	1.07
513	069640	엠케이트렌드	0.53	018620	우진비앤지	1.07
514	129260	인터지스	0.53	052670	제일바이오	1.07
515	900050	중국원양자원	0.52	066620	국보디자인	1.07
516	053000	우리금융	0.52	079950	LIG에이디피	1.07
517	001460	BYC	0.52	900100	뉴프라이드	1.06
518	004150	한솔제지	0.52	052330	코텍	1.06
519	016090	대현	0.52	042040	케이피엠테크	1.06
520	063160	종근당바이오	0.52	038950	파인디지털	1.06
521	011930	신성솔라에너지	0.52	113810	디젠스	1.06
522	001420	태원물산	0.52	045970	비에스이	1.06
523	001790	대한제당	0.51	054210	이랜텍	1.06
524	138040	메리츠금융지주	0.51	033230	인성정보	1.05
525	010660	화천기계	0.51	043370	평화정공	1.05
526	015890	태경산업	0.51	123910	에스비아이앤솔로몬스팩	1.05
527	011390	부산산업	0.51	111870	삼본정밀전자	1.05
528	093240	에리트베이직	0.51	101160	월덱스	1.05
529	103590	일진전기	0.51	078020	이트레이드증권	1.05
530	009270	신원	0.5	099830	씨그널정보통신	1.04
531	093230	쉘라인	0.5	074000	엠텍비젼	1.04
532	002100	경농	0.5	067310	하나마이크론	1.04
533	104110	신성이엔지	0.5	123550	대신증권그로쓰스팩	1.04
534	016420	NH농협증권	0.5	066790	씨씨에스	1.04
535	000140	하이트진로홀딩스	0.5	126600	코프라	1.04
536	025530	SJM홀딩스	0.49	123300	부국퓨처스타즈스팩	1.03
537	023960	에쓰씨엔지니어링	0.49	082850	우리이티아이	1.03
538	071950	코아스	0.48	071930	에이스하이텍	1.03
539	004910	조광페인트	0.48	900120	차이나킹	1.03
540	015020	이스타코	0.48	045890	동부라이텍	1.03
541	000390	삼화페인트	0.48	131370	케이비게임앤앱스스팩	1.03
542	017940	E1	0.48	011320	유니크	1.03
543	003540	대신증권	0.48	123040	엠에스오토텍	1.02
544	009410	태영건설	0.48	123420	하나그린스팩	1.02
545	017370	우신시스템	0.47	123160	히든챔피언스팩1호	1.02
546	004140	동방	0.47	131030	하이제1호스팩	1.02
547	003240	태광산업	0.47	033430	한국자원투자개발	1.02
548	008020	경남에너지	0.47	094970	제이엠티	1.02
549	004450	삼화왕관	0.47	128910	동부티에스블랙펄스팩	1.02
550	023150	MH에탄올	0.47	063440	케이디미디어	1.02
551	005420	코스모화학	0.47	123290	한국스팩1호	1.02
552	008720	삼양엔텍	0.47	036980	미디어플렉스	1.02
553	092220	KEC	0.47	027050	코리아나	1.02
554	023350	한국종합기술	0.46	124050	한화SV스팩1호	1.01
555	002140	고려산업	0.46	033160	엠케이전자	1.01

NO	코스피			코스닥		
	종목코드	종목명	PBR	종목코드	종목명	PBR
556	007460	케이아이씨	0.46	089530	아이테스트	1.01
557	008250	이건산업	0.46	065060	지엔코	1
558	009580	무림P&P	0.46	065950	웰크론	1
559	000480	조선내화	0.46	126680	IBKS스팩1호	1
560	005010	휴스틸	0.45	120240	대정화금	1
561	010960	삼호개발	0.45	099520	ITX시큐리티	1
562	017900	광전자	0.45	053350	이니텍	1
563	084680	이월드	0.44	036920	지앤에스티	1
564	002920	유성기업	0.44	123840	키움스팩1호	1
565	000850	화천기공	0.44	048430	유라테크	1
566	000070	삼양홀딩스	0.44	071670	에이테크솔루션	0.99
567	006390	현대시멘트	0.44	065530	전파기지국	0.99
568	004690	삼천리	0.44	067170	오텍	0.99
569	011090	에넥스	0.44	097870	효성오앤비	0.99
570	006650	대한유화	0.44	044960	이-글 벳	0.99
571	005030	부산주공	0.44	045100	한양이엔지	0.99
572	144620	코오롱머티리얼	0.43	134060	이퓨처	0.99
573	067250	STX조선해양	0.43	023770	YNK코리아	0.99
574	011280	태림포장	0.43	058630	엠게임	0.99
575	003470	동양증권	0.43	079960	동양이엔피	0.99
576	067830	세이브존I&C	0.43	058220	아리온	0.98
577	000860	건설화학	0.43	091580	상신이디피	0.98
578	069730	DSR제강	0.43	037340	티모이앤엠	0.98
579	001130	대한제분	0.43	054670	대한뉴팜	0.98
580	005820	원림	0.43	053060	세동	0.98
581	006570	대림통상	0.43	056730	아큐픽스	0.98
582	008420	문배철강	0.43	090710	동부로봇	0.98
583	002310	아세아제지	0.42	097520	엠씨넥스	0.98
584	018470	조일알미늄	0.42	104040	대성파인텍	0.97
585	003530	한화투자증권	0.42	046070	코다코	0.97
586	012600	청호컴넷	0.42	070300	솔라시아	0.97
587	006980	우성사료	0.42	020180	대신정보통신	0.97
588	072710	농심홀딩스	0.41	068050	팬엔터테인먼트	0.97
589	002000	한국유리	0.41	101490	에스앤에스텍	0.97
590	005810	풍산홀딩스	0.41	072470	우리산업	0.97
591	001380	SG충남방적	0.41	006140	피제이전자	0.97
592	000680	LS네트웍스	0.41	042110	에스씨디	0.96
593	090350	노루페인트	0.41	095300	엔에스브이	0.96
594	004890	동일산업	0.41	052710	아모텍	0.96
595	003460	유화증권	0.41	093520	매커스	0.96
596	010460	한국개발금융	0.41	078890	가온미디어	0.96
597	103130	웅진에너지	0.41	101170	우림기계	0.95
598	003410	쌍용양회	0.4	114450	KPX생명과학	0.95
599	009380	아세아페이퍼텍	0.4	072950	빛샘전자	0.95
600	104120	신성에프에이	0.4	008470	부스타	0.95
601	006220	제주은행	0.4	050110	캠시스	0.95
602	016590	신대양제지	0.4	060260	뉴보텍	0.94
603	005680	삼영전자	0.4	041440	에버다임	0.94
604	026940	부국철강	0.4	095610	테스	0.94
605	058430	포스코강판	0.4	064240	홈캐스트	0.94
606	006370	대구백화점	0.39	102120	어보브반도체	0.94
607	003940	삼양제넥스	0.39	046390	삼화네트웍스	0.94
608	006740	영풍제지	0.39	122800	케이티롤	0.94
609	104700	한국철강	0.39	096870	엘디티	0.94
610	000700	한진해운홀딩스	0.39	900180	완리	0.93
611	016710	대성홀딩스	0.39	088290	이원컴포텍	0.93

NO	코스피			코스닥		
	종목코드	종목명	PBR	종목코드	종목명	PBR
612	006350	전북은행	0.39	015750	성우하이텍	0.93
613	009140	경인전자	0.39	019590	엠벤처투자	0.92
614	008500	일정실업	0.38	083310	엘오티베큠	0.92
615	003010	혜인	0.38	032790	지아이블루	0.92
616	002420	세기상사	0.38	086200	씨앤비텍	0.92
617	001770	신화실업	0.38	066430	스템싸이언스	0.92
618	077970	STX엔진	0.38	043910	자연과환경	0.92
619	002200	수출포장	0.38	060910	오리엔트프리젠	0.92
620	000520	삼일제약	0.38	050540	엠피씨	0.92
621	019300	동일제지	0.38	045660	에이텍	0.92
622	033660	아주캐피탈	0.37	054540	삼영엠텍	0.91
623	000970	한국주철관	0.37	053290	능률교육	0.91
624	014280	금강공업	0.37	080000	에스엔유	0.91
625	010100	한국프랜지	0.37	064800	필링크	0.91
626	004310	현대약품	0.36	016600	큐캐피탈	0.91
627	006660	삼성공조	0.36	043100	솔고바이오	0.91
628	006060	화승인더	0.36	073930	제너시스템즈	0.91
629	028670	STX팬오션	0.36	046120	케이엔디티	0.91
630	010600	와이비로드	0.35	009620	삼보산업	0.9
631	005430	한국공항	0.35	122350	삼기오토모티브	0.9
632	015760	한국전력	0.35	026260	아이디엔	0.9
633	000500	가온전선	0.35	054180	중앙오션	0.9
634	025820	이구산업	0.35	024880	케이피에프	0.9
635	000050	경방	0.35	100660	서암기계공업	0.9
636	027740	마니커	0.35	044780	한광	0.9
637	001140	국보	0.35	033790	서화정보통신	0.9
638	005800	신영와코루	0.34	012700	리드코프	0.89
639	002530	벽산건설	0.34	024120	KB오토시스	0.89
640	002030	아세아시멘트	0.34	048770	TPC	0.89
641	002240	고려제강	0.34	037330	인지디스플레	0.88
642	015860	일진홀딩스	0.34	040300	YTN	0.88
643	002710	TCC동양	0.34	073640	삼원테크	0.87
644	097230	한진중공업	0.34	008800	행남자기	0.87
645	011160	두산건설	0.33	036010	아비코전자	0.87
646	109070	KGP	0.33	036670	KCI	0.87
647	032560	황금에스티	0.33	094940	푸른기술	0.87
648	009810	고려포리머	0.33	019660	SBI글로벌	0.87
649	002070	남영비비안	0.33	007720	대명엔터프라이즈	0.86
650	007280	한국특수형강	0.33	099220	SDN	0.86
651	030210	KTB투자증권	0.32	051160	디지털오션	0.85
652	001750	한양증권	0.32	080470	성창에어텍	0.85
653	092230	KPX홀딩스	0.32	042510	라온시큐어	0.85
654	002320	한진	0.32	130960	CJ E&M	0.85
655	100250	진양홀딩스	0.32	039830	오로라	0.85
656	008900	티이씨앤코	0.32	078140	대봉엘에스	0.85
657	036530	S&T홀딩스	0.32	035460	기산텔레콤	0.85
658	003200	일신방직	0.31	131100	리켐	0.85
659	015360	예스코	0.31	080530	코디에스	0.85
660	007190	아트원제지	0.31	044340	위닉스	0.84
661	001880	삼호	0.31	073070	넥센테크	0.84
662	002170	삼양통상	0.31	086670	비엠티	0.84
663	006110	삼아알미늄	0.31	078350	한양디지텍	0.83
664	008110	대동전자	0.31	069510	에스텍	0.83
665	071970	STX메탈	0.31	025550	한국선재	0.83
666	001230	동국제강	0.31	025870	신라에스지	0.83
667	008870	금비	0.3	007370	진양제약	0.83

NO	코스피			코스닥		
	종목코드	종목명	PBR	종목코드	종목명	PBR
668	004270	남성	0.3	101400	네오피델리티	0.83
669	009070	KCTC	0.3	078070	유비쿼스	0.83
670	001080	만호제강	0.3	019770	탑금속	0.82
671	013520	화승알앤에이	0.3	033550	룩손에너지	0.82
672	002020	코오롱	0.3	044490	태웅	0.82
673	030610	교보증권	0.3	013340	AJS	0.82
674	011810	STX	0.29	037230	한국팩키지	0.82
675	009200	무림페이퍼	0.29	001540	안국약품	0.82
676	000910	유니온	0.29	096040	네오엠텔	0.81
677	014790	한라건설	0.29	002230	피에스텍	0.81
678	003300	한일시멘트	0.28	019540	일지테크	0.81
679	014990	인디에프	0.28	049070	인탑스	0.8
680	001200	유진투자증권	0.28	136510	쎄미시스코	0.8
681	004980	성신양회	0.28	060560	홈센타	0.8
682	012030	동부CNI	0.28	010470	오리콤	0.8
683	004100	태양금속	0.28	098660	에스티오	0.8
684	010770	평화홀딩스	0.27	021080	에이티넘인베스트	0.8
685	004200	고려개발	0.27	111610	승화명품건설	0.8
686	071090	하이스틸	0.27	131180	딜리	0.8
687	034300	신세계건설	0.27	051390	영우통신	0.79
688	005450	신한	0.26	085910	네오티스	0.79
689	001290	골든브릿지증권	0.25	048830	엔피케이	0.79
690	006440	한일건설	0.25	014970	삼륭물산	0.79
691	001070	대한방직	0.25	086060	진바이오텍	0.79
692	016610	동부증권	0.25	035810	이지바이오	0.78
693	003610	방림	0.24	136480	하림	0.78
694	009190	대양금속	0.24	089980	상아프론테크	0.77
695	002820	선창산업	0.24	036930	주성엔지니어링	0.77
696	058650	세아홀딩스	0.24	044060	조광ILI	0.77
697	002460	화성산업	0.24	039610	화성	0.76
698	002870	신풍제지	0.24	081220	세미텍	0.76
699	950010	화풍집단 KDR	0.23	036560	영풍정밀	0.76
700	000590	CS홀딩스	0.23	001840	이화공영	0.76
701	003830	대한화섬	0.23	058610	에스피지	0.76
702	009280	다함이텍	0.23	032280	삼일	0.76
703	002300	한국제지	0.22	043650	국순당	0.76
704	014300	선진지주	0.22	089140	넥스턴	0.75
705	004090	한국석유	0.21	066590	우수AMS	0.75
706	000800	경남기업	0.21	036640	HRS	0.75
707	005960	동부건설	0.21	023790	동일철강	0.75
708	006200	한국전자홀딩스	0.21	046110	오늘과내일	0.75
709	001940	KISCO홀딩스	0.21	091970	나노캠텍	0.75
710	005750	대림B&Co	0.21	039340	한국경제TV	0.75
711	000760	이화산업	0.19	039010	현대통신	0.75
712	000950	전방	0.18	101240	씨큐브	0.75
713	003480	한진중공업홀딩스	0.18	045510	정원엔시스	0.74
714	013700	삼환까뮤	0.18	054300	헤스본	0.74
715	004960	한신공영	0.17	036480	대성미생물	0.74
716	001470	삼부토건	0.17	089150	케이씨티	0.74
717	001530	동일방직	0.17	000250	삼천당제약	0.74
718	016880	웅진홀딩스	0.17	042420	네오위즈	0.74
719	003640	유니온스틸	0.17	032750	삼진	0.74
720	013580	계룡건설	0.16	900040	차이나그레이트	0.74
721	013360	일성건설	0.16	043580	에임하이	0.74
722	002220	한일철강	0.15	054220	비츠로시스	0.74
723	016380	동부제철	0.14	013780	아큐텍	0.74

NO	코스피			코스닥		
	종목코드	종목명	PBR	종목코드	종목명	PBR
724	128820	대성산업	0,13	038540	텍셀네트컴	0,74
725	005620	대성합동지주	0,1	054040	한국컴퓨터	0,74
726	005900	동양건설	0,07	038460	바이오스마트	0,74
727	000360	삼환기업	0,05	043200	파루	0,73
728	014350	신일건업	0,04	096690	세우테크	0,73
729				050760	에스폴리텍	0,73
730				084180	수성	0,73
731				035450	지아이바이오	0,73
732				100130	동국S&C	0,73
733				005860	한일사료	0,73
734				121890	에스디시스템	0,72
735				012790	신일제약	0,72
736				069540	빛과전자	0,72
737				130740	티피씨글로벌	0,72
738				065440	이루온	0,72
739				049630	재영솔루텍	0,72
740				123410	코리아에프티	0,71
741				058400	KNN	0,71
742				049520	유아이엘	0,71
743				104480	티케이케미칼	0,71
744				060370	KT서브마린	0,7
745				031860	에이모션	0,7
746				021650	한국큐빅	0,7
747				035200	프럼파스트	0,7
748				067010	이씨에스	0,7
749				037070	파세코	0,7
750				054800	아이디스홀딩스	0,7
751				092460	한라IMS	0,69
752				014470	리홈	0,69
753				066350	티에스엠텍	0,69
754				014570	고려제약	0,69
755				047770	코데즈컴바인	0,69
756				044480	유니더스	0,69
757				063570	한국전자금융	0,69
758				005710	대원산업	0,69
759				122690	서진오토모티브	0,69
760				019570	제미니투자	0,68
761				078780	아이디에스	0,68
762				032940	원익	0,68
763				037350	성도이엔지	0,68
764				049480	오픈베이스	0,68
765				003800	에이스침대	0,67
766				071280	로체시스템즈	0,67
767				070590	한솔인티큐브	0,67
768				065710	서호전기	0,66
769				053160	프리엠스	0,66
770				015710	코콤	0,66
771				037460	삼지전자	0,66
772				065690	대진디엠피	0,66
773				031980	피에스케이	0,66
774				065350	신성델타테크	0,66
775				033830	대구방송	0,66
776				018310	삼목에스폼	0,66
777				004790	기룡E&E	0,66
778				035610	솔본	0,66
779				051980	SNH	0,65

NO	코스피			코스닥		
	종목코드	종목명	PBR	종목코드	종목명	PBR
780				088130	동아엘텍	0.65
781				102210	해덕파워웨이	0.65
782				019550	SBI인베스트먼트	0.65
783				126640	화신정공	0.64
784				038500	동양시멘트	0.64
785				030960	양지사	0.64
786				088910	동우	0.64
787				101680	한국정밀기계	0.64
788				020400	대동금속	0.64
789				052460	아이크래프트	0.64
790				900010	3노드디지탈	0.63
791				031510	오스템	0.63
792				071530	디웍스글로벌	0.63
793				109740	디에스케이	0.63
794				023440	제일제강	0.62
795				054410	케이피티	0.62
796				074150	창해에너지어링	0.62
797				016920	카스	0.62
798				081970	넥스지	0.62
799				032820	우리기술	0.62
800				091590	남화토건	0.62
801				115440	우리넷	0.62
802				115160	휴맥스	0.62
803				065130	탑엔지니어링	0.62
804				068060	KCW	0.62
805				037400	우리조명지주	0.61
806				057540	옴니시스템	0.61
807				101670	코리아에스이	0.61
808				039240	경남스틸	0.61
809				027830	대성창투	0.61
810				029480	케이디씨	0.6
811				039560	다산네트웍스	0.6
812				079000	와토스코리아	0.6
813				066130	하츠	0.6
814				131290	티에스이	0.6
815				042940	르네코	0.6
816				060540	에스에이티	0.6
817				009780	엠에스씨	0.6
818				054920	소프트포럼	0.59
819				008370	원풍	0.59
820				115570	스타플렉스	0.59
821				052600	한네트	0.58
822				037760	쎄니트	0.58
823				067900	와이엔텍	0.58
824				048870	코아로직	0.58
825				014940	오리엔탈정공	0.58
826				028040	파캔OPC	0.58
827				005160	동국산업	0.58
828				062860	티엘아이	0.58
829				010240	흥국	0.58
830				089230	용현BM	0.57
831				081150	티플랙스	0.57
832				079810	디이엔티	0.57
833				051170	루보	0.57
834				038620	위즈정보기술	0.57
835				011080	우성I&C	0.57

NO	코스피			코스닥		
	종목코드	종목명	PBR	종목코드	종목명	PBR
836				052860	아이앤씨	0.57
837				009300	삼아제약	0.57
838				080010	이상네트웍스	0.56
839				053260	금강철강	0.56
840				039230	솔브레인이엔지	0.56
841				088800	에이스테크	0.56
842				027040	서울전자통신	0.55
843				032540	TJ미디어	0.55
844				016250	이테크건설	0.55
845				067630	에너지솔루션	0.55
846				054090	삼진엘앤디	0.55
847				053870	GT&T	0.55
848				053330	영진인프라	0.54
849				051490	나라엠앤디	0.54
850				065500	오리엔트정공	0.54
851				043260	성호전자	0.54
852				053660	현진소재	0.54
853				900110	이스트아시아홀딩스	0.54
854				033050	제이엠아이	0.53
855				051380	피씨디렉트	0.53
856				091440	텔레필드	0.53
857				023760	한국캐피탈	0.53
858				093380	풍강	0.53
859				058450	일야	0.53
860				017480	삼현철강	0.52
861				017000	신원종합개발	0.52
862				092300	현우산업	0.52
863				013120	동원개발	0.52
864				026910	광진실업	0.52
865				073010	케이에스피	0.52
866				090150	광진윈텍	0.52
867				056340	CU전자	0.52
868				053270	구영테크	0.51
869				014200	광림	0.51
870				090740	연이정보통신	0.51
871				033200	모아텍	0.5
872				900070	글로벌에스엠	0.5
873				025950	동신건설	0.5
874				024940	PN풍년	0.5
875				054450	텔레칩스	0.5
876				006050	국영지앤엠	0.5
877				007530	영신금속	0.5
878				045300	성우테크론	0.5
879				050860	아세아텍	0.5
880				048470	대동스틸	0.5
881				073190	듀오백코리아	0.49
882				025880	케이씨피드	0.49
883				099410	동방선기	0.49
884				033320	제이씨현	0.49
885				057500	SKC 솔믹스	0.49
886				032190	다우데이타	0.49
887				036170	씨티엘	0.49
888				119830	아이텍반도체	0.49
889				046940	우원개발	0.49
890				043340	에쎈테크	0.49
891				043220	경원산업	0.49

NO	코스피			코스닥		
	종목코드	종목명	PBR	종목코드	종목명	PBR
892				033540	파라텍	0.48
893				003100	선광	0.48
894				056810	위다스	0.48
895				011560	세보엠이씨	0.48
896				056360	코위버	0.48
897				023900	풍국주정	0.48
898				042600	새로닉스	0.48
899				105330	케이엔더블유	0.48
900				041190	우리기술투자	0.48
901				026150	특수건설	0.47
902				003310	대주산업	0.47
903				023460	CNH	0.47
904				038680	에스넷	0.47
905				090730	SIMPAC METALLOY	0.47
906				036630	온세텔레콤	0.46
907				060150	인선이엔티	0.46
908				040610	SG&G	0.46
909				086250	화신테크	0.46
910				045060	오공	0.46
911				049120	파인디앤씨	0.46
912				900130	웨이포트	0.46
913				012860	대동	0.45
914				054940	엑사이엔씨	0.45
915				091340	S&K폴리텍	0.45
916				032080	아즈텍WB	0.45
917				056000	코원	0.45
918				010170	대한광통신	0.45
919				053620	태양	0.45
920				033340	좋은사람들	0.44
921				024740	한일단조	0.44
922				900090	차이나하오란	0.44
923				049430	코메론	0.44
924				083550	케이엠	0.44
925				066110	백산OPC	0.43
926				054340	피앤텔	0.43
927				033600	이젠텍	0.43
928				031920	신민저축은행	0.43
929				079650	서산	0.43
930				017890	한국알콜	0.43
931				047440	레이젠	0.43
932				030270	가희	0.43
933				017650	대림제지	0.42
934				101930	인화정공	0.42
935				035890	서희건설	0.42
936				025920	우경	0.42
937				096350	대창메탈	0.42
938				043360	디지아이	0.42
939				012620	원일특강	0.4
940				002290	삼일기업공사	0.4
941				006580	대양제지	0.4
942				080440	세진전자	0.39
943				038010	제일테크노스	0.39
944				036620	버추얼텍	0.39
945				024660	하림홀딩스	0.39
946				039020	이건창호	0.39
947				004320	울트라건설	0.39

NO	코스피			코스닥		
	종목코드	종목명	PBR	종목코드	종목명	PBR
948				046310	백금T&A	0.39
949				039740	한국정보공학	0.39
950				036200	유니셈	0.38
951				900080	에스앤씨엔진그룹	0.38
952				024060	흥구석유	0.38
953				017250	인터엠	0.38
954				078940	일경산업개발	0.38
955				023410	유진기업	0.37
956				024830	세원물산	0.37
957				049830	승일	0.37
958				025270	부산방직	0.37
959				077280	다원텍	0.37
960				068790	DMS	0.37
961				038110	에코플라스틱	0.37
962				073570	프롬써어티	0.36
963				033290	필코전자	0.36
964				024800	유성티엔에스	0.36
965				064820	소셜미디어99	0.36
966				028080	휴맥스홀딩스	0.36
967				021320	KCC건설	0.35
968				038120	AD모터스	0.35
969				000440	중앙에너비스	0.34
970				005670	푸드웰	0.34
971				075970	동국알앤에스	0.34
972				012650	쌍용건설	0.32
973				060380	동양에스텍	0.32
974				044180	국제디와이	0.32
975				021880	한국종합캐피탈	0.32
976				057880	토필드	0.32
977				079170	한창산업	0.32
978				054930	유신	0.31
979				079370	제우스	0.31
980				066060	휴먼텍코리아	0.31
981				008830	대동기어	0.3
982				052650	이디디컴퍼니	0.3
983				001810	무림SP	0.3
984				070480	에버테크노	0.3
985				103230	에스앤더블류	0.3
986				067770	세진티에스	0.3
987				038720	유일엔시스	0.29
988				007770	한일화학	0.28
989				026250	상우이엠씨	0.27
990				004590	한국가구	0.27
991				031310	아이즈비전	0.27
992				034010	트라이써클	0.25
993				024850	피에스엠씨	0.25
994				025900	동화홀딩스	0.25
995				007330	푸른저축은행	0.24
996				052420	오성엘에스티	0.24
997				078130	국일제지	0.23
998				023600	삼보판지	0.21
999				053810	유비프리시젼	0.2
1000				009010	에듀언스	0.19
1001				068420	엔터기술	0.15
1002				088700	마이스코	0.14
1003				019010	그랜드백화점	0.11
1004				037950	한성엘컴텍	0.1

누가 주식시장을 죽이는가?

초판 1쇄 발행 2013년 3월 11일

지은이 유일한

발행인 이진영
편집인 윤을식

편　집 류예지
디자인 우성남

펴낸곳 도서출판 지식프레임
출판등록 2008년 1월 4일 제 322-2008-000004호
주소 서울시 강남구 신사동 511-6 범원빌딩 603호
　　(편집실) 서울시 마포구 합정동 373-4 성지빌딩 611호
전화 (02)521-3172 | **팩스** (02)521-3178

이메일 editor@jisikframe.com
홈페이지 http://www.jisikframe.com
블로그 http://blog.naver.com/jisikframe
ISBN 978-89-94655-25-3(03320)